图书馆资源建设与服务研究

崔曈曈　宣宁　许琦　著

北方联合出版传媒（集团）股份有限公司

辽宁科学技术出版社

图书在版编目（CIP）数据

图书馆资源建设与服务研究 / 崔曈曈, 宣宁, 许琦
著. -- 沈阳 : 辽宁科学技术出版社, 2024. 10.
ISBN 978-7-5591-3853-8

Ⅰ. G25
中国国家版本馆 CIP 数据核字第 2024Q1N547 号

出版发行：辽宁科学技术出版社
　　　　　（地址：沈阳市和平区十一纬路 25 号　邮编：110003）
印　刷　者：济南大地图文快印有限公司
经　销　者：各地新华书店
幅面尺寸：185mm×260mm
印　　张：17.5
字　　数：380 千字
出版时间：2025 年 3 月第 1 版
印刷时间：2025 年 3 月第 1 次印刷
策划编辑：王玉宝
责任编辑：于　芳
责任校对：刘翰林　修吉航

书　　号：ISBN 978-7-5591-3853-8
定　　价：88.00 元

图书馆资源建设与服务研究
编委会

崔曈曈　宣宁　许琦　刘晓涛　著

前 言

在当今信息时代，知识的获取、整理与传播日益显得重要。图书馆，作为传统的知识宝库和信息枢纽，面临着数字化转型与读者服务创新的双重挑战。资源建设与服务研究不仅关乎图书馆自身的生存与发展，更影响着社会文化的传承与创新。因此，深入探讨图书馆资源建设与服务的新模式、新路径，具有重大的现实意义和深远的历史使命。

图书馆资源建设是图书馆工作的基石。没有丰富、优质的馆藏资源，图书馆就难以吸引读者，更谈不上提供高效的信息服务。在数字化浪潮中，图书馆的资源建设不仅包括传统的纸质文献收藏，更涉及电子资源、网络资源的整合与开发。如何平衡传统资源与数字资源，如何确保资源的全面性、准确性、时效性，是图书馆资源建设必须面对的问题。

服务是图书馆工作的灵魂。无论技术如何变革，图书馆的宗旨始终是为读者服务，满足他们的信息需求和学习需求。在新形势下，读者对图书馆服务的要求越来越高，他们希望图书馆能够提供更加便捷、个性化的服务。因此，图书馆必须不断创新服务模式，提升服务水平，以适应读者需求的变化。

图书馆资源建设与服务研究是一项系统工程，需要多方面的协同努力。它不仅需要图书馆学、信息科学等相关学科的理论支持，还需要图书馆员的实践经验与智慧。此外，它还需要与读者、出版机构、技术提供商等各利益相关方进行深入的交流与合作。只有这样，才能推动图书馆资源建设与服务研究的不断深入，为图书馆的未来发展奠定坚实的基础。

基于以上分析，本书就图书馆资源建设与服务展开深入探讨。本书共分为十五章，具体内容如下。

第一章为图书馆学理论基础，在阐述图书馆学的定义与发展历程的基础上，分析了图书馆学的核心概念与原则，探讨了图书馆学对现代社会的作用与影响。

第二章为图书馆现代化建设，阐述了图书馆现代化建设的必要性，分析了图书馆现代化建设的挑战与对策。

第三章为数字图书馆理论与实践，介绍了数字图书馆的概念与特点，探讨了数字图书馆的建设标准与技术应用，并分析了数字图书馆服务模式的创新。

第四章为图书馆资源建设策略，从图书馆资源的类型与特点出发，分析了图书馆资源建设的原则与方法，并探讨了图书馆资源建设的评价与优化方法。

第五章为图书馆藏书发展，从图书馆藏书结构分析入手，探讨了图书馆藏书发展策略，并分析了图书馆藏书的保护与维护。

第六章为智慧图书馆的理念与实践，介绍了智慧图书馆的概念与特征，分析了智慧图书馆的技术支撑体系，并探讨了智慧图书馆服务模式的创新与实践。

第七章为图书馆情报分析，阐述了图书馆情报分析的定义与重要性，介绍了图书馆情报分析的方法与技术。

第八章为地方文献资源建设，分析了地方文献资源的概念与特点，探讨了地方文献资源的收集与整理，并分析了地方文献资源的开发与利用。

第九章为图书馆读者服务工作，阐述了图书馆读者服务工作的特点与要求，分析了图书馆读者服务工作的创新举措，并探讨了图书馆读者服务工作的评价与改进方法。

第十章为图书馆参考咨询服务，介绍了图书馆参考咨询服务的定义与重要性，分析了图书馆参考咨询服务的模式与流程，并探讨了图书馆参考咨询服务的技能与要求。

第十一章为图书馆信息素养教育，阐述了信息素养教育的概念与目标，分析了图书馆信息素养教育的实施策略和效果评估。

第十二章为图书馆合作与共享机制，探讨了图书馆合作与共享的意义和价值，介绍了图书馆合作与共享的模式与实践，并分析了当前面临的挑战和解决对策。

第十三章为图书馆人力资源管理，从人力资源管理的特点与要求出发，分析了当前面临的挑战和应对措施。

第十四章为图书馆管理创新，分析了管理创新的内涵和意义，介绍了当前常见的创新策略和方法。

最后一章为图书馆未来发展趋势展望，探讨了未来社会中图书馆的角色定位和发展趋势，分析了未来技术和理念的发展变革对图书馆的影响。

本书由崔瞳瞳、宣宁、许琦、刘晓涛执笔撰写，由于时间仓促，加之水平有限，难免存在纰漏之处，恳请读者提出宝贵意见。

目　录

第一章　图书馆学理论基础

第一节　图书馆学的定义与发展历程

一、图书馆学的定义与性质

（一）图书馆学的定义

图书馆学不仅仅关注图书馆的内部运作和管理，还致力于探索图书馆如何更好地服务于社会、满足用户的需求。它研究图书馆如何收藏、整理、保存和传递知识，以及如何利用现代技术提升图书馆的服务效率和质量。在这个过程中，图书馆学不仅关注图书馆的物理空间，还关注图书馆的虚拟空间，如数字图书馆、网络图书馆等。

（二）图书馆学的性质

社会性：图书馆作为社会的信息中心，承担着传播知识、教育公众、促进文化交流等重要职能。图书馆学的研究因此必须紧密关注社会的发展变化，了解社会的信息需求，以便更好地调整图书馆的服务方向和服务模式。同时，图书馆学的研究也受到社会政治、经济、文化等多种因素的影响和制约，这些因素共同塑造了图书馆学的研究方向和研究重点。

实践性：图书馆学的实践性表现在它的研究方法和研究成果上。图书馆学的研究方法包括观察法、实验法、调查法等，这些方法都需要深入到图书馆的实际工作中去，从实践中获取第一手资料。同时，图书馆学的研究成果也必须经过实践的检验，才能证明其有效性和可行性。因此，图书馆学的研究者通常都具有丰富的图书馆实践经验，他们能够将理论与实践相结合，推动图书馆学的不断发展。

综合性：图书馆学的综合性表现在它的研究内容和研究视角上。图书馆学的研究内容涵盖了图书馆的各个方面，包括图书馆的历史、现状、未来发展趋势，图书馆的管理、服务、技术应用等。同时，图书馆学的研究视角也是多元化的，它需要借鉴和吸收其他相关学科的理论和方法，如信息科学、计算机科学、教育学、社会学等，以形成自己独特的研究体系和研究方法。这种综合性的特点使得图书馆学能够不断吸收新的知识和理论，保持其活力和创新性。

二、图书馆学的历史起源

（一）古代图书馆学的萌芽

在古代，图书馆就有了雏形，如古埃及的亚历山大图书馆、中国的藏书楼等。这些机构不仅收藏了大量的文献资料，还进行了初步的整理、分类和编目工作。这些实践工作为古代图书馆学的萌芽奠定了基础。同时，一些古代学者也开始对图书馆的藏书、管理、服务等方面进行了初步的思考和探索，这些思考和探索可以视为古代图书馆学的萌芽。

（二）中世纪图书馆学的缓慢发展

中世纪时期，由于社会生产力的发展缓慢和封建制度的束缚，图书馆学的发展也相对缓慢。但是，在教会图书馆和大学图书馆中，仍然有一些学者致力于图书馆的整理、分类、编目等工作。他们通过实践积累了宝贵的经验，为图书馆学的发展奠定了基础。同时，中世纪时期的图书馆也开始向公众开放，提供借阅服务，这种服务模式的变化也为图书馆学的研究提供了新的视角和方向。

（三）近代图书馆学的形成与发展

近代以来，随着工业革命的到来和资本主义制度的确立，社会生产力得到了极大的发展，科学技术也取得了长足的进步。这些变化为图书馆学的发展提供了有力的支持。一方面，近代图书馆的类型不断增多，产生了如公共图书馆、专业图书馆、学校图书馆等不同类型的图书馆；另一方面，近代图书馆的服务模式也发生了巨大的变化，服务包括开架借阅、参考咨询、信息检索等。这些变化都为图书馆学的研究提供了新的课题和挑战。同时，一些学者开始致力于图书馆学的研究工作，他们通过著书立说、创办学术期刊等方式推动了图书馆学的发展。这些学者的研究成果不仅丰富了图书馆学的理论体系和研究方法，还为图书馆的实践工作提供了有力的指导和支持。

三、图书馆学的发展历程与趋势

（一）图书馆学的发展历程

从古代藏书楼到近代图书馆，再到现代图书馆的蓬勃发展，图书馆学经历了漫长而曲折的发展历程。在这个过程中，图书馆学逐渐从实践经验中提炼出理论知识，形成了独特的学科体系和研究方法。

在古代，图书馆主要以藏书楼的形式存在，其主要功能是收藏和保存珍贵的文献典籍。这一时期的图书馆学尚未形成独立的学科体系，相关知识和经验主要散见于史志、目录学、校勘学等领域。然而，古代藏书家们在长期的实践中积累了丰富的藏书管理和利用经验，为后世图书馆学的发展奠定了坚实的基础。

到了近代，随着西方文化和科技的传入，图书馆的概念和形态逐渐发生了变化。近代图书馆不再仅仅是藏书的地方，更开始注重文献的利用和服务。这一时期的图书馆学开始从目录学、校勘学等传统学科中分离出来，逐渐形成了独立的学科体系。图书馆学家们开始系统地研究图书馆的性质、职能、管理等问题，为现代图书馆学的建立奠定了基础。

进入现代以来，图书馆学的发展迎来了新的机遇和挑战。随着社会的不断进步和科技的不断发展，特别是信息技术的飞速发展，图书馆的工作模式和服务方式发生了翻天覆地的变化。数字化、网络化、智能化等新技术在图书馆领域得到了广泛应用，极大地提高了图书馆的服务效率和质量。同时，这也对图书馆学的研究内容和方法提出了新的要求。

在这样的背景下，现代图书馆学的研究领域不断拓展和深化。除了传统的图书馆管理、文献资源建设等领域外，现代图书馆学还开始关注数字图书馆、信息检索、知识管理、用户服务等新兴领域。同时，图书馆学的研究方法也日趋多样化和科学化，包括实证研究、规范研究、批判研究等多种方法得到了广泛应用。

（二）图书馆学的发展趋势

随着社会的不断发展和科技的日新月异，图书馆学正面临着前所未有的发展机遇和挑战。以下从数字化、国际化、社会化和跨学科融合四个方面探讨图书馆学的发展趋势。

1.数字化趋势

数字化已成为现代图书馆的重要特征之一，也是图书馆学发展的重要趋势。随着信息技术的飞速发展和互联网的普及应用，图书馆的馆藏结构和服务模式发生了根本性的变化。传统纸质文献逐渐被数字化文献所取代，图书馆的服务也从实体空间向虚拟空间延伸。

数字化趋势对图书馆学的研究内容和方法产生了深远的影响。图书馆学家们开始关注数字化文献的收集、整理、保存和利用等问题，研究如何建立高效的数字图书馆系统和服务平台。同时，数字化趋势也推动了图书馆学与其他相关学科的交叉融合，如计算机科学、信息科学等，为图书馆学的发展注入了新的活力。

2.国际化趋势

全球化进程的加速推进和国际交流的日益频繁使得国际化成为现代图书馆发展的重要趋势之一。国际化要求图书馆具备跨文化交流的能力和服务全球用户的意识，这也对图书馆学的研究和发展提出了新的要求。

图书馆学家们开始关注国际前沿动态和国际先进经验，积极参与国际合作与交流活动。他们致力于推动图书馆学的国际化发展，建立具有国际影响力的学术交流平台和合作机制。同时，国际化趋势也促进了图书馆学在不同文化背景下的比较研究和跨文化研究，为图书馆学的创新和发展提供了新的视角和思路。

3.社会化趋势

随着知识经济的到来和社会信息需求的日益增长，社会化已成为现代图书馆的重要使命之一。社会化要求图书馆深入了解用户需求、关注社会热点问题并提供有针对性的信息服务。这也使得图书馆学的研究和发展更加贴近实际、并能服务于社会。

图书馆学家们开始关注社会变革对图书馆发展的影响和挑战，积极探索新形势下图书馆服务社会的有效途径和方式。他们致力于推动图书馆与社会的深度融合，发挥图书馆在文化传承、教育普及、信息服务等方面的重要作用。同时，社会化趋势也促进了图书馆学与其他社会科学领域的交叉融合，为图书馆学的研究和发展提供了更加广阔的空间和机遇。

4.跨学科融合趋势

科学技术的不断进步和学科交叉融合的加速推进使得跨学科融合成为现代科学研究的重要特征之一。对于图书馆学而言，跨学科融合已成为推动其创新发展的重要动力。

图书馆学借鉴其他相关学科的理论和方法来丰富自己的研究内容和手段已成为一种趋势。例如，计算机科学、信息科学、管理学等领域的理论和技术在图书馆学研究中得到了广泛应用。这些学科的融入为图书馆学的研究提供了新的视角和方法论支持，推动了图书馆学的创新和发展。同时，图书馆学也关注其他相关学科的发展动态和前沿成果并及时吸收到自己的研究中来，不断推动自身的进步与发展。

第二节　图书馆学的核心概念与原则

一、图书馆的核心功能与任务

（一）保存人类文化遗产

图书馆，作为人类文明的瑰宝和记忆宫殿，其核心功能与任务首先体现在对人类文化遗产的保存与传承上。自古至今，无数的古籍、文献、手稿、图片以及音像资料等，都在图书馆中得到了妥善的保存。这些珍贵的资料不仅记录了人类的历史与文化，更凝聚了无数先人的智慧与思想。它们是人类文明的见证，也是后代进行研究与学习的宝贵资源。

为了确保这些文化遗产能够"跨越时空的界限"，得以永续传承，图书馆采用了各种专业的保存技术和方法。从温度湿度的控制到防虫防蛀的措施，从数字化保存到修复技术的运用，图书馆都力求做到最好。这些努力使得人类的文化遗产得以在图书馆中安然度过漫长的岁月，继续为人类文明的发展贡献力量。

（二）提供信息服务与知识导航

在信息爆炸的时代背景下，图书馆的角色已经发生了深刻的转变。它不再仅仅是一个藏书的地方，更是提供信息服务和知识导航的重要平台。为了满足用户在学习、研究、工作和生活中的多样化信息需求，图书馆致力于收集、整理、加工和传递各种信息资源。无论是传统的纸质文献还是数字化的电子资源，图书馆都力求做到全面、准确、及时地提供。

此外，图书馆还利用现代信息技术为用户提供便捷、高效的信息检索和知识发现服务。通过搜索引擎、数据库、知识图谱等工具，用户可以在浩如烟海的信息海洋中快速找到所需的信息和知识。图书馆员也扮演着知识导航员的角色，为用户提供专业的咨询与指导，帮助他们在信息的海洋中畅游无阻。

（三）促进社会教育与文化普及

作为社会教育系统的重要组成部分，图书馆还承担着促进社会教育和文化普及的重要使命。它通过举办各种阅读活动、讲座、展览、培训等，为公众提供了丰富多彩的学习机会和文化体验。这些活动不仅提高了公众的文化素养和信息素养，更推动了学习型社会的建设与发展。

此外，图书馆还积极与学校、社区、企业等合作，将服务延伸到社会的各个角落。通过与学校的合作，图书馆为学生提供了课外阅读和学习的场所与资源；通过与社区的合作，图书馆为居民提供了文化娱乐和终身学习的平台；通过与企业的合作，图书馆为员工提供了职业培训和知识更新的机会。这些合作使得更多的人能够享受到图书馆带来的文化福利，共同推动社会的进步与发展。

二、图书馆学的基本概念解析

（一）图书馆学的定义与研究对象

图书馆学，顾名思义，是一门研究图书馆的科学。它涵盖了图书馆的发生发展、组织管理以及图书馆工作规律等多个方面。作为一门社会科学与应用科学的交叉学科，图书馆学既关注图书馆的内部机制与运作方式，也关注图书馆与社会、经济、文化、科技等领域的相互关系。

具体来说，图书馆学的研究对象包括图书馆的性质、职能、结构、管理、服务等方面。它研究图书馆如何保存和传承人类文化遗产、如何提供信息服务和知识导航、如何促进社会教育和文化普及等核心问题与任务。同时，图书馆学还关注图书馆在信息化、数字化、智能化等在时代背景下的发展趋势与创新路径。此外，图书馆与社会的关系也是图书馆学的重要研究领域之一，包括图书馆如何满足社会的信息需求、如何推动社会的文化进步等方面。

（二）图书馆学的学科体系与分支

图书馆学作为一个独立的学科体系，具有丰富的内容和多样的分支。从层次上来看，图书馆学可以分为基础理论、应用理论和专门技术三个层次。基础理论主要研究图书馆学的基本概念、原理、规律等基础理论问题；应用理论则侧重于研究图书馆的具体业务和管理问题；专门技术则涉及图书馆工作中的技术手段和方法的研究与应用。

此外，根据研究领域的不同，图书馆学还可以分为多个分支。例如，图书馆管理学主要研究图书馆的组织结构、管理体制、运行机制等问题；图书馆信息科学则关注图书馆的信息资源建设、信息检索与服务等问题；数字图书馆学则研究数字化技术在图书馆中的应用与发展趋势等。这些分支学科共同构成了图书馆学庞大而完整的学科体系。

（三）图书馆学的研究方法

图书馆学的研究方法多种多样，包括实证研究、规范研究和批判研究等多种方法。实证研究是图书馆学中最为常用的一种研究方法，它通过对图书馆现象的观察、调查和实验来获取数据和事实，进而分析和解释图书馆现象的本质和规律。例如，通过对图书馆用户行为的观察与调查，可以了解用户的需求与偏好，为改进图书馆服务提供依据。

规范研究则侧重于对图书馆理论和实践的规范分析和价值判断。它通过对图书馆理论与实践进行逻辑推导和理性思辨，探讨图书馆应该遵循的原则、标准和道德规范等。例如，针对图书馆信息服务中的隐私权保护问题，规范研究可以从法律、伦理等角度进行分析与探讨，提出相应的解决方案与建议。

批判研究则对图书馆理论和实践进行深入的反思和批判，以推动图书馆学的创新和发展。它通过对图书馆理论与实践中的问题进行深入剖析与批判性思考，提出新的观点与见解，为图书馆学的发展注入新的活力。例如，针对数字图书馆建设中的知识产权问题、信息鸿沟问题等，批判研究可以从不同角度进行反思与探讨，为解决这些问题提供新的思路与方法。

三、图书馆学的基本原则与方法

（一）用户至上原则

图书馆学的基本原则之一是用户至上。这一原则的确立，源于对图书馆本质和功能的深刻理解。图书馆作为社会的信息中心，其存在的根本目的就是为了满足用户对知识和信息的需求。因此，用户至上的原则要求图书馆的一切工作都应以满足用户的需求为出发点和归宿。

在实践中，用户至上的原则要求图书馆在资源建设、服务提供和环境营造等方面，都要充分考虑用户的需求和体验。例如，在资源建设方面，图书馆应根据用户的需求和阅读习惯，合理配置纸质文献和数字资源，确保资源的多样性和时效性；在服务提供方面，图书馆应不断优化服务流程，提高服务效率，为用户提供便捷、高效的信息服务；在环境营造方面，图书馆应创造舒适、安静的阅读环境，让用户能够在这里专心致志地学习和研究。

为了满足用户的需求，图书馆还需要加强与用户的沟通和互动，通过定期的用户调查、读者座谈会等方式，了解用户的需求和意见，及时改进和优化服务。同时，图书馆还应积极运用现代信息技术手段，如智能问答系统、个性化推荐系统等，为用户提供更加智能化、个性化的信息服务。

（二）科学分类与编目原则

科学分类与编目是图书馆工作的基础，也是实现图书馆资源有序组织和高效利用的重要手段。通过对馆藏资源的科学分类和编目，图书馆可以将海量的信息资源按照一定的逻辑顺序进行排列和组合，形成有序的信息空间。这不仅可以方便用户查找和利用资源，还可以提高图书馆的管理效率和服务水平。

在科学分类方面，图书馆应根据学科领域、主题内容等因素对馆藏资源进行分类。分类的标准应具有科学性、系统性和实用性，能够反映资源的本质特征和内在联系。同时，分类体系还应具有一定的灵活性和可扩展性，以适应不断变化的学科发展和用户需求。

在编目方面，图书馆需要对每个资源进行详细的描述和标识，包括题名、作者、出版社、出版时间等信息。这些信息不仅可以帮助用户了解资源的基本情况，还可以作为检索和排序的依据。编目的过程需要遵循一定的标准和规范，确保信息的准确性和一致性。

科学分类与编目的实现离不开现代信息技术手段的支持。图书馆应积极采用自动化管理系统、数字化技术等手段，提高分类和编目的效率和准确性。同时，图书馆还应加强与其他图书馆、信息机构等的合作与交流，共同推动分类与编目标准的制定和完善。

（三）知识自由与平等获取原则

知识自由与平等获取是图书馆学的核心价值之一，也是现代社会对图书馆的基本要求。知识自由是指用户享有获取知识、表达知识、传播知识等方面的自由权利。图书馆作为社会的信息中心，应尊重和保护用户的知识自由权，为用户提供开放、自由的信息环境。

在实践中，知识自由原则要求图书馆不得对用户的信息行为进行不必要的限制和干扰。例如，图书馆不得对用户的阅读内容、阅读方式等进行审查和干预，也不得对用户的信息交流行为进行限制和封锁。同时，图书馆还应积极采取措施，保障用户的信息安全和隐私权益。

平等获取是指所有人都能平等地获取和利用图书馆的资源和服务。这一原则要求图书馆消除信息鸿沟，为不同地区、不同群体、不同层次的用户提供均等的获取信息的机会和良好服务质量。为了实现平等获取的目标，图书馆需要加强基层和农村地区的图书馆建设，提高弱势群体的信息素养和综合能力，推动信息资源的共建共享和优势互补。

（四）合作与共享原则

合作与共享是图书馆发展的重要趋势，也是信息时代对图书馆的基本要求。在信息时代背景下，单个图书馆的资源和服务能力有限，难以满足用户日益增长的信息需求。因此，图书馆需要积极寻求与其他图书馆、信息机构等的合作与共享，共同构建开放、互联的信息资源体系和服务网络。

合作与共享原则要求图书馆打破传统的封闭和孤立状态，加强与其他信息机构的联系和合作。通过馆际互借、文献传递、联合编目等方式，实现资源的共享和利用；通过合作开展参考咨询、信息素养教育等服务项目，提高服务水平和效率；通过共同构建开放获取平台、推动信息公开等方式，促进信息的传播和交流。

为了实现合作与共享的目标，图书馆需要加强标准化和规范化建设，制定统一的分类与编目标准、信息交换协议等规范性文件，确保信息的互通有无和共享利用；加强信息技术的应用和推广工作，提高信息技术的普及率和应用水平；加强人才培养和队伍建设工作，培养一批具备专业素质和创新精神的人才队伍来支撑合作与共享事业的发展。

四、图书馆学的理论体系与框架

（一）图书馆学的基础理论体系

图书馆学的基础理论体系是构建图书馆学科学大厦的基石，包括图书馆学的基本概念、原理、规律等。这些基础理论既是对图书馆实践经验的总结提炼，也是对图书馆未来发展的前瞻思考。它们为图书馆学的应用研究和专门技术发展提供了坚实的理论支撑。

图书馆学的基础理论涉及多个方面，如图书馆的本质和职能、图书馆与社会的关系、图书馆事业的组织与管理等。这些理论从不同的角度揭示了图书馆的本质和规律，为图书馆的实践工作提供了指导。例如，图书馆的本质和职能理论明确了图书馆作为社会信息机构的角色和任务；图书馆与社会的关系理论揭示了图书馆在社会信息系统中的地位和作用；图书馆事业的组织与管理理论则为图书馆机构的设置、运行机制的建立以及人员队伍的建设提供了理论依据。

此外，图书馆学的基础理论还关注图书馆事业的发展趋势和未来挑战。随着信息技术的快速发展和社会信息需求的不断变化，图书馆面临着许多新的挑战和机遇。基础理论的研究者们积极关注这些变化，深入探讨图书馆的未来发展方向和战略选择，为图书馆事业的可持续发展提供了有力的理论支持。

（二）图书馆学的应用理论体系

图书馆学的应用理论体系主要关注图书馆的具体业务和管理问题，旨在解决图书馆工作中的实际问题，提高图书馆的服务水平和效率。这一体系紧密结合图书馆实践，关注资源建设、读者服务、信息组织、技术应用等具体业务领域，为图书馆的实际工作提供了有力的理论支撑。

在资源建设方面，应用理论体系关注馆藏资源的合理配置和优化布局，研究不同载体、不同类型资源的采集、整理、保存和利用等问题。通过制定科学的资源建设策略，确保图书馆能够满足用户多样化的信息需求。

在读者服务方面，应用理论体系关注用户的信息行为和需求特点，研究如何提供更加人性化、智能化的信息服务。通过优化服务流程、创新服务方式、提高服务质量等措施，不断提升用户的满意度和忠诚度。

在信息组织方面，应用理论体系关注信息的分类、编目、检索等问题，研究如何构建高效的信息组织和检索系统。通过采用先进的技术手段和方法，提高信息组织的准确性和检索效率，为用户提供便捷的信息获取体验。

在技术应用方面，应用理论体系关注信息技术在图书馆工作中的应用和发展趋势。通过引进新技术、新应用来推动图书馆的现代化建设进程，提高图书馆的工作效率和服务水平。同时，应用理论体系还关注信息安全、隐私保护等问题，确保图书馆的信息资源和服务能够安全、可靠地运行。

（三）图书馆学的专门技术体系

图书馆学的专门技术体系涉及图书馆工作中的技术手段和方法，是图书馆实现现代化和自动化的重要支撑。随着科技的不断发展，图书馆学的专门技术体系也在不断更新和完善，以适应信息时代图书馆工作的新需求和新挑战。

在信息技术方面，图书馆广泛采用计算机技术、网络技术等现代信息技术手段来优化业务流程、提高服务效率。例如，通过自动化管理系统实现馆藏资源的数字化管理和检索；通过网络技术实现远程访问和资源共享；通过数据挖掘和分析技术发现用户的潜在需求和兴趣点等。这些技术手段的应用不仅提高了图书馆的工作效率和服务质量，还为用户提供了更加便捷、高效的信息服务体验。

在数字化技术方面，图书馆积极推进馆藏资源的数字化进程，将纸质文献转化为数字资源，方便用户的存储、检索和利用。同时，图书馆还开展数字资源的整合和开发工作，为用户提供一站式的信息检索和服务平台。数字化技术的应用不仅丰富了馆藏资源的形式和种类，还提高了资源的可利用性和可传播性。

在检索技术方面，图书馆不断优化检索算法和检索系统性能，提高检索的准确性和效率。通过引入智能检索技术、自然语言处理技术等先进技术手段，实现更加智能化、个性化的信息检索服务。同时，图书馆还关注用户的信息素养和检索技能培训工作，提高用户的信息获取能力和利用效率。

（四）图书馆学的跨学科融合与创新

在信息时代背景下，图书馆学面临着与其他相关学科深度融合与创新的挑战和机遇。跨学科融合与创新不仅是图书馆学发展的重要趋势，还是推动图书馆事业持续发展的关键因素。通过与其他学科的深度融合与创新发展，图书馆学可以不断拓展研究领域、丰富研究内容，并提升研究水平和实践能力。

一方面，图书馆学需要积极吸收和借鉴其他相关学科，如信息科学、计算机科学等领域的先进理论和技术成果，以推动自身的创新发展。例如，通过引入数据挖掘和分析技术，图书馆学可以深入挖掘用户的潜在需求和兴趣点，为用户提供更加精准的信息服务；通过引入人工智能技术，图书馆学可以优化服务流程，提升服务质量，为用户带来更加便捷、高效的阅读体验。这些先进理论和技术的引入，不仅可以解决图书馆工作中的实际问题，更可以为图书馆学的研究提供新的思路和方法论支持。

另一方面，图书馆学也需要将这些理论和技术成果应用到图书馆实践中，以解决实际问题并提升服务质量。只有将理论知识与实践相结合，才能充分发挥其指导作用，推动图书馆事业的不断发展进步。例如，将数据挖掘和分析技术应用到用户行为分析中，可以发现用户的阅读习惯和兴趣偏好，从而为个性化推荐系统的构建提供有力支持；将人工智能技术应用到图书馆管理中，可以实现自动化、智能化的图书分类、编目和借阅等功能，提高图书馆的工作效率和服务水平。

此外，图书馆学的跨学科融合与创新还需要注重人才培养和团队建设。图书馆学教育应加强与相关学科的交叉融合，培养具有跨学科视野和创新能力的复合型人才。同时，图书馆也应积极引进具有其他学科背景的专业人才，加强团队建设，形成一支具有多元化知识结构和创新能力的专业队伍，共同推动图书馆学的跨学科融合与创新发展。

第三节　图书馆学在现代社会的作用与影响

一、图书馆在现代社会中的角色定位

（一）知识存储与传播中心

在现代社会中，图书馆依然稳坐知识存储与传播的中心地位。它们不仅仅是物理空间内堆满书籍的场所，更是数字化时代知识资源的汇集地与分发平台。图书馆内收藏的文献资源种类繁多，从古老的经典到最前沿的科研成果，从纸质书籍到电子期刊，几乎涵盖了人类知识的所有领域。

这些宝贵的资源为学术研究提供了坚实的基础。学者和研究者们可以在图书馆中找到他们所需的资料，从而进行深入地研究和探索。同时，图书馆也通过借阅、阅读推广、参考咨询等服务，将这些知识传播给更广泛的读者群体。无论是学生、教师还是普通市民，都可以在图书馆中找到自己感兴趣的书籍和资料，丰富自己的知识和见闻。

此外，随着信息技术的发展，图书馆也积极拥抱数字化变革。许多图书馆都建立了自己的数字化资源库，提供在线检索、阅读和下载服务。这不仅方便了读者随时随地访问图书馆的资源，也大大扩展了图书馆的服务范围和影响力。

（二）信息素养教育基地

信息素养是现代社会公民必备的一项基本素质。它涉及信息获取、处理、利用和评价等多个方面，是人们在信息化社会中生存和发展的关键能力。图书馆作为信息素养教育的重要基地，承担着培养读者信息素养和终身学习习惯的重任。

为了实现这一目标，图书馆开展了多种形式的信息素养教育活动。例如，针对不同年龄段的读者开设信息素养课程，教授他们如何有效地搜索、筛选和整合信息；举办各类培训和讲座，提高读者使用信息技术和工具的能力；开展阅读推广活动，引导读者养成良好的阅读习惯和信息素养。

这些活动不仅帮助读者提升了信息素养水平，也为他们未来的学习和职业发展打下了坚实的基础。通过图书馆的教育和培养，读者们将更加自信地面对信息化社会的挑战和机遇。

（三）社区文化中心

除了作为知识存储和传播的中心以及信息素养教育的基地外，图书馆还是社区文化的中心。它们通过举办各种文化活动，如展览、讲座、阅读分享会等，为社区居民提供了丰富多彩的文化体验。

这些活动不仅丰富了社区居民的文化生活，也提升了社区的文化氛围和凝聚力。居民们在参与活动的过程中，可以结交新朋友、分享阅读心得、了解社区动态和文化信息。这种互动和交流有助于增进彼此的了解和信任，促进社区的和谐与发展。

同时，图书馆还关注弱势群体的文化需求。它们为老年人、残疾人、儿童等提供特殊的阅读服务和文化活动，确保他们能够平等地享受文化资源和参与文化活动。这种关注和包容不仅体现了图书馆的人文关怀和社会责任，也推动了社会的文化公平和包容性发展。

（四）科研支持平台

对于科研工作者而言，图书馆是一个不可或缺的科研支持平台。它们收藏了大量的专业文献和数据库资源，为科研工作者提供了便捷的信息检索和获取途径。无论是查找最新的研究成果、追踪学术前沿动态还是获取实验数据和统计资料，图书馆都能提供全面且精准的支持。

除了资源保障外，图书馆还为科研工作者提供了一系列的服务和支持。例如，图书馆员可以提供专业的参考咨询和文献传递服务，帮助科研工作者解决在文献获取和利用过程中遇到的问题；图书馆还可以提供科研空间、设备和工具等资源共享服务，降低科研工作者的研究成本和提高研究效率。

此外，图书馆还积极参与科研项目申报、成果发布和推广等活动。它们与科研机构、高校和企业等建立紧密的合作关系，共同推动科研成果的转化和应用。这种全方位的支持和服务使得图书馆成为科研工作者最可靠的伙伴和助手。

二、图书馆学对现代社会的贡献

（一）推动知识创新与发展

图书馆学作为研究图书馆理论和实践的学科，在推动知识创新与发展方面发挥着重要作用。它关注知识的组织、存储、检索和传播等方面的问题，探索更加高效的知识管理和服务模式，为知识的创新和发展提供了有力的支持。

首先，图书馆学通过研究和应用先进的信息技术和工具，提高了知识组织和存储的效率。例如，利用元数据、本体论和语义网等技术，图书馆学可以实现对知识的精细化描述和关联，使得读者能够更加便捷地找到所需的信息和资源。这种高效的知识组织和存储方式不仅节省了读者的时间和精力，也为知识的创新和发展提供了坚实的基础。

其次，图书馆学在知识检索和传播方面也取得了显著的成果。通过开发智能化的检索系统和推荐算法，图书馆学可以帮助读者更加准确地找到相关的信息和资源，提高检索的效率和准确性。同时，图书馆学还利用社交媒体、移动应用等新技术手段，拓展知识的传播途径和范围，使得更多的人可以共享和利用人类的知识成果。

最后，图书馆学还关注知识创新的过程和机制。它通过研究创新主体的需求和行为特征，探索创新活动的规律和趋势，为创新活动提供有力的支持和保障。例如，图书馆学可以为科研机构和企业提供定制化的知识服务，帮助他们获取最新的科研成果和市场动态，促进创新活动的顺利进行。

（二）提升公民文化素养

图书馆学在提升公民文化素养方面发挥着重要作用。通过开展阅读推广、信息素养教育等活动，图书馆学帮助公民提高阅读兴趣和阅读能力，培养终身学习的习惯。这些活动不仅丰富了公民的文化生活，也提高了他们的文化素养和综合素质。

阅读是人们获取知识和信息的重要途径之一。图书馆学通过举办阅读推广活动，如读书节、阅读分享会等，激发公民的阅读兴趣和热情。这些活动为公民提供了展示自己阅读成果和交流阅读心得的平台，增强了他们的阅读自信和表达能力。同时，图书馆学还为公民提供了丰富的阅读资源和优质的阅读环境，使得他们能够更加便捷地获取所需的书籍和资料。

信息素养是现代社会公民必备的一项基本素质。图书馆学通过开展信息素养教育活动，如信息检索课程、数字化技能培训等，帮助公民提高信息获取、处理、利用和评价的能力。这些活动使得公民能够更加熟练地运用信息技术和工具解决实际问题，提高了他们的信息素养和竞争力。

此外，图书馆学还关注弱势群体的文化需求。它们为老年人、残疾人、儿童等提供特殊的阅读服务和文化活动，确保他们能够平等地享受文化资源、参与文化活动。这种关注和包容不仅体现了图书馆学对人文关怀和社会责任的重视，也推动了社会的文化公平和包容性的发展。

（三）促进信息交流与共享

图书馆学倡导信息交流和共享的理念，通过构建开放的信息交流平台和服务体系，促进不同领域、不同地域之间的信息交流与合作。这种信息交流和共享有助于打破信息壁垒和孤岛现象，推动信息的共享与利用，促进社会的进步与发展。

图书馆学的研究倡导通过建设数字图书馆、信息共享空间等新型服务平台，为读者提供了更加便捷的信息交流和共享渠道。这些平台不仅实现了跨地域、跨领域的信息资源整合和共享，还提供了多样化的信息交流方式和工具，如在线讨论、博客、微博等社交媒体应用。这些应用使得读者可以更加自由地发表自己的观点和见解，分享自己的知识和经验，促进了信息的广泛传播和深入交流。

同时，图书馆学还关注信息交流的规范和标准问题。它通过研究制定统一的信息描述、分类和编码标准，实现了不同系统之间的信息互通和互操作。这种标准化的信息交流方式不仅提高了信息交流的效率和准确性，也为信息的共享和利用提供了有力的保障。

此外，图书馆学倡导图书馆积极参与国际信息交流与合作活动，倡导世界各地的图书馆和信息机构建立合作关系，共同推动国际信息资源的共享和利用。这种国际间的信息交流与合作不仅有助于各国之间的文化交流和相互理解，也为全球范围内的信息创新和发展提供了广阔的空间和机遇。

三、图书馆学在信息技术时代的影响

（一）引领数字化阅读潮流

随着信息技术的迅猛发展，数字化阅读已成为当今社会的一种主流阅读方式。在这一时代背景下，人们应积极应对挑战，推动图书馆的数字化转型和服务创新，从而引领着数字化阅读的潮流。

通过深入研究读者的阅读习惯和需求，结合信息技术的发展趋势，推动传统图书馆向数字化转型，是图书馆学研究的重要方向之一。图书馆学不仅关注数字化资源的建设和管理，还注重数字化服务模式的创新。例如，通过构建数字图书馆平台，实现馆藏资源的数字化存储和检索；开发移动阅读应用，方便读者随时随地进行阅读；利用大数据分析技术，为读者提供更加精准的个性化推荐等。

图书馆学的这些努力使得数字化阅读变得更加便捷、高效和个性化。读者可以通过手机、平板等设备随时随地访问图书馆的数字资源，享受丰富的阅读体验。同时，还通过不断优化数字化服务，读者的满意度和忠诚度也得到了提高。

在引领数字化阅读潮流的过程中，图书馆学的发展不仅使读者的阅读需求得到了满足，还让阅读文化的传承和发展得到了推动。数字化阅读打破了时间和空间的限制，使得更多的人能够接触到优秀的文化作品，促进了文化的传播和交流。

（二）拓展信息服务领域

在信息技术时代，图书馆学不断拓展信息服务领域的研究，使图书馆能为读者提供更加全面、深入的信息服务。除了传统的文献检索和借阅服务外，图书馆还积极探索新的信息服务模式，以满足读者日益增长的信息需求。

数据挖掘和知识发现是图书馆学在信息服务领域的重要研究方向。图书馆学倡导利用大数据、人工智能等技术手段，对馆藏资源和外部信息进行深度挖掘和分析，发现隐藏在数据中的知识和规律。这些知识和规律可以为读者提供更加精准、个性化的信息服务，如科研趋势分析、市场预测等。

此外，图书馆学的研究还注重与其他信息服务机构的合作与交流。通过与科研机构、企业、政府部门等建立合作关系，图书馆可以共享资源、技术和经验，提高信息服务的水平和质量。这种合作模式有助于图书馆在信息服务领域形成优势互补和协同发展。

（三）保障信息安全与隐私

在信息技术时代，信息安全和隐私保护问题日益突出。图书馆学作为信息管理和服务的重要学科，注重保障读者的信息安全和隐私权益。

图书馆学倡导图书馆采取多种措施来确保读者信息的安全性和保密性。首先，图书馆采用先进的加密技术和访问控制技术来保护读者的个人信息和阅读记录。这些技术可以防止未经授权的访问和恶意攻击，确保读者信息不被泄露或滥用。

其次，图书馆学倡导制定合理的隐私保护政策。这些政策明确了图书馆收集、使用和保护读者信息的原则和方法，尊重并保护读者的个人隐私。图书馆学还倡导图书馆通过宣传和教育活动提高读者对信息安全和隐私保护的意识，引导他们正确使用和保护自己的个人信息。

四、图书馆学对教育与科研的支撑作用

（一）提供丰富的教育资源

图书馆作为教育的重要组成部分，收藏了大量的教育资源，为教育工作者和学生提供了丰富的教学和学习素材。这些资源包括教材、参考书、期刊论文、多媒体资料等，涵盖了各个学科领域的知识和信息。

教育工作者可以从图书馆中获取所需的教学资源和灵感来源,丰富教学内容和手段。他们可以利用图书馆的馆藏资源和检索工具,快速找到与教学内容相关的资料和案例,提高教学效果和质量。同时,图书馆还为学生提供了自主学习的场所和条件,帮助他们拓宽知识视野和提高学习能力。学生可以在图书馆中自由借阅书籍、查阅资料、参加学术活动等,培养自己的学习兴趣和综合能力。

（二）支持科研工作的全过程

图书馆在科研工作中发挥着不可或缺的作用,为科研工作者提供了全方位的支持服务。在选题阶段,图书馆员可以帮助科研工作者了解研究前沿和动态,提供相关的文献资料和背景信息。他们可以利用图书馆的专业数据库和检索工具,快速准确地获取所需的信息和知识。

在资料收集阶段,图书馆提供了丰富的文献资源和检索工具,方便科研工作者获取各种类型的文献资料。无论是纸质文献还是电子文献,图书馆都能满足科研工作者的需求。同时,图书馆员还可以提供文献传递、馆际互借等服务,帮助科研工作者获取难以找到的文献资料。

在研究过程中,图书馆员还可以对读者提供数据分析和可视化等方面的服务。他们可以协助科研工作者处理和分析实验数据,提供数据可视化和统计分析等工具和方法支持。这些服务有助于科研工作者更好地理解和解释实验结果,提高研究的科学性和可靠性。

在成果发布阶段,图书馆则提供了论文发表、专利申请等方面的指导和支持。他们可以帮助科研工作者了解论文发表和专利申请的流程和要求,提供相关的指导和建议。同时,图书馆还可以提供学术成果的宣传和推广服务,提高科研成果的知名度和影响力。

（三）推动学术交流与合作

图书馆作为学术交流的重要平台之一,通过举办学术会议、研讨会等活动,促进不同领域、不同地域之间的学术交流与合作。这些活动为科研工作者提供了一个展示研究成果、交流学术思想的机会和平台。

通过参与学术交流活动,科研工作者可以了解其他领域的研究进展和动态,发现新的合作机会和发展空间。他们可以与其他领域的专家学者进行深入的交流和探讨,共同推动相关领域的创新和发展。同时,图书馆还可以通过与其他学术机构的合作与交流,共同推动学术研究的进步和发展。

（四）培养科研人员的信息素养

科研人员需要具备较高的信息素养才能有效地获取、处理和利用信息。信息素养包括信息意识、信息能力和信息道德三个方面。图书馆通过开展信息素养教育和培训活动，帮助科研人员提高信息检索、分析和利用的能力。

图书馆可以开设信息素养课程和培训班，向科研人员介绍信息检索的基本原理和方法、常用检索工具的使用技巧、信息分析和评价的方法等。同时，图书馆还可以提供个性化的信息咨询服务，根据科研人员的具体需求和问题提供有针对性的解决方案和建议。这些教育和培训活动有助于科研人员更好地掌握科技前沿动态和获取创新灵感，提高他们的科研效率和质量。

第二章　图书馆现代化建设

第一节　图书馆现代化建设的必要性

一、适应社会信息化发展的需要

（一）信息化社会的必然趋势

随着信息技术的迅猛发展和普及应用，信息化社会已经成为当今社会不可避免的发展趋势。信息资源的获取、处理和传播方式发生了翻天覆地的变化，数字化、网络化、智能化成为信息时代的显著特征。在这一背景下，图书馆作为传统的信息资源集散地和知识服务提供者，必须紧跟时代步伐，加快现代化建设，以适应信息化社会的发展需求。

图书馆现代化建设是信息化社会的必然要求。首先，随着信息技术的广泛应用，读者对信息的需求越来越多元化、个性化，他们不再满足于传统的纸质文献资源，而是希望通过更加便捷、高效的方式获取所需信息。图书馆必须引入先进的信息技术和智能化设备，实现信息资源的数字化、网络化和智能化管理，以满足读者不断变化的信息需求。其次，图书馆面临着来自其他信息机构的严峻挑战。在信息化社会中，各类信息机构如雨后春笋般涌现，它们以更加灵活、高效的服务方式吸引着越来越多的读者和用户。为了在信息市场中保持竞争优势，图书馆必须加快现代化建设，提升自身的信息处理能力、服务水平和创新能力。最后，图书馆现代化建设也是推动图书馆事业持续发展的重要途径。通过现代化建设，图书馆可以不断完善自身的功能和服务体系，提高服务能力和水平，为读者提供更加优质、高效的信息服务。同时，现代化建设还可以促进图书馆与其他信息机构的合作与交流，推动图书馆事业的不断发展壮大。

（二）满足读者信息获取方式的变化

在信息化社会，读者的信息获取方式发生了巨大的变化。过去，读者主要通过纸质文献来获取所需信息，而现在，他们更加倾向于通过网络、移动设备等途径获取数字化、多媒体化的信息资源。这种变化对图书馆提出了更高的要求，要求图书馆必须加快现代化建设，将馆藏资源数字化、网络化，提供多样化的信息检索和获取方式。

为了满足读者信息获取方式的变化，图书馆需要采取一系列措施。首先，图书馆需要对馆藏资源进行数字化处理，将纸质文献转化为电子文献，方便读者通过网络和移动设备进行访问和获取。其次，图书馆需要建立完善的网络平台和服务系统，提供多样化的信息检索和获取方式，如关键词检索、主题分类、作者检索等，以满足读者不同的信息需求。此外，图书馆还可以利用智能化技术，如数据挖掘、机器学习等，对读者的阅读习惯和兴趣偏好进行分析和挖掘，主动推送相关的优质资源，进一步提升读者的阅读体验。

（三）提升图书馆在信息市场的竞争力

随着信息市场的日益开放和竞争的不断加剧，图书馆面临着来自其他信息机构的严峻挑战。为了在激烈的市场竞争中立于不败之地，图书馆必须加快现代化建设步伐，提升自身的信息处理能力、服务水平和创新能力。

首先，图书馆需要引入先进的技术和设备来提高自身的信息处理能力，例如，利用大数据技术和云计算技术对海量信息资源进行存储、管理和分析；利用人工智能技术对读者需求进行智能识别和响应；利用物联网技术对图书馆内的设备和资源进行智能化管理等。这些技术的应用可以大大提高图书馆的信息处理效率和质量，为读者提供更加便捷、高效的信息服务。

其次，图书馆需要优化服务流程、提高服务质量来增强自身的市场竞争力。例如，简化借阅手续和缩短借阅周期；提供个性化的信息咨询和定制服务；建立读者反馈机制和持续改进机制等。这些措施可以让读者感受到更加贴心、专业的服务体验，从而增强对图书馆的信任和忠诚度。

最后，图书馆需要注重创新能力的提升来应对不断变化的市场环境。例如，探索新的服务模式和合作方式；开发新的信息产品和服务项目；积极参与国际交流与合作等。这些创新举措可以让图书馆在激烈的市场竞争中保持领先地位和竞争优势。

（四）推动图书馆事业的持续发展

图书馆的现代化建设不仅应满足适应社会信息化发展的需要，也应能推动图书馆事业持续发展。通过现代化建设，图书馆可以不断完善自身的功能和服务体系，提高服务能力和水平，为读者提供更加优质、高效的信息服务。同时，现代化建设还可以促进图书馆与其他信息机构的合作与交流，共同推动信息资源的共享和利用，为社会的进步和发展做出更大的贡献。

图书馆的现代化建设对于推动图书馆事业的持续发展具有重要意义。首先，现代化建设可以提升图书馆的服务能力和水平。通过引入先进的信息技术和智能化设备，图书馆可以实现更加高效、便捷的信息服务，满足读者多元化的信息需求。同时，优化阅读环境和拓展服务范围也可以让读者感受到更加舒适、便捷的阅读体验。其次，现代化建设可以促进图书馆与其他信息机构的合作与交流。在信息化社会中，各类信息机构之间的联系越来越紧密，它们之间的合作与交流对于推动信息资源的共享和利用具有重要意义。图书馆通过与其他信息机构的合作与交流，可以共同开发新的信息产品和服务项目，提高信息资源的利用效率并实现信息资源的价值。最后，图书馆的现代化建设还可以推动图书馆事业的不断发展壮大。通过不断完善自身的功能和服务体系，提高服务能力和水平，图书馆可以吸引更多的读者和用户，拓展自身的生存和发展空间。同时，图书馆还可以积极参与社会公益事业和文化建设活动，为社会的进步和发展做出更大的贡献。

二、提升图书馆服务效能与品质

在信息化社会的背景下，图书馆作为传统的知识殿堂和信息集散地，正面临着前所未有的挑战和机遇。为了适应这一时代变革并更好地服务于广大读者，图书馆必须致力于提升服务效能与品质。这不仅是图书馆自身发展的需要，更是为了满足读者对日益增长的多元化、个性化信息的需求的需要。

（一）提高信息检索效率

现代化图书馆通过引入先进的信息检索技术和智能化设备，可以极大地提高信息检索的效率。传统的图书馆检索方式往往依赖于手工查找和卡片目录，效率低下且容易出错。而现代化图书馆则采用了数字化、网络化的信息检索系统，读者只需通过关键词、主题、作者等检索途径，即可快速、准确地定位到所需的信息资源。这不仅大大节省了读者的时间成本，也提高了检索的准确性和便捷性。

此外，智能推荐系统的应用更是进一步提升了信息检索的智能化水平。这些系统可以根据读者的阅读习惯、兴趣偏好以及历史借阅记录等信息，主动为读者推送相关的优质资源。这种个性化的信息服务模式不仅满足了读者的个性化需求，也极大地提升了阅读体验和知识获取的效率。

（二）优化阅读环境

优化阅读环境是提升图书馆服务品质的重要手段之一。一个舒适、优雅的阅读环境不仅可以提高读者的阅读兴趣和专注度，也有助于提升图书馆的整体形象和吸引力。因此，现代化图书馆在环境建设方面下足了功夫。

首先，人性化的空间布局是优化阅读环境的关键。图书馆应该根据读者的使用习惯和需求，合理规划阅览区、借阅区、休息区等功能区域，确保读者能够在最短的时间内找到所需的服务和资源。同时，宽敞的阅览桌椅、柔和的灯光照明以及适宜的室内温度等细节设计也是营造舒适阅读环境的重要因素。

其次，多媒体阅读区和研讨室的设置可以满足读者多样化的阅读需求。这些特色区域不仅提供了丰富的数字化资源和多媒体设备，还为读者提供了一个交流、讨论和学习的平台。读者可以在这里观看视频讲座、参加在线研讨会或与其他读者分享阅读心得和知识经验。

最后，文化氛围的营造也是优化阅读环境不可忽视的一环。图书馆可以通过悬挂名人字画、展示地方文化特色或举办各类文化活动和讲座等方式来丰富自身的文化内涵和底蕴，为读者营造一个充满学术气息和文化氛围的阅读空间。

（三）拓展服务范围

传统图书馆的服务范围往往局限于馆内借阅和参考咨询等有限服务，难以满足读者日益增长的多元化需求。而现代化图书馆则通过引入网络平台和移动应用等技术手段，将服务范围拓展到了更加广阔的领域。

首先，远程借阅和在线咨询服务的开通使得读者可以随时随地访问图书馆的资源和服务。无论是在家中、办公室还是外出旅行途中，读者都可以通过电脑或手机等终端设备登录图书馆网站或移动应用，查询各种文献资源、查询借阅图书的情况以及自己想要借阅的图书是否在馆等信息。这种便捷的服务方式不仅节省了读者的时间和精力成本，也提高了图书馆的服务效率和覆盖面。

其次，数字资源获取也是现代化图书馆拓展服务范围的重要方面。随着数字化技术的不断发展，越来越多的文献资源被转化为电子格式并存储在网络数据库中。图书馆通过购买或合作等方式获取这些数字资源的访问权限，并为读者提供检索、浏览和下载等服务。这不仅丰富了图书馆的馆藏资源类型和数量，也满足了读者对数字化信息资源的日益增长的需求。

最后，现代化图书馆还可以积极参与社会教育和公益活动。例如，开设各类公益讲座和培训课程、为弱势群体提供特殊的信息服务以及参与社区文化建设等。这些举措不仅可以提升图书馆的社会影响力和公信力，也有助于推动社会的进步和发展。

（四）提升馆员素质

提升馆员素质是保障图书馆服务品质的重要前提。一个优秀的图书馆员不仅需要具备扎实的专业知识和技能，还需要具备良好的服务意识和职业素养。因此，图书馆应该加强对馆员的培训和教育力度，提高他们的信息素养、专业技能和服务水平。

首先，定期的业务培训是提升馆员素质的有效途径之一。图书馆可以邀请专家学者或业界同行为馆员授课或举办研讨会等活动，让他们了解最新的行业动态和技术发展趋势，学习先进的信息处理技能和服务理念。同时，图书馆还可以鼓励馆员参加各类专业资格认证考试或继续深造学习等活动，提高他们的专业素养和竞争力。

其次，学术交流也是提升馆员素质的重要手段之一。通过参与国内外学术会议、研讨活动或合作项目等方式，馆员可以与同行专家进行深入的交流和探讨，分享彼此的经验和见解并共同解决面临的问题和挑战。这种互动式的学习方式不仅可以拓宽馆员的视野和知识面，也有助于提升他们的创新思维和解决问题的能力。

最后，良好的服务意识和职业素养也是提升馆员素质不可忽视的一环。图书馆应该加强对馆员的服务意识和职业道德的教育力度，让他们始终牢记"读者至上"的服务理念并自觉遵守职业道德规范和行为准则。同时，图书馆还可以通过建立激励机制和考核机制等方式来激发馆员的工作热情和积极性并提高他们的责任感和使命感。

三、满足读者多元化、个性化需求

（一）提供多样化的信息资源

现代化图书馆的核心使命在于为读者提供丰富多样的信息资源，以满足他们日益增长的多元化需求。在信息技术迅猛发展的今天，图书馆的资源建设已不再局限于传统的纸质文献，而是向电子书籍、期刊、数据库、多媒体资源等多元化方向发展。这些资源类型不仅数量庞大，覆盖各个学科领域，而且更新速度快，具有很高的学术价值和实用性。

为了满足读者的多元化需求，图书馆应建立完善的信息资源采集和更新机制。通过与出版机构、信息提供商等建立合作关系，及时获取最新的学术成果和信息资源。同时，图书馆还应加强对网络资源的整合和利用，为读者提供更加便捷的信息获取途径。此外，图书馆还应注重特色资源的建设，如地方文献、古籍善本等的收集、整理，以彰显图书馆的独特魅力和文化价值。

通过提供多样化的信息资源，图书馆能够吸引更多类型的读者群体，满足他们不同的阅读需求和学术追求。无论是学生、教师还是科研人员，都能在图书馆找到适合自己的信息资源，从而促进知识的传播和创新。

（二）个性化信息服务

在信息化社会，读者的信息需求越来越呈现出个性化的特点。为了满足读者的个性化需求，现代化图书馆应提供定制化的信息服务。这种服务模式要求图书馆对每位读者的借阅记录、阅读习惯和兴趣偏好进行深入分析，以便为他们推荐合适的书籍和资源。

实现个性化信息服务，图书馆需要借助先进的信息技术和数据分析工具。通过对读者数据的挖掘和分析，图书馆可以发现读者的潜在需求和兴趣点，从而为他们提供更加精准的资源推荐。此外，图书馆还应建立读者反馈机制，及时了解读者对推荐资源的满意度和改进意见，以便不断优化个性化信息服务的效果。

个性化信息服务不仅提高了读者对图书馆的满意度和忠诚度，还促进了图书馆资源的有效利用和传播。通过为每位读者提供量身定制的信息资源，图书馆能够更好地满足他们的阅读需求和学术追求，从而推动知识的创新和社会的进步。

（三）互动式交流平台

为了满足读者之间、读者与馆员之间的交流需求，现代化图书馆应建立互动式交流平台。这些平台可以为读者提供一个自由、开放、平等的交流空间，让他们分享阅读心得、讨论学术问题、寻求帮助和建议等。通过互动交流，读者可以增进彼此的了解和友谊，形成良好的学术氛围和文化环境。

互动式交流平台的建设需要图书馆充分利用现代信息技术和网络资源。图书馆可以建立官方网站、社交媒体账号等线上平台，为读者提供便捷的交流途径。同时，图书馆还可以定期举办线下活动，如读者沙龙、学术研讨会等，为读者提供面对面的交流机会。通过这些线上线下的结合，图书馆能够打造一个立体化的互动交流体系，满足读者的多元化交流需求。

此外，图书馆还应注重互动式交流平台的维护和管理。通过建立健全的管理制度和规范，确保平台的正常运行和信息安全。同时，图书馆还应积极回应读者的反馈和建议，不断优化平台的功能和服务，提升读者的满意度和参与度。

（四）无障碍信息服务

在追求普遍服务和公平获取信息的今天，现代化图书馆应特别关注弱势群体的信息需求，并为他们提供无障碍信息服务。无障碍信息服务是指图书馆通过采用各种辅助技术和设备，确保所有读者都能平等地获取和利用信息资源，无论他们是否存在身体或认知上的障碍。

为了实现无障碍信息服务，图书馆需要采取多种措施。首先，图书馆应为视障读者提供盲文书籍和有声读物等特殊格式的资源。这些资源可以采用大字体、高对比度、语音提示等方式呈现信息内容，方便视障读者阅读和理解。其次，图书馆应为听障读者提供手语服务和辅助设备等沟通方式。这些方式可以帮助听障读者与其他人顺畅交流、理解信息内容。此外，图书馆还应关注其他类型的弱势群体，如老年人、残疾人等，并为他们提供相应的辅助服务和设施。通过这些措施的实施，图书馆能够确保所有读者都能享受到平等的信息服务。

无障碍信息服务不仅体现了图书馆的人文关怀和社会责任意识，也是图书馆实现普遍服务和公平获取信息的重要途径。通过为弱势群体提供无障碍信息服务，图书馆能够消除信息获取的障碍和壁垒，促进信息资源的共享和利用。同时，无障碍信息服务还能够提高弱势群体的信息素养和综合能力，为他们的学习、工作和生活带来更多的便利和机会。

四、保障图书馆可持续发展

（一）引入先进技术

为了保障图书馆的可持续发展，图书馆必须不断引入先进技术来更新和完善信息系统和服务设施。这些技术包括数字化技术、数据分析技术、人工智能技术等，它们可以帮助图书馆更好地管理馆藏资源、分析读者行为、提升服务质量等。

数字化技术是图书馆现代化的重要手段之一。通过数字化处理，图书馆可以将纸质文献转化为电子资源，以实现资源的长期保存和远程访问。此外，数字化技术还可以用于创建多媒体资源和虚拟展览等，丰富读者的阅读体验和学习方式。

数据分析技术则可以帮助图书馆更好地了解读者的需求和行为。通过对借阅记录、检索日志等数据的挖掘和分析，图书馆可以发现读者的阅读偏好和学术趋势，为他们提供更加精准的资源推荐和信息服务。同时，数据分析技术还可以用于评估图书馆的服务效果和资源配置情况，为图书馆的决策提供科学依据。

人工智能技术则是图书馆未来发展的重要方向之一。通过引入智能机器人、自然语言处理等人工智能技术，图书馆可以实现自动化管理和智能化服务。例如，智能机器人可以协助馆员进行图书上架、整理等工作；自然语言处理技术则可以用于构建智能问答系统和虚拟参考咨询等，为读者提供更加便捷的信息获取途径和个性化的信息服务。

（二）合理规划与布局

现代化图书馆的建设需要进行合理的规划与布局，以确保图书馆的发展符合实际需求和发展趋势。这包括确定图书馆的发展目标、功能定位、服务对象等，以及制订详细的建设计划和实施方案。

在发展目标方面，图书馆应明确自身的使命和责任，致力于成为知识传播、信息服务和文化交流的重要平台。同时，图书馆还应根据所在地区的经济、文化和社会发展情况，制定符合实际需求的发展规划和战略。

在功能定位方面，图书馆应充分考虑读者的需求和期望，为他们提供多样化的信息资源和个性化的信息服务。此外，图书馆还应关注社会热点和学术动态，积极参与社会公益事业和学术研究活动，提升自身的社会影响力和学术地位。

在服务对象方面，图书馆应坚持普遍服务和公平获取信息的原则，为所有读者提供平等的信息服务机会。同时，图书馆还应关注弱势群体的信息需求，为他们提供无障碍信息服务等特殊关怀。

在建设计划和实施方案方面，图书馆应制订详细的时间表、任务分工和预算安排等，确保建设工作的顺利进行和按时完成。同时，图书馆还应建立健全的管理制度和规范，加强对建设过程的监督和管理，确保建设质量和效果符合预期目标。

（三）强化合作与共享

在信息化社会背景下，图书馆之间的合作与共享显得尤为重要。通过与其他图书馆、信息机构等建立合作关系，可以实现资源共享、优势互补和协同发展。这种合作不仅可以提高资源的利用效率，还可以促进知识的传播和创新。

为了实现合作与共享的目标，图书馆需要积极参与各种合作项目和共享平台。例如，可以加入图书馆联盟或信息资源共享网络等组织，与其他成员共同分享资源和服务经验。通过这些平台，图书馆可以获取更多的信息资源和服务支持，同时也可以将自己的特色资源和优质服务推广给更广泛的读者群体。

此外，图书馆还应注重与国际间的交流与合作。通过引进国外先进的图书馆管理理念和技术手段，可以提升自身的发展水平和服务质量。同时，也可以将本国的优秀文化成果和学术资源推向国际舞台，增强本国在国际文化交流中的地位和影响力。

（四）注重人才培养

人才是图书馆可持续发展的重要保障。为了培养一支高素质、专业化的图书馆人才队伍，图书馆需要加强对现有馆员的培训和教育。通过定期举办培训班、研讨会等活动，可以提高馆员的业务水平和综合素质。同时，还需要鼓励馆员积极参与学术研究和实践活动，不断提升自己的专业能力和创新能力。

除了对现有馆员的培训和教育外，图书馆还应积极引进优秀人才。通过公开招聘、竞聘上岗等方式选拔具有专业知识和实践经验的人才加入到图书馆工作中来。这些新鲜血液的注入可以为图书馆的发展带来新的活力和动力。

同时，图书馆还应建立完善的人才激励机制和考核机制。通过合理的薪酬待遇、晋升机会等激励措施激发馆员的工作积极性和创造力；通过定期的绩效考核和评估工作检验馆员的工作成果和贡献程度，为优秀人才的脱颖而出创造有利条件。

（五）创新服务模式

创新是图书馆可持续发展的关键所在。为了适应不断变化的社会环境和读者需求，图书馆需要不断创新服务模式和服务内容。这包括探索新的信息传播方式、开发新的信息产品和服务项目等。

例如，图书馆可以利用互联网技术构建在线服务平台或移动应用程序等数字化服务渠道，为读者提供更加便捷的信息获取途径和个性化的信息服务体验；也可以开展参考咨询服务、定题服务等信息增值服务项目，满足读者深层次的信息需求；还可以结合地方特色和资源优势打造特色馆藏资源或品牌服务项目等，提升图书馆的知名度和影响力。

通过创新服务模式和服务内容，图书馆可以不断提升自身的竞争力和影响力，实现可持续发展目标。同时，这些创新举措也可以为读者带来更加丰富多彩的阅读体验和学习收获，促进知识的传播和创新发展。

第二节　图书馆现代化建设的挑战与对策

一、资源数字化与保存的挑战与对策

（一）资源数字化的挑战

随着信息技术的飞速发展，图书馆资源数字化已成为不可逆转的趋势。数字化资源以其便捷性、可复制性和可远程访问性等特点，极大地改变了传统图书馆的服务模式和读者的阅读习惯。然而，在资源数字化的过程中，图书馆也面临着诸多严峻的挑战。

首先，数字化是一个需要耗费大量人力、物力和财力的过程。图书馆需要购置高性能的扫描仪、数码相机等数字化设备，以确保高质量的数字化效果。同时，还需要对工作人员进行专业的数字化培训，提高他们的数字化技能和素养。此外，数字化过程中的各种费用，如设备维护费、软件升级费、数据存储费等，也是一笔不小的开支。对于许多经费紧张的图书馆来说，这无疑是一个巨大的负担。

其次，图书馆藏书的种类繁多，包括古籍善本、地方文献、专业书籍等，每种书籍都有其独特的数字化难度和要求。例如，古籍善本需要采用特殊的扫描设备和处理技术，以确保数字化后的图像清晰可读；地方文献需要进行详细的元数据标注和分类，以便读者能够快速找到所需信息。这些都需要图书馆具备专业的技术和设备支持，否则很难保证数字化的质量和效率。

最后，数字化过程中需要保证数据的准确性和完整性。数字化资源一旦出现数据丢失或损坏的情况，将给图书馆带来无法弥补的损失。因此，图书馆需要建立完善的数据管理制度和备份机制，定期对数字资源进行质量检查和维护，确保数据的准确性和完整性。同时，还需要加强对数字化人员的培训和管理，提高他们的责任意识和数据保护意识。

（二）资源保存的挑战

数字化资源的保存是图书馆面临的另一大挑战。与纸质资源相比，数字化资源具有易复制、易传播、易修改等优点，但同时也存在着易丢失、易损坏等风险。这些风险主要来自于以下几个方面。

一是技术更新换代的风险。随着信息技术的不断发展，数字化资源的保存格式和技术也在不断更新换代。如果图书馆不能及时跟上技术的步伐，就可能导致数字化资源无法被新的技术和环境所兼容和读取，从而造成资源的丢失和浪费。

二是网络安全的风险。数字化资源存储在计算机和网络中，容易受到黑客攻击、病毒传播等网络安全威胁。一旦网络安全防线被突破，就可能导致数字化资源被非法获取、篡改或删除，给图书馆带来严重的损失和影响。

三是物理存储的风险。数字化资源需要存储在硬盘、光盘等物理介质中，这些介质容易受到温度、湿度、磁场等环境因素的影响，从而导致数据的损坏或丢失。此外，物理介质的寿命也是有限的，需要定期更换和维护，否则也会影响数据的保存效果。

为了应对这些挑战，图书馆需要采取有效的措施来保护数字化资源的完整性和安全性。例如，可以采用数据备份技术来防止数据丢失；采用加密技术和访问控制技术来防止非法访问和篡改；采用物理隔离和网络安全防护措施来防止网络安全遭受威胁等。同时，还需要加强对数字化资源的长期保存策略的研究和实践，探索适合本馆实际情况的长期保存方案和技术路线。

（三）对策与建议

为了有效应对资源数字化与保存的挑战，图书馆可以采取以下对策与建议。

加大投入力度。图书馆应该积极争取政府和社会各界的支持，加大对数字化建设和资源保存的投入力度。通过设立专项资金、引入社会捐赠、开展合作项目等方式，多渠道筹集资金和资源，提高数字化建设和资源保存的水平。同时，还需要合理规划和分配经费和资源，确保数字化建设和资源保存工作的持续性和稳定性。

建立专业的数字化团队。图书馆应该建立一支专业的数字化团队，负责数字化资源的采集、处理、保存和管理工作。团队成员应该具备专业的知识和技能背景，能够熟练掌握数字化技术和设备操作。同时，还需要加强对团队成员的培训和管理力度，提高他们的专业素养和责任意识。通过专业化的团队建设和管理模式创新，推动数字化建设和资源保存工作的顺利开展。

采用先进的保存技术。为了保护数字化资源的完整性和安全性，图书馆应该采用先进的保存技术。例如，可以采用数据备份技术来防止数据丢失；采用加密技术和访问控制技术来防止非法访问和篡改；采用物理隔离和网络安全防护措施来防止网络安全威胁等。同时，还需要关注新技术的发展动态和应用前景，及时引入新技术来完善和提升数字化资源的保存效果。采用将技术创新和应用实践相结合的方式，推动数字化资源的长期保存和可持续发展。

加强合作与交流。图书馆应该加强与其他图书馆、科研机构、企业等的合作与交流，共同研究数字化建设和资源保存的问题、分享经验和成果。图书馆通过合作与交流的方式，可以借鉴其他机构的成功经验和做法，避免走弯路和重复劳动，同时也可以共同研发新技术和新方案，推动数字化建设和资源保存工作的创新发展。通过加强合作与交流，形成合力效应和资源共享机制，从而推动整个行业的进步与发展。

二、信息技术更新换代的挑战与对策

（一）信息技术更新换代的挑战

随着信息技术的迅猛发展和不断更新换代，图书馆作为信息资源的集散地，正面临着前所未有的挑战。传统的图书馆服务模式和信息技术手段已经难以满足日益增长的用户需求，图书馆必须紧跟信息技术的发展步伐，不断更新换代，才能保持其竞争力和吸引力。

然而，信息技术的更新换代并非易事。首先，新的信息技术和设备往往伴随着高昂的经费投入，这对于许多经费有限的图书馆来说是一个巨大的压力。图书馆需要在有限的预算内权衡各种投入，确保信息技术和设备的更新能够顺利进行。

其次，设备兼容性是另一个需要考虑的重要因素。随着各种新技术和设备的不断涌现，图书馆需要确保新引进的设备能够与现有系统无缝对接，避免因为兼容性问题而影响到服务的正常开展。

此外，人员培训也是一个不可忽视的问题。新的信息技术和设备往往需要具备相应的操作技能和知识背景才能充分发挥其效用。图书馆需要加强对员工的培训和教育，提高他们的信息技术素养和应用能力，以确保他们能够熟练掌握新技术和设备的使用方法和技巧。

（二）对策

为了应对信息技术更新换代的挑战，图书馆可以采取以下对策。

1.制订合理的更新计划

图书馆应该根据自身的实际情况和需求，制订详细且切实可行的信息技术和设备更新计划。该计划应该充分考虑经费投入、设备兼容性、人员培训以及技术发展趋势等多个因素，确保更新的顺利进行并带来实际效益。在制订计划时，图书馆可以与相关部门和专家进行充分沟通和交流，借鉴他们的经验和建议，使计划更加科学和合理。

2.加强技术研究和应用

图书馆应该积极关注新技术的发展趋势和特点，加强对新技术的研究和应用。通过深入了解新技术的原理、功能和应用场景，图书馆可以积极探索新技术在图书馆工作中的应用方式，提高服务质量和效率。例如，图书馆可以利用人工智能技术实现自动化管理、智能推荐等功能；利用大数据技术对用户行为进行分析和挖掘，为用户提供更加精准的信息服务；利用云计算技术实现资源共享和协同工作等。

3.提高人员素质

图书馆应该加强对员工的培训和教育，提高他们的信息技术素养和应用能力。通过定期组织培训课程、邀请专家进行讲座、鼓励员工参加学术交流活动等方式，图书馆可以帮助员工掌握新技术和设备的使用方法和技巧，提高他们的服务水平和专业素养。同时，图书馆还应该注重培养员工的创新意识和学习能力，使他们能够不断适应信息技术的发展变化并主动探索新的服务模式和方法。

4.加强与供应商的合作

图书馆应该积极与信息技术和设备供应商建立长期稳定的合作关系，及时了解新技术和设备的发展动态和价格变化。通过与供应商保持密切的沟通和交流，图书馆可以获取更多的技术支持和优惠政策，降低采购成本并提高采购效率。同时，图书馆还可以与供应商共同开展技术研发和项目合作等活动，推动新技术在图书馆领域的应用和发展。

除了以上对策外，图书馆还可以采取其他措施来应对信息技术更新换代的挑战。例如，图书馆可以建立用户反馈机制，及时了解用户对信息技术和设备的需求和意见，以便更好地满足他们的需求；图书馆还可以加强与其他图书馆和机构的合作与交流，共同分享资源和经验，推动整个行业的进步和发展。

三、读者服务需求变化的挑战与对策

（一）读者服务需求变化的挑战

随着社会的日新月异和科技的飞速发展，读者的阅读需求和习惯也在不断地改变和升级。传统的图书馆服务模式，虽然曾经满足了大部分读者的基本需求，但在当下这个

信息化、数字化的时代，已经逐渐暴露出它的局限性和滞后性。读者对图书馆提出了更多、更高的要求，他们期待图书馆能提供更加便捷、高效、个性化的服务，以及更加丰富、多元、前沿的阅读资源。

具体来说，现代读者对图书馆服务的需求变化主要体现在以下几个方面。一是服务方式的便捷性。随着生活节奏的加快，读者们希望能够在任何时间、任何地点都能够方便快捷地获取图书馆的资源和服务，而不再受到时间和空间的限制。二是阅读资源的丰富性。读者们的阅读口味和兴趣越来越多样化，他们希望能够在图书馆中找到各种类型、各种主题、各种形式的阅读资源，以满足他们不同的阅读需求和兴趣爱好。三是阅读体验的个性化。每个读者都是独一无二的个体，他们有着不同的阅读偏好和习惯，因此，他们希望图书馆能够为他们提供更加个性化的阅读推荐和服务，让他们能够享受到更加舒适、愉悦的阅读体验。

这些变化对图书馆来说无疑是一次巨大的挑战。图书馆必须重新审视自己的服务模式和服务质量，积极拥抱变化，创新服务方式，提升服务能力，才能满足现代读者的多元化、个性化需求，赢得他们的信任和满意。

（二）对策

为了有效应对读者服务需求变化的挑战，图书馆可以从以下几个方面入手。

1.深入了解读者需求

图书馆应该通过多种方式深入了解读者的真实需求和期望，可以通过定期开展读者调查问卷、组织读者座谈会、设立读者意见箱等方式，收集和分析读者的反馈和建议，为改进服务模式和提高服务质量提供有力的依据。同时，图书馆还应该积极关注社会和科技的发展趋势，预测未来读者需求的变化趋势，提前做好服务创新和升级的准备。

2.创新服务模式

在了解了读者的真实需求后，图书馆应该根据读者的需求和期望，积极创新服务模式和服务手段。例如，图书馆可以开展移动图书馆服务，让读者通过手机、平板等移动设备随时随地访问图书馆的资源和服务；可以建立读者社区，为读者提供一个交流、分享、互动的平台，增强读者的归属感和参与感；可以提供个性化阅读推荐服务，根据读者的阅读历史和偏好，为他们推荐更加精准、有价值的阅读资源等。这些创新的服务模式和服务手段不仅可以满足读者的多元化、个性化需求，还可以提升图书馆的服务水平和竞争力。

3.提高服务质量

服务质量是衡量图书馆工作水平的重要指标之一。为了提高服务质量，图书馆应该加强对员工的培训和教育，提高他们的服务意识和能力。员工是图书馆与读者之间的桥梁和纽带，他们的服务态度、服务技能和服务效率直接影响读者的满意度和忠诚度。因此，图书馆应该定期对员工进行职业培训和服务礼仪教育，让他们掌握更加专业的服务知识和技能，提高他们的服务水平和质量。同时，图书馆还应该建立完善的服务质量监控和评价体系，通过读者评价、员工自评、领导点评等方式及时发现和解决服务中存在的问题和不足，促进服务质量的持续改进和提升。

4.加强宣传推广

在信息化、数字化的时代背景下，"酒香也怕巷子深"。即使图书馆拥有再好的资源和服务，如果不为人知，也难以吸引到更多的读者。因此，图书馆应该加强对自身的宣传推广力度，提高知名度和影响力，可以通过各种渠道和媒体进行宣传推广，如社交媒体、官方网站、宣传海报、宣传视频等，向读者展示图书馆的资源优势、服务特色和创新成果，吸引更多的读者走进图书馆、探索图书馆。同时，图书馆还可以与各类机构合作，开展联合推广活动，如与学校合作开展阅读推广活动、与社区合作开展文化讲座等，扩大图书馆的影响力和辐射范围。

四、人才培养与队伍建设的挑战与对策

（一）人才培养与队伍建设的挑战

图书馆作为知识和信息的集散地，其现代化建设不仅需要先进的技术和设备支持，更需要一支高素质的人才队伍来支撑。然而，当前图书馆在人才培养与队伍建设方面面临着诸多挑战。

首先，人才短缺问题日益凸显。由于信息技术的快速发展和读者需求的多样化，图书馆需要更多的专业人才来从事数字化资源建设、读者服务、信息咨询等工作。但是，由于图书馆行业的特殊性和吸引力不足，很多优秀人才选择了其他行业，导致图书馆人才短缺现象严重。这种短缺不仅影响了图书馆的正常运营，也制约了图书馆的现代化建设进程。

其次，人员素质参差不齐。当前图书馆员中，部分人员缺乏专业知识和技能，难以胜任现代化图书馆的工作要求。同时，由于历史原因和体制机制等问题，一些图书馆存在人员老化、知识结构陈旧等问题，难以适应新技术和新环境的发展需求。这些问题严重影响了图书馆的服务质量和读者满意度。

最后，人才培养机制不完善。一些图书馆在人才培养方面缺乏系统性和针对性，没有建立起完善的人才培养机制。这导致图书馆员缺乏职业发展规划和晋升机会，难以激

发他们的工作热情和创造力。同时，由于缺乏有效的培训和交流机制，图书馆员难以获取新的知识和技能，无法跟上时代的步伐。

（二）对策

为了应对人才培养与队伍建设的挑战，图书馆可以采取以下对策。

1.制订合理的人才培养计划

图书馆应该根据自身的发展需求和实际情况，制订合理的人才培养计划。计划应该明确培训目标、培训内容、培训方式等，确保培训工作的针对性和实效性。同时，还应该根据员工的实际情况和个性特点，制订个性化的培训计划，帮助员工实现自我提升和发展。通过制订合理的人才培养计划，图书馆可以建立起一支高素质、专业化的人才队伍，为现代化建设提供有力的人才保障。

在培训内容方面，图书馆可以注重提升员工的信息素养、技术能力、服务意识和创新思维等方面。例如，图书馆可以定期组织员工参加信息素养培训课程，提高他们获取、处理和利用信息的能力；可以邀请专家进行技术讲座或实践操作指导，提升员工在数字化资源建设和管理方面的技能水平；可以开展服务意识和沟通技巧的培训，增强员工的服务意识和读者满意度；可以鼓励员工参与创新项目和研究活动，培养他们的创新思维和解决问题的能力。

2.加强人才引进和选拔

为了缓解人才短缺问题，图书馆应该积极引进和选拔优秀的人才加入到图书馆工作中来，可以通过校园招聘、社会招聘等方式吸引更多的人才加入到图书馆行业中来。在招聘过程中，应该注重考察应聘者的专业素质、实践经验和创新能力等方面，确保选拔出的人才符合图书馆的发展需求。同时，图书馆还应该建立完善的选拔机制，包括面试、笔试、实践操作等环节，确保选拔工作的公正性和科学性。

除了直接招聘外，图书馆还可以通过与高校、科研机构等合作建立实习基地或联合培养项目等方式吸引更多的优秀人才。这种方式可以为图书馆提供稳定的优秀人才来源，同时，也可以促进图书馆与高校、科研机构等的交流与合作。

3.提高员工福利待遇

提高员工的福利待遇是留住人才和激发员工工作积极性的重要手段。图书馆应该根据自身的经济状况和实际情况，合理制定员工的薪资待遇、晋升机会、工作环境等方面的政策。在确保公平合理的前提下，适当提高员工的薪资待遇和福利水平，可以增强员工的归属感和忠诚度。同时，还应该建立完善的晋升机制，为员工提供更多的晋升机会和发展空间。此外，改善工作环境、提供必要的办公设备和资源等也是提高员工工作积极性和创造力的重要措施。

4.加强团队建设

加强团队建设是培养员工团队合作精神和协作能力的重要途径。图书馆可以通过开展各种形式的团队活动来增强团队的凝聚力和向心力。例如，图书馆可以组织员工参加户外拓展训练、文艺比赛等团队活动，让员工在轻松愉快的氛围中增进彼此的了解和信任；可以定期召开员工座谈会或茶话会等活动，鼓励员工畅所欲言、交流心得；还可以建立员工互助机制或志愿者团队等，让员工在相互帮助和支持中共同成长和进步。

此外，图书馆还应该注重培养员工的创新意识和学习能力，可以通过组织内部培训、外部交流等方式为员工提供学习新知识、新技能的机会和平台；可以鼓励员工积极参与创新项目和研究活动；还可以建立激励机制和奖励制度来表彰在创新和学习方面表现突出的员工。通过这些措施的实施，图书馆可以打造出一支具有高素质、专业化、创新精神和学习能力的人才队伍，为现代化建设提供有力的人才保障和支持。

五、经费保障与投入的挑战与对策

（一）经费保障与投入的挑战

图书馆作为知识的殿堂和文化的聚集地，在推动社会进步、提高国民素质方面发挥着举足轻重的作用。然而，在迈向现代化的征途中，图书馆却遭遇了一系列经费保障与投入的挑战，这些问题如不解决，将严重制约图书馆的现代化建设进程，进而影响其服务质量的提升。

1.经费不足的困境

在当下社会，经济快速发展，科技日新月异，图书馆要想跟上时代的步伐，就必须进行现代化建设。然而，现代化建设并非一蹴而就，它需要大量的经费投入来支撑。从图书采购、设备更新，到数字化建设、人员培训，每一个环节都需要充足的资金作为保障。但现实情况却是，许多图书馆在经费方面捉襟见肘，难以满足现代化建设的庞大需求。

经费不足的问题，不仅影响了图书馆的硬件设施更新，更制约了其软件服务的提升。在数字化、信息化的趋势下，图书馆需要引进先进的技术和设备，提供更加便捷、高效的服务。但经费的匮乏，使得这些设想往往只能停留在纸面上，难以付诸实践。

2.投入不稳定的隐患

除了经费不足外，投入不稳定也是图书馆面临的一大挑战。在一些地区，政府对图书馆的投入往往受到经济状况、政策导向等多种因素的影响，表现出较大的波动性。这种不稳定的投入状况，给图书馆的现代化建设带来了极大的不确定性。

投入不稳定意味着图书馆无法制定长期、稳定的发展规划。在经费充足的时候，图书馆可能会加大投入力度，加快现代化建设进程，而在经费紧张的时候，则不得不缩减开支，甚至暂停一些正在进行的项目。这种断断续续的发展模式，不仅效率低下，而且容易造成资源的浪费和重复建设。

（二）应对经费保障与投入挑战的对策

面对经费保障与投入的挑战，图书馆必须采取积极有效的对策，以确保现代化建设的顺利进行和服务质量的持续提升。以下是一些建议的对策。

1.积极争取政府支持

政府在图书馆现代化建设中扮演着举足轻重的角色。图书馆应该主动与政府沟通，阐述自身的发展需求和愿景，争取政府的支持和投入。具体来说，可以通过向政府申请专项资金、项目支持等方式来争取更多的经费支持。此外，图书馆还可以借助政府的平台，开展各种公益活动和合作项目，提升社会影响力，进而吸引更多的关注和资源。

在争取政府支持的过程中，图书馆需要注重策略和方法。首先，图书馆要深入了解政府的政策和导向，找准切入点，提出符合政府需求和期望的项目方案。其次，图书馆要加强与政府部门的沟通交流，建立良好的合作关系，为项目的顺利实施创造有利条件。最后，图书馆要注重项目的执行和效果评估，及时向政府反馈进展和成果，以赢得政府的持续支持和信任。

2.拓展资金来源渠道

除了政府支持外，图书馆还应该积极拓展资金来源渠道，争取社会各界的支持和投入。这不仅可以缓解经费不足的压力，还可以为图书馆的现代化建设注入更多的活力和创新元素。具体来说，图书馆可以通过以下几种方式来拓展资金来源。

与企业合作：图书馆可以与相关企业开展合作，共同推进一些有益于双方的项目。例如，图书馆可以与科技企业合作，共同开发数字化阅读平台或智能化服务系统，也可以与文化企业合作，举办各种文化活动和展览等。通过合作，图书馆可以获得企业的资金支持和技术援助，同时也可以为企业提供文化资源和品牌宣传等方面的支持。

接受社会捐赠：图书馆作为公益机构，接受社会捐赠是一种常见的资金筹集方式。图书馆可以通过各种渠道宣传自身的使命和价值，吸引更多的个人和组织进行捐赠。同时，图书馆还可以设立专门的捐赠基金或项目，明确捐赠的用途和管理方式，确保捐赠资金的合理使用和透明度。

开展收费服务：在保证基本服务免费的前提下，图书馆可以适当开展一些收费服务来增加收入。例如，图书馆可以提供文献传递、科技查新等增值服务，也可以开设培训班、讲座等收费课程或活动。通过开展收费服务，图书馆不仅可以增加收入来源，还可以满足用户更加多元化和个性化的需求。

3.加强财务管理

有了充足的经费支持后，如何合理使用和管理这些资金也是图书馆需要面对的重要问题。因此，加强财务管理是图书馆应对经费保障与投入挑战的关键一环。具体来说，图书馆可以从以下几个方面入手。

建立完善的财务管理制度：图书馆应该建立详细的财务管理制度，明确经费的来源、用途、审批程序和使用标准等。通过制度的规范化和标准化，图书馆可以确保经费的合理使用和有效监管。

强化预算管理和成本控制：图书馆应该根据自身的发展需求和实际情况，制订科学、合理的预算方案。在预算执行过程中，要严格控制成本开支，避免不必要的浪费和损失。同时，还要定期对预算执行情况进行评估和调整，确保预算的合理性和有效性。

加强内部审计和监督：图书馆应该设立专门的内部审计机构或人员，对经费的使用情况进行定期或不定期的审计和监督。通过审计和监督，可以及时发现和纠正经费使用中的不当行为或问题，确保经费的安全和规范使用。

4.提高资源利用效率

除了拓展资金来源和加强财务管理外，提高资源利用效率也是图书馆应对经费保障与投入挑战的重要途径之一。具体来说，图书馆可以从以下几个方面入手来提高资源利用效率。

优化资源配置：图书馆应该根据用户的需求和资源的特性，合理配置各种资源。例如，图书馆可以根据图书的借阅率、数字化程度等因素来调整图书的采购和布局，也可以根据用户的使用习惯和反馈来优化服务流程和设施配置等。通过优化资源配置，可以最大限度地发挥资源的效用和价值。

提高资源使用效率：除了优化资源配置外，提高资源使用效率也是降低运营成本、为现代化建设提供经费支持的重要手段。例如，图书馆可以通过推广数字化阅读、自助借还等方式来减少人力成本，也可以通过开展读者培训、导读活动等来提高读者的信息素养和阅读效率等。这些措施都可以在一定程度上降低运营成本，为图书馆的现代化建设腾出更多的经费空间。

加强资源共享与合作：在资源有限的情况下，加强资源共享与合作是提高资源利用效率的有效途径之一。图书馆可以与其他图书馆、博物馆、档案馆等机构开展合作，共同建设和利用共享资源平台或数据库等。通过共享与合作，图书馆不仅可以避免资源的重复建设和浪费，还可以促进与其他机构的交流与合作，以此推动整个行业的共同进步和发展。

综上所述，面对经费保障与投入的挑战，图书馆需要采取多种对策来确保现代化建设的顺利进行和服务质量的持续提升。通过积极争取政府支持、拓展资金来源渠道、加强财务管理以及提高资源利用效率等措施的实施，我们相信图书馆一定能够克服当前的困难，迎来更加美好的明天。

第三章 数字图书馆理论与实践

第一节 数字图书馆的概念与特点

一、数字图书馆的定义与起源

（一）数字图书馆的定义

在深入探讨数字图书馆之前，我们首先要对其有一个清晰、准确的认识。数字图书馆，有时也被称为电子图书馆或虚拟图书馆，代表着现代信息技术和网络环境共同孕育出的一种全新图书馆形态。这种形态的出现，彻底改变了传统图书馆的运行模式和服务方式。

传统图书馆主要以纸质文献为载体，而数字图书馆则将这些珍贵的文献资源进行数字化处理，转化为计算机可以识别和处理的数字信息。这种转化不仅使文献资源的存储、传输和检索变得更为便捷，而且极大地提高了资源的可共享性和可利用性。通过网络，数字图书馆可以冲破时间和空间的限制，为用户提供 24 小时不间断的信息和知识共享服务。

除了藏书、借阅、咨询等传统功能外，数字图书馆还融入了多媒体、超文本、数据挖掘等先进技术。这些技术的应用，使得数字图书馆的信息资源更加丰富多元，服务方式更加个性化。用户不仅可以在数字图书馆中阅读文字、查看图片，还可以观看视频、听取音频，甚至可以通过虚拟现实技术体验身临其境的阅读感受。

（二）数字图书馆的起源

数字图书馆的起源与计算机技术和网络技术的发展密不可分。20 世纪 90 年代初，随着这两大技术的飞速进步，人们开始思考如何将传统图书馆的纸质文献转化为数字格式，并通过网络进行传输和共享。这一创新性的想法很快得到了实现，并迅速在全球范围内引起了广泛的关注和热潮。

最初的数字图书馆项目主要是由一些大型的学术机构和图书馆发起的。这些机构和图书馆投入大量的人力、物力和财力，进行文献资源的数字化处理和网络平台的建设。这些项目的成功实施，不仅证明了数字图书馆的可行性和优越性，而且为后来的数字图书馆建设提供了宝贵的经验和借鉴。

随着技术的不断进步和应用领域的不断拓展，数字图书馆的建设逐渐从学术领域延伸到了公共领域。越来越多的公共图书馆、学校图书馆和专业图书馆开始加入数字图书馆的行列，为用户提供更加便捷、高效的信息服务。同时，一些商业机构也开始涉足数字图书馆领域，推出了一系列面向公众的数字图书馆产品和服务。

经过几十年的发展，数字图书馆已经从最初的尝试和探索阶段，成长为现代信息社会不可或缺的重要组成部分。它不仅改变了人们获取信息和知识的方式，而且推动了图书馆事业的创新和发展。如今，无论是在学术研究、教育教学，还是在日常生活中，数字图书馆都发挥着越来越重要的作用。

二、数字图书馆的主要特点

（一）数字化存储与传输

数字图书馆的核心特点之一就是数字化存储与传输。这一特点的实现离不开先进的数字化技术和网络技术的支持。通过扫描、识别、压缩等处理过程，纸质文献被转化为数字格式存储在高性能的服务器或云存储系统中。这些数字资源不仅使占用的物理空间大大减少，而且可以实现长期的保存和备份，有效避免了纸质文献因自然老化、人为损坏等原因造成的损失。

在数字化存储的基础上，数字图书馆通过高速网络将这些资源传输到世界的各个角落。用户只需通过电脑、手机或其他智能设备连接网络，就可以随时随地访问这些资源。这种传输方式不仅打破了时间和空间的限制，而且大大提高了资源的可访问性和可共享性。无论是身处城市还是乡村、国内还是国外，用户都可以平等地获取数字图书馆中的信息资源和知识。

（二）多媒体展示与交互

与传统图书馆相比，数字图书馆在信息的展示和交互方面有着显著的优势。借助多媒体技术，数字图书馆可以将文字、图片、音频、视频等多种信息形式融合在一起，为用户提供更加丰富、生动的阅读体验。例如，在阅读一本历史书籍时，用户不仅可以看到文字描述和图片插图，还可以听到相关的音频讲解或观看相关的视频片段。这种多媒体展示方式使得信息更加直观、易懂，有助于用户深入理解和掌握知识。

除了多媒体展示外，数字图书馆还支持用户之间的交互和合作。通过在线讨论区、协同编辑平台、虚拟社区等功能模块，用户可以与其他志同道合的人一起交流心得、分享经验、探讨问题。这种交互方式不仅促进了知识的传播和交流，而且有助于激发用户的创新思维和灵感。在数字图书馆中，每个人都可以成为知识的创造者和传播者，共同推动人类文明的进步和发展。

（三）智能化检索与服务

面对海量的信息资源，如何快速准确地找到所需的内容是用户面临的一大挑战。为了解决这一问题，数字图书馆采用了先进的检索技术和算法。通过关键词搜索、语义分析、数据挖掘等手段，用户可以轻松地找到与自己需求相关的信息资源。同时，数字图书馆还提供智能化的推荐系统，根据用户的兴趣、偏好和行为习惯为用户推送相关的信息和资源。这种个性化服务方式不仅提高了用户的信息获取效率，而且增强了用户的满意度和忠诚度。

此外，数字图书馆还提供一系列便捷的服务功能，如在线借阅、远程打印、文献传递等。这些服务功能的实现都离不开智能化技术的支持。通过自动化处理流程和智能化管理系统，数字图书馆可以为用户提供更加高效、便捷的服务体验。无论是学术研究还是日常生活应用，用户都可以在数字图书馆中找到满足自己需求的解决方案。

（四）开放性与可扩展性

开放性和可扩展性是数字图书馆的另外两个重要特点。开放性意味着数字图书馆的资源和服务面向全球用户开放，任何人都可以通过网络访问和利用这些资源。这种开放性不仅有助于促进知识的传播和交流，而且有助于消除信息鸿沟、实现信息公平。在数字图书馆中，每个人都可以平等地获取信息和知识，无论其身份、地位或地域背景如何。

可扩展性则体现在数字图书馆的系统架构和技术平台上。随着用户需求的不断变化和信息技术的不断发展，数字图书馆需要不断地进行扩展和升级以适应新的环境和挑战。通过采用模块化设计、标准化接口和云计算等技术手段，数字图书馆可以实现灵活的扩展和升级。无论是增加新的资源类型、开发新的服务功能还是提高系统的性能和安全性，数字图书馆都可以在短时间内完成并投入使用。这种可扩展性使得数字图书馆能够始终具有优势并能满足用户不断增长的需求。

三、数字图书馆与传统图书馆的比较

（一）资源形式的差异

传统图书馆与数字图书馆在资源形式上存在着显著的差异。传统图书馆以纸质文献为主导，这些文献包括各类图书、期刊、报纸等，它们以实体的形式存在于图书馆的书架上，供读者借阅和阅读。这些纸质文献承载着丰富的历史和文化信息，是人类知识的宝库。然而，纸质文献在存储、传输和共享方面存在着一定的局限性，如占用空间大、易损坏、难以远距离传输等。

相比之下，数字图书馆则将纸质文献进行了数字化处理，以数字格式进行存储和传输。数字化资源具有许多优势，如节省存储空间、方便传输和共享、易于保存和备份等。数字图书馆通过数字化技术，将纸质文献转化为数字图像或文本，使其能够在计算机、手机等终端设备上进行阅读和检索。这种资源形式的转变，不仅使得图书馆的资源得到了更好的保存和传承，同时也为读者提供了更加便捷、高效的信息获取方式。

在数字化浪潮下，越来越多的图书馆开始进行纸质文献的数字化处理，建立数字图书馆，以满足读者对信息获取的需求。数字化资源的丰富性和易获取性，使得数字图书馆在信息时代扮演着越来越重要的角色。

（二）服务方式的转变

传统图书馆与数字图书馆在服务方式上也有着显著的差异。传统图书馆主要提供面对面的借阅、咨询等服务，读者需要到图书馆的物理空间内才能享受到这些服务。这种服务方式虽然具有直接性和人性化的特点，但也存在着一定的局限性，如时间和空间的限制、服务效率不高等。

而数字图书馆是通过网络提供远程服务、自助服务等的新型服务方式。读者可以通过互联网随时随地访问数字图书馆的资源和服务，不受时间和空间的限制。数字图书馆提供网上图书馆、移动图书馆等应用，使读者能够在家中、办公室、学校等任何有网络的地方访问图书馆的资源，进行检索、阅读、下载等操作。这种服务方式的转变，不仅提高了服务的便捷性和高效性，同时也为读者提供了更加个性化的服务体验。

此外，数字图书馆还利用先进的信息技术，如人工智能、大数据分析等，为读者提供更加智能化、精准化的服务。通过对读者阅读行为、兴趣爱好等数据的分析，数字图书馆能够向读者推荐更加符合其需求的资源和服务，提升读者的满意度和忠诚度。

（三）功能拓展与创新

传统图书馆的功能相对单一，主要局限于藏书、借阅、咨询等基本功能。这些功能是图书馆作为知识宝库和信息中心所必须具备的。然而，在信息技术飞速发展的今天，仅仅具备这些基本功能已经不能满足读者日益多样化的需求。

而数字图书馆则通过融合多媒体、超文本、数据挖掘等先进技术，为用户提供了更加丰富、多元的信息资源和个性化服务。数字图书馆不仅包含了传统图书馆的藏书功能，还拓展了电子资源检索、在线阅读、虚拟参考咨询、个性化推荐等新型功能。这些功能的拓展与创新，使得数字图书馆在现代信息社会中发挥着越来越重要的作用。

例如，通过多媒体技术，数字图书馆能够将文字、图像、音频、视频等多种形式的信息融合在一起，为读者提供更加生动、有趣的阅读体验。超文本技术则使得读者能够在阅读过程中随时跳转到相关的主题或资源，形成非线性的阅读路径，满足读者多样化的阅读需求。数据挖掘技术则能够从海量的信息资源中挖掘出有价值的信息和模式，为读者提供更加精准、个性化的服务。

（四）用户体验的提升

与传统图书馆相比，数字图书馆在用户体验方面有着显著的提升。首先，数字图书馆采用多媒体展示和交互方式，为用户提供更加生动、有趣的阅读体验。通过图像、音频、视频等多媒体元素的融合，数字图书馆能够将枯燥的文字信息转化为直观、形象的视觉和听觉信息，激发读者的阅读兴趣和好奇心。

其次，智能化检索和服务技术也使得用户能够更快速、准确地获取所需信息。数字图书馆通过自然语言处理、语义分析等技术，能够理解用户的检索意图和需求，为用户提供更加精准、个性化的检索结果和服务。同时，智能推荐系统还能够根据用户的阅读历史和兴趣爱好，为用户推荐相关的资源和服务，提高用户的满意度和忠诚度。

此外，数字图书馆还注重用户交互和反馈机制的建设，为用户提供更加便捷、高效的服务体验。通过在线客服、用户调查、意见反馈等渠道，数字图书馆能够及时收集用户的意见和建议，不断改进和优化自身的服务质量和用户体验。这种以用户为中心的服务理念，使得数字图书馆在用户体验方面取得了显著的提升。

（五）发展趋势与挑战

随着信息技术的不断发展和用户需求的变化，数字图书馆面临着许多新的发展趋势和挑战。一方面，云计算、大数据、人工智能等新技术为数字图书馆的发展提供了新的机遇和可能。云计算技术能够为数字图书馆提供弹性可扩展的计算和存储资源，满足其日益增长的数据处理和存储需求。大数据技术则能够从海量的信息资源中挖掘出有价值的信息和模式，为数字图书馆提供更加精准、个性化的服务支持。人工智能技术则能够模拟人类的智能行为和思维模式，为数字图书馆提供更加智能化、自动化的服务手段。

另一方面，版权保护、信息安全、用户隐私等问题也对数字图书馆提出了更高的要求和挑战。在数字化环境下，信息资源的复制和传播变得更加容易和便捷，但同时也带来了版权保护的难题。数字图书馆需要采取有效的技术手段和管理措施，保护版权人的合法权益和信息资源的安全性。同时，随着网络攻击和数据泄露事件的频繁发生，信息安全和用户隐私保护也成为数字图书馆面临的重要挑战。数字图书馆需要加强信息安全防护和用户隐私保护措施的建设和实施，确保用户信息的安全性和隐私性。

为了适应新的发展形势和用户需求，数字图书馆需要不断创新和完善自身建设。首先，需要加强技术研发和创新投入力度，掌握先进的信息技术和应用手段；其次，需要优化服务模式和提升服务质量水平；最后，还需要加强合作与交流共享资源成果等。只有通过不断创新和完善自身建设才能适应信息化时代发展趋势并满足用户需求变化。

第二节　数字图书馆的建设标准与技术应用

一、数字图书馆的建设标准与规范

（一）标准化建设的重要性

在信息技术迅猛发展的今天，数字图书馆作为信息时代的知识宝库，其建设标准与规范的重要性日益凸显。标准化是数字图书馆建设的基石，它确保了数字图书馆在资源建设、服务提供、技术应用等方面具有统一性和规范性。这种统一性和规范性不仅能够提高数字图书馆的整体效能，还能够保证用户在使用过程中的便捷性和舒适性，从而提升服务质量。

标准化建设对于实现数字图书馆的资源共享和互动操作也具有重要意义。通过制定统一的标准和规范，不同数字图书馆之间的资源可以更加顺畅地共享和交换，避免了因标准不一致而导致的资源浪费和重复建设。同时，标准化还有助于提高数字图书馆的互动操作性，使得不同系统、不同平台之间的数字图书馆可以相互连接、相互访问，为用户提供更加丰富的信息资源和更加便捷的信息服务。

此外，标准化建设也是推动数字图书馆事业可持续发展的重要保障。随着信息技术的不断更新换代，数字图书馆面临着技术落后、设备陈旧等问题。通过制定和实施统一的标准和规范，数字图书馆可以更加有针对性地进行技术更新和设备升级，保持与时俱进的发展态势。同时，标准化建设还有助于提高数字图书馆的管理水平和运营效率，降低运营成本，为数字图书馆事业的可持续发展提供有力支持。

（二）国内外建设标准与规范的比较分析

对比国内外数字图书馆的建设标准与规范，虽然都致力于推动数字图书馆的发展，但存在一定的差异。国际上一些知名的数字图书馆项目，如谷歌图书馆、欧洲数字图书馆等，已经形成了较为完善的建设标准与规范体系。这些标准与规范不仅涵盖了资源描述、元数据、互动操作性等数字图书馆建设的基本方面，还涉及用户体验、信息安全等多个方面，为数字图书馆的建设提供了全面的保障。这些国际标准和规范的制定与实施，往往是由国际标准化组织、行业协会或知名企业牵头，经过广泛的讨论和协商达成共识后形成的。这些标准和规范具有较高的权威性和通用性，被广泛应用于全球范围内的数字图书馆建设中。

相比之下，我国在数字图书馆建设标准与规范方面还处于不断探索和完善的过程中。虽然国家已经出台了一系列相关标准和规范，如《数字图书馆资源描述与服务标准》《数字图书馆元数据标准》等，但在实际应用中仍存在一些问题。例如，不同标准之间的衔接不够紧密，导致在实际应用中难以形成统一的标准体系；部分标准的制定过于笼统或缺乏可操作性，使得在实际应用中难以得到有效的执行；还有一些标准在制定过程中缺乏广泛的参与和讨论，导致其实用性和通用性受到一定的限制。

（三）我国数字图书馆建设标准与规范的制定与实施

针对国内外数字图书馆建设标准与规范的差异和问题，我国应加快制定和实施符合国情的数字图书馆建设标准与规范。首先，要明确数字图书馆建设的基本原则和目标。在制定标准与规范时，应坚持科学性、实用性、通用性和前瞻性的原则，确保标准与规范的制定具有针对性和可操作性。同时，要明确数字图书馆建设的目标，即提高信息资源的利用效率、提升用户服务质量、推动信息资源共享和互操作等。

其次，要加强与相关行业的沟通与合作。数字图书馆建设涉及多个领域和行业，如信息技术、图书馆学、档案学等。在制定标准与规范时，应加强与这些行业的沟通与合作，共同制定统一的行业标准，避免标准之间的冲突和重复。同时，要积极借鉴国际先进经验和做法，结合我国实际情况进行消化、吸收、再创新，形成具有中国特色的数字图书馆建设标准与规范体系。

最后，要加强对标准与规范的宣传和推广。制定、实施标准与规范是数字图书馆建设的重要环节，但仅仅制定出来并不足以发挥其作用。因此，要加强对标准与规范的宣传和推广工作，提高各界对数字图书馆建设标准与规范的认识和重视程度。通过举办培训班、召开研讨会、发布宣传资料等方式，让更多的人了解和掌握数字图书馆建设标准与规范的内容和要求，推动其在实践中的应用和实施。

二、数字图书馆的核心技术应用

随着信息技术的飞速发展，数字图书馆的核心技术应用也日益丰富和多样。以下将对信息检索技术、数据挖掘与分析技术、人工智能与机器学习技术以及多媒体处理技术在数字图书馆中的应用进行详细阐述。

（一）信息检索技术

信息检索技术是数字图书馆实现快速、准确信息获取的关键技术之一。通过运用先进的信息检索算法和技术，如全文检索、关键词检索、语义检索等，数字图书馆可以实现对海量信息资源的有效检索和获取。这些检索方式不仅可以满足用户多样化的信息需求，还可以提高检索的准确性和效率。例如，全文检索可以对整个文档进行搜索，找到包含特定关键词或短语的文档；关键词检索则可以根据用户提供的关键词进行搜索，找到与关键词相关的文档；语义检索则可以理解用户的查询意图，返回与查询意图相关的文档。这些检索技术的应用，使得用户可以更加便捷地获取所需的信息资源。

（二）数据挖掘与分析技术

数据挖掘与分析技术在数字图书馆中的应用主要体现在对用户行为数据的深入挖掘和分析上。通过运用数据挖掘和分析技术，数字图书馆可以对用户的借阅记录、搜索记录、阅读偏好等行为数据进行全面分析，发现用户的阅读习惯、兴趣偏好等信息。这些信息不仅可以为个性化推荐系统的构建提供有力支持，还可以帮助数字图书馆优化资源配置和服务流程，提高服务的质量和效率。例如，根据用户的借阅记录和阅读偏好，数字图书馆可以向用户推荐相似的书籍或文章；根据用户的搜索记录，数字图书馆可以优化搜索算法，提高搜索结果的准确性和相关性。这些应用不仅可以提升用户的阅读体验，还可以提高数字图书馆的服务水平。

（三）人工智能与机器学习技术

人工智能与机器学习技术在数字图书馆中的应用日益广泛。通过运用这些技术，数字图书馆可以实现自动化、智能化的图书分类、编目和借阅等功能。例如，利用机器学习技术，数字图书馆可以自动对图书进行分类和编目，减少人工操作的烦琐和错误；利用人工智能技术，数字图书馆可以实现自动化借阅和归还功能，提高图书馆的工作效率和服务水平。此外，人工智能与机器学习技术还可以支持智能问答、智能推荐等高级功能。通过智能问答系统，用户可以更加便捷地获取问题的答案；通过智能推荐系统，用户可以更加方便地获取感兴趣的书籍或文章。这些应用不仅可以提升用户的使用体验，还可以提高数字图书馆的服务质量和效率。

（四）多媒体处理技术

多媒体处理技术是数字图书馆处理和管理图像、音频、视频等多媒体资源的关键技术。通过运用多媒体处理技术，数字图书馆可以对多媒体资源进行压缩、编码、解码等操作，实现多媒体资源的高效存储和传输。这些处理技术不仅可以保证多媒体资源的质量和清晰度，还可以减少存储空间和传输时间。此外，多媒体处理技术还可以支持多媒体资源的编辑、剪辑和合成等功能。通过编辑和剪辑功能，数字图书馆可以对多媒体资源进行加工和处理，使其更加符合用户的需求；通过合成功能，数字图书馆可以将多个多媒体资源合成为一个完整的作品或展示形式。这些应用不仅可以丰富数字图书馆的资源类型和展示形式，还可以提高用户的使用体验和满意度。

三、数字图书馆的信息安全与数据保护

（一）信息安全的重要性及挑战

在数字化、网络化的时代背景下，信息安全已成为数字图书馆不可忽视的重要问题。数字图书馆作为知识和信息的集散地，存储着海量的用户数据和信息资源，包括用户的个人信息、借阅记录、学术成果等敏感数据，以及各类电子文献、数字化资源等重要资产。这些信息资源的价值巨大，一旦遭受攻击或泄露，将对用户的隐私和信息安全造成严重威胁，甚至可能引发法律纠纷和社会信任危机。

同时，随着网络技术的不断发展和普及，黑客攻击、病毒传播、网络钓鱼等安全威胁也日益猖獗。这些威胁不仅可能导致数字图书馆的数据泄露、系统瘫痪等严重后果，还可能影响数字图书馆的正常运营和服务质量。因此，加强数字图书馆的信息安全建设已迫在眉睫。

面对这些挑战，数字图书馆需要采取一系列有效的措施来保障信息安全。这包括建立完善的信息安全管理体系、加强技术防范和监控手段、提高员工的信息安全意识和技能等。同时，还需要与相关机构合作，共同应对信息安全威胁和挑战。

（二）数据加密与访问控制技术

为了保障数字图书馆的信息安全，数据加密和访问控制技术是两种重要的技术手段。

数据加密技术可以对数字图书馆中的敏感数据进行加密处理，确保数据在传输和存储过程中的安全性。先进的加密算法和密钥管理技术可以对用户数据、电子文献等重要信息进行加密保护，防止未经授权的访问和恶意攻击。同时，数据加密还可以提高数据的完整性和可信度，确保数据的真实性和可靠性。

访问控制技术则可以对用户的访问权限进行严格控制，防止未经授权的用户访问敏感数据和资源。身份认证、访问策略、权限管理等手段可以确保只有合法的用户才能访问相应的数据和资源。这不仅可以防止非法用户的入侵和破坏，还可以保护合法用户的权益和利益。同时，访问控制技术还可以实现不同用户之间的隔离和互斥，避免数据冲突和误操作等问题。

在实际应用中，数字图书馆需要根据自身的特点和需求选择合适的数据加密和访问

控制技术。例如，数字图书馆可以采用 SSL/TLS 协议对数据传输进行加密保护；采用强密码策略、多因素认证等手段提高身份认证的可靠性；采用基于角色的访问控制（RBAC）模型实现灵活的权限管理等。这些技术手段的有效应用可以大大提高数字图书馆的信息安全水平。

（三）备份恢复与容灾策略

为了防止数据丢失和灾难性事件的发生，数字图书馆需要制订完善的备份恢复和容灾策略。这些策略包括定期备份数据、建立容灾中心、制订应急预案等措施，以确保在发生意外情况时能够及时恢复数据并保障业务的连续性。

定期备份数据是保障数据安全的基本措施之一。通过定期将数据备份到可靠的存储介质或远程备份中心，可以确保在数据丢失或损坏时能够及时恢复。同时，还需要对备份数据进行定期测试和验证，确保其可用性和完整性。

建立容灾中心是提高业务连续性的重要手段。容灾中心可以在主数据中心发生故障或灾难时接管业务，确保业务的正常运行。为了保障容灾中心的有效性和可靠性，需要对其进行严格的规划和建设，包括选址、设备配置、网络连接等方面的考虑。

制订应急预案是应对突发事件的关键环节。应急预案需要明确应对不同类型事件的具体措施和流程，包括人员组织、资源调配、通信联络等方面的安排。通过定期的演练和培训，可以提高应急响应的能力和效率。

在加强备份恢复和容灾策略的同时，数字图书馆还需要加强对备份数据和容灾中心的安全管理。这包括采用加密技术保护备份数据的机密性；对容灾中心进行严格的访问控制和安全审计；建立完善的监控和报警机制等。通过这些措施可以有效防止数据被非法获取或篡改，保障数字图书馆的信息安全。

（四）用户隐私保护政策与措施

保护用户隐私是数字图书馆应尽的责任和义务。为了保障用户的隐私安全，数字图书馆需要制定严格的隐私保护政策和措施。这些政策和措施应该明确对用户数据的收集、存储、处理和使用等方面的规定和限制，确保用户数据的安全性和保密性。

首先，数字图书馆需要明确收集用户数据的范围和目的，并遵循合法、正当、必要的原则进行收集。在收集用户数据时，数字图书馆应该采用加密技术或其他安全措施对数据进行保护，防止数据泄露或被非法获取，同时，还需要告知用户数据收集的目的、方式和范围，并征得用户的明确同意。

其次，数字图书馆需要对用户数据进行严格的存储和管理，应该采用加密存储、访问控制等技术手段对用户数据进行保护，确保只有授权人员才能访问和处理用户数据，同时，还需要建立完善的数据管理制度和流程，规范数据的处理和使用行为。

此外，数字图书馆还需要加强对用户数据的监控和检测工作。通过定期的数据审计和风险评估，数字图书馆可以发现潜在的安全隐患和风险点，并及时采取相应的措施进行防范和应对，同时，还需要建立完善的用户投诉和举报机制，及时处理用户的隐私泄露事件和投诉举报。

最后，数字图书馆需要积极开展用户隐私保护宣传和教育活动。向用户普及隐私保护知识、提高用户的隐私保护意识等方式，可以增强用户对数字图书馆的信任和认可，促进数字图书馆的可持续发展。

四、数字图书馆的硬件与软件基础设施

（一）高性能计算与存储设备

数字图书馆作为一个庞大的信息系统，需要处理和存储海量的数据资源，因此高性能的计算和存储设备是其不可或缺的硬件基础设施。这些设备不仅要具备强大的计算和存储能力，还需要具备高可靠性、高可扩展性等特点，以满足数字图书馆不断增长的业务需求。

高性能的服务器是数字图书馆的核心设备之一。它们承担着处理用户请求、运行各种应用软件、管理数据资源等重要任务。为了保障服务器的稳定性和可靠性，数字图书馆通常会采用冗余设计、热备份等技术手段，确保在发生故障时能够迅速切换至备用服务器，保证业务的连续性。同时，随着云计算技术的发展，越来越多的数字图书馆开始将部分或全部业务迁移到云端，利用云计算平台提供的弹性计算和存储资源来满足业务需求。

除了服务器之外，存储设备也是数字图书馆硬件基础设施的重要组成部分。数字图书馆需要存储大量的电子文献、数字化资源、用户数据等信息资产，因此要求存储设备具备高容量、高性能、高安全性等特点。为了满足这些需求，数字图书馆通常会采用 SAN（存储区域网络）、NAS（网络附加存储）等先进的存储架构和技术手段来提高数据的存储效率和可靠性，同时，还需要对存储设备进行定期的维护和升级工作，保持其良好的性能和稳定性。

（二）网络通信与数据传输技术

网络通信和数据传输技术是数字图书馆实现资源共享和互操作的关键技术之一。它们负责将分布在各个角落的信息资源连接在一起，形成一个庞大的信息网络，为用户提供便捷的信息检索和服务体验。

数字图书馆需要建立高速、稳定的网络通信环境来支持各种应用系统的运行和数据传输需求。这包括内部局域网（LAN）、广域网（WAN）以及互联网接入等方面的建设和管理工作。为了确保网络通信的畅通无阻和安全可靠，数字图书馆需要采用先进的网络设备和技术手段进行网络规划、设计和实施工作。例如，数字图书馆可以采用多层交换机、路由器等网络设备来提高网络的性能和可扩展性；采用 VPN（虚拟私人网络）技术来实现远程访问和数据传输的安全性等。

数据传输技术是实现数字图书馆之间以及数字图书馆与用户之间信息共享的关键环节。运用先进的数据传输协议和标准化接口技术可以实现不同系统之间的无缝对接和互操作性。例如，可以采用 Z39.50 协议、OAI-PMH 协议等标准化接口来实现不同数字图书馆之间的资源共享和互操作；采用 Web Services 技术来实现跨平台、跨语言的应用程序集成等。这些技术手段的应用可以大大提高数字图书馆的资源共享效率和服务质量。

（三）操作系统与数据库管理系统选择

操作系统和数据库管理系统是数字图书馆软件基础设施的重要组成部分，它们的选择将直接影响数字图书馆的稳定性、安全性和可扩展性等方面。

在选择操作系统时，数字图书馆需要考虑其稳定性、安全性、易用性以及与其他系统的兼容性等因素。目前，市场上主流的操作系统包括 Windows、Linux、Unix 等，它们各有优缺点，数字图书馆需要根据自身的实际需求和业务特点进行选择。例如，对于需要高性能计算和科学计算的数字图书馆来说，Linux 可能是一个更好的选择，而对于需要与其他 Windows 系统集成的数字图书馆来说，Windows 可能更为合适。

数据库管理系统则是数字图书馆存储和管理数据资源的重要工具。在选择数据库管理系统时，数字图书馆需要考虑其数据处理能力、安全性、可靠性以及易用性等因素。目前，市场上主流的数据库管理系统包括 Oracle、MySQL、SQL Server 等，它们各有特点，数字图书馆需要根据自身的数据类型和业务需求进行选择。例如，对于需要处理大量结构化数据的数字图书馆来说，Oracle 或 SQL Server 可能更为合适，而对于需要处理非结构化数据或需要高并发访问的数字图书馆来说，MySQL 可能更为适合。

（四）软件开发与集成策略

软件开发和集成策略对于数字图书馆的建设至关重要，它们将直接影响数字图书馆的功能实现、系统性能和用户体验等方面。

在软件开发方面，数字图书馆需要采用先进的开发技术和工具来提高软件的质量和性能。这包括采用模块化设计、面向对象编程等先进的开发方法来提高软件的可维护性和可扩展性；采用自动化测试、代码审查等手段来提高软件的质量和可靠性；采用敏捷开发、持续集成等先进的开发模式来提高软件的交付速度和响应能力。

在软件集成方面，数字图书馆需要制定统一的集成策略和标准来实现不同系统之间的无缝对接和互操作。这包括采用标准化的接口协议和数据格式来实现系统之间的信息共享和交换；采用中间件技术来实现跨平台、跨语言的应用程序集成；采用企业服务总线（ESB）等技术来实现系统之间的服务调用和流程协同等。通过这些技术手段的应用可以大大提高数字图书馆的集成效率和服务质量。

（五）硬件与软件的协同工作与优化

硬件与软件的协同工作和优化是数字图书馆提高服务质量和效率的关键所在。它们需要相互配合、相互优化才能实现最佳的性能和效果。

首先，硬件和软件的配置需要相互匹配和协调。数字图书馆需要根据自身的业务需求和工作负载来合理配置服务器、存储设备、网络设备等硬件资源以及操作系统、数据库管理系统等软件资源。通过合理的资源配置可以确保数字图书馆的稳定运行和高效服务。

其次，硬件和软件的性能需要相互优化和提升。数字图书馆需要定期对服务器、存储设备等硬件进行性能测试和调优工作，确保其性能达到最佳状态，同时还需要对操作系统、数据库管理系统等软件进行性能监控和优化工作，提高其处理能力和响应速度。优化硬件和软件的性能可以提升数字图书馆的整体性能和用户体验。

此外，硬件和软件的协同工作还需要考虑安全性和可靠性。数字图书馆需要采取一系列的安全措施，如防火墙、入侵检测系统等，确保硬件和软件的安全运行，同时还需要建立备份和恢复机制，确保在硬件或软件发生故障时能够及时恢复服务，保障数字图书馆的可靠性和稳定性。

最后，硬件和软件的协同工作也需要注重持续的技术更新和升级。随着技术的不断发展，新的硬件和软件产品不断涌现，具有更高的性能和更好的功能。数字图书馆需要密切关注技术发展动态，及时对硬件和软件进行更新和升级，以保持其竞争优势和满足用户不断增长的需求。

综上所述，硬件与软件的协同工作和优化是数字图书馆提高服务质量和效率的关键所在。通过合理的资源配置、性能优化、安全保障以及持续的技术更新和升级，数字图书馆可以实现高效、稳定、安全和可持续发展。这将为用户提供更好的阅读体验、更便捷的信息查询和更高效的知识服务。

第三节 数字图书馆服务模式的创新

一、用户需求导向的服务模式变革

（一）个性化服务模式的兴起

在信息时代，用户需求的多样化和个性化已经成为一种趋势。传统的"一刀切"服务模式已经无法满足用户的个性化需求，因此，数字图书馆开始探索并实践个性化服务模式。

个性化服务模式强调以用户为中心，根据用户的兴趣、偏好、需求和行为特征，为用户提供量身定制的信息资源和服务。这种服务模式要求数字图书馆深入了解用户，挖掘用户的需求和潜在兴趣，为用户推送精准、个性化的信息内容和服务。

为了实现个性化服务模式，数字图书馆需要收集并分析用户的各种数据，包括浏览记录、检索历史、借阅数据等。通过大数据分析和人工智能技术，数字图书馆可以深入挖掘用户的需求和潜在兴趣，为用户提供更加精准、个性化的服务。例如，根据用户的浏览记录和检索历史，数字图书馆可以推荐相关的文献资源、研究领域或热门话题，帮助用户更快地找到所需的信息。

个性化服务模式的兴起对数字图书馆的发展产生了深远的影响。首先，它提高了用户的信息获取效率和满意度。用户不再需要花费大量的时间和精力在海量的信息中寻找所需的内容，而是可以快速地获取精准、个性化的信息资源和服务。其次，个性化服务模式促进了数字图书馆与用户之间的深度互动和合作。数字图书馆可以更好地了解用户的需求和反馈，针对用户的需求进行服务改进和优化，形成良性循环。

（二）用户参与式的服务模式创新

随着用户需求的不断变化和信息技术的快速发展，用户参与式的服务模式逐渐成为数字图书馆服务创新的重要方向。这种服务模式鼓励用户积极参与到数字图书馆的资源建设和服务创新中来，充分利用用户的智慧和力量丰富数字图书馆的资源内容和服务功能。

在用户参与式的服务模式中，用户不再是被动的接受者，而是成为积极的参与者和贡献者。他们可以通过标注、评价、分享等方式参与到数字资源的创建和完善过程中来，为数字图书馆的资源建设提供有价值的贡献。同时，用户还可以通过反馈机制、调研和座谈等方式参与到数字图书馆的服务改进和优化中来，为提升服务质量提供宝贵的意见和建议。

用户参与式的服务模式创新对数字图书馆的发展具有重要的意义。首先，它提升了用户的参与感和归属感。用户可以通过参与数字图书馆的资源建设和服务创新来展示自己的才华和智慧，获得成就感和满足感。其次，用户参与式的服务模式促进了数字图书馆与用户之间的共赢发展。通过用户的参与和贡献，数字图书馆可以不断完善资源内容和服务功能，提高服务质量和用户满意度；用户则可以通过参与和互动获得更多的信息资源和更好的服务体验。

（三）场景化服务模式的探索与实践

为了满足用户在不同场景下的信息需求和服务期望，数字图书馆开始探索并实践场景化服务模式。场景化服务模式强调将数字图书馆的资源和服务融入用户的生活、学习和工作场景中，为用户提供更加便捷、高效和贴心的信息服务。

在学术研究场景中，数字图书馆可以提供文献检索、数据分析、科研工具等一站式服务，帮助用户快速获取所需的信息资源和研究工具，提高研究效率和质量。在休闲娱乐场景中，数字图书馆可以提供电子书阅读、音频视频欣赏、在线游戏等多元化服务，满足用户的休闲娱乐需求。在职业发展场景中，数字图书馆可以提供行业资讯、职业技能培训、招聘信息等服务，帮助用户了解行业动态、提升职业技能和找到合适的工作机会。

场景化服务模式的探索与实践对数字图书馆的发展具有重要的意义。首先，它提高了用户的使用体验和满意度。通过将资源和服务融入用户的生活、学习和工作场景中，数字图书馆可以为用户提供更加便捷、高效和贴心的信息服务，满足用户在不同场景下的信息需求和服务期望。其次，场景化服务模式促进了数字图书馆与用户之间的深度互动和合作。数字图书馆需要深入了解用户的需求和场景特点，针对用户的需求进行服务设计和改进；而用户则可以通过使用场景化服务来更好地了解数字图书馆的资源和服务功能，提出宝贵的意见和建议。

二、智能化服务在数字图书馆中的应用

（一）智能检索与推荐系统的应用

智能检索与推荐系统是智能化服务在数字图书馆中的重要应用之一。通过运用自然语言处理、机器学习、深度学习等先进技术，智能检索与推荐系统可以准确地理解用户的检索意图和需求，为用户提供更加精准、个性化的检索结果和资源推荐。

在智能检索方面，系统可以通过分析用户的检索关键词、检索历史等信息，理解用户的检索意图和需求，并返回与用户需求高度相关的检索结果。这种智能化检索方式不仅提高了检索的准确性和效率，还为用户提供了更加个性化的检索体验。在推荐系统方面，智能推荐算法可以根据用户的兴趣、偏好和行为特征，为用户推荐相关的文献资源、研究领域、热门话题等。通过个性化推荐，用户可以更快地找到感兴趣的信息资源和服务内容。

智能检索与推荐系统的应用在数字图书馆中具有广泛的前景。首先，它可以提高用户的信息检索效率和质量。用户不再需要花费大量的时间和精力在海量的信息中寻找所需的内容，而是可以通过智能检索和推荐快速找到相关信息。其次，智能检索与推荐系统还可以为数字图书馆提供用户行为分析和数据挖掘的功能，帮助图书馆更好地了解用户的需求和偏好，为服务改进和优化提供数据支持。

（二）虚拟参考咨询服务的实现

虚拟参考咨询服务是智能化服务在数字图书馆中的又一重要应用。通过利用人工智能技术和在线聊天机器人等工具，数字图书馆可以为用户提供24小时不间断的在线咨询服务。这种虚拟参考咨询服务不仅打破了时间和空间的限制，还为用户提供了更加便捷、高效的信息咨询体验。

在虚拟参考咨询服务中，用户可以通过文字、语音、视频等多种方式与咨询机器人进行交互。咨询机器人可以根据用户的问题和需求提供相关的解答和建议。对于一些常见问题和疑难解答，咨询机器人可以快速给出准确的答案；对于一些复杂问题或个性化需求，咨询机器人还可以引导用户进行更深入的咨询或转接给专业馆员进行解答。

虚拟参考咨询服务的实现不仅提高了图书馆的咨询服务效率和质量，还为用户提供了更加便捷、高效的信息咨询体验。用户不再需要排队等待或受到时间限制，而是可以随时随地获取专业的咨询解答。同时，虚拟参考咨询服务还可以帮助图书馆减轻人工咨询的负担，提高服务效率和资源利用率。

（三）智能化信息素养教育平台的构建

随着信息素养教育的重要性日益突显，数字图书馆开始探索智能化信息素养教育平台的构建。这种平台利用人工智能、大数据等技术为用户提供个性化的信息素养课程推荐、学习进度跟踪、学习效果评估等服务，旨在帮助用户提升信息素养水平，更好地适应信息化社会的发展需求。

在智能化信息素养教育平台中，用户可以根据自己的需求和兴趣选择相关的信息素养课程进行学习。平台会根据用户的学习进度和反馈进行个性化的课程推荐和学习计划安排。同时，平台还可以利用大数据技术对用户的学习行为和效果进行评估和分析，为用户提供更加精准、个性化的学习建议和指导。

智能化信息素养教育平台的构建对数字图书馆的发展具有重要的意义。首先，它可以帮助用户提升信息素养水平，提高信息获取、处理、利用和创新的能力。其次，智能化信息素养教育平台还可以为数字图书馆拓展新的服务领域和用户群体，提高服务的社会效益和影响力。最后，通过智能化信息素养教育平台的构建和运营，数字图书馆可以积累更多的用户数据和行为信息，为未来的服务创新和改进提供有力的数据支持。

（四）智能化知识管理与创新支持系统的研发

为了满足用户对深入、全面的知识服务的需求，数字图书馆开始探索智能化知识管理与创新支持系统的研发。该系统利用人工智能、知识图谱等技术对数字图书馆中的海量知识进行深度挖掘和关联分析，为用户提供知识发现、知识创新等高级服务。

在智能化知识管理与创新支持系统中，用户可以通过关键词检索、主题浏览等方式快速找到相关的知识内容和资源。系统还可以利用知识图谱等技术对知识进行关联分析和可视化展示，帮助用户发现知识之间的内在联系和规律。此外，系统还可以提供智能化的知识推荐和创新支持功能，根据用户的需求和偏好为用户推送相关的知识内容和创新资源，激发用户的创新思维和灵感。

智能化知识管理与创新支持系统的研发对数字图书馆的发展具有重要的意义。首先，它可以为用户提供更加深入、全面的知识服务支持，满足用户对知识的深度需求。其次，智能化知识管理与创新支持系统还可以帮助数字图书馆提高知识资源的利用率和价值，促进知识的共享和传播。最后，通过智能化知识管理与创新支持系统的研发和应用，数字图书馆可以不断提升自身的服务能力和创新水平，为用户提供更加优质、高效的信息服务。

三、数字图书馆的合作与共享服务模式

（一）馆际互借与文献传递服务的优化

在数字图书馆的合作与共享服务模式中，馆际互借与文献传递服务占据着举足轻重的地位。这项服务的优化，不仅提高了资源共享的效率，还加强了图书馆之间的合作与交流。通过数字化技术和网络平台的运用，馆际互借与文献传递服务已经实现了质的飞跃。

如今，用户只需在数字图书馆的网站上进行简单的操作，便可轻松查询到所需文献资源的信息，包括馆藏地点、借阅状态等。一旦找到所需资源，用户可以直接在线预约，

并选择方便的借阅方式。这种在线查询、预约、借阅的一站式服务，极大地方便了用户的使用，提高了资源共享的效率。

同时，数字图书馆还加强了与其他图书馆和文献机构的合作与交流。通过共同构建文献资源共享体系和服务机制，各图书馆之间可以实现资源的互通有无，满足用户多样化的需求。这种合作模式不仅避免了资源的重复建设，还促进了图书馆之间的优势互补，共同提升了文献资源保障能力。

（二）合作式数字参考咨询服务的开展

合作式数字参考咨询服务是数字图书馆在参考咨询领域的重要创新。这项服务通过联合多个图书馆和参考咨询机构的专家和资源，共同为用户提供更加专业、全面的参考咨询服务。这种服务模式打破了传统图书馆参考咨询的局限，实现了跨地域、跨机构的资源共享和合作。

在合作式数字参考咨询服务中，各图书馆和参考咨询机构可以充分发挥各自的专业优势和特色资源，共同为用户提供高质量的参考咨询服务。用户只需在数字图书馆的网站上提交问题，便可获得来自多个机构的专家解答和建议。这种集思广益的方式，不仅提高了参考咨询服务的水平和质量，还促进了不同图书馆和机构之间的合作与交流。

同时，合作式数字参考咨询服务还推动了参考咨询服务的创新与发展。各图书馆和参考咨询机构在合作过程中，可以相互学习、借鉴对方的先进经验和技术手段，不断完善自身的服务流程和服务质量。这种良性互动和共同进步的氛围，为数字图书馆参考咨询服务的发展注入了新的活力。

（三）区域性或全球性数字图书馆联盟的构建

为了更好地实现资源共享和服务创新，数字图书馆开始探索区域性或全球性数字图书馆联盟的构建。这种联盟通过加强不同区域或国家之间数字图书馆的合作与交流，共同构建更加完善的数字资源共享体系和服务机制。这种联盟的构建不仅可以扩大资源共享的范围和深度，还可以提高数字图书馆的整体竞争力和影响力。

在区域性或全球性数字图书馆联盟中，各成员馆可以共同制定和遵守统一的资源建设标准和服务规范，确保资源共享的顺畅和高效。同时，各成员馆还可以共同开展技术研发和应用创新，推动数字图书馆技术的不断进步和发展。这种联盟的构建为数字图书馆提供了一个更加广阔的舞台，使其能够在全球范围内发挥更大的作用和价值。

通过区域性或全球性数字图书馆联盟的构建和发展，数字图书馆可以更好地满足全球用户的需求和期望。不同地域、不同文化背景的用户都可以在这个联盟中找到适合自己的资源和服务，享受到数字化带来的便利和快捷。这种全球化的服务模式不仅促进了信息文化的交流与传播，还推动了全球知识经济的蓬勃发展。

四、面向未来的数字图书馆服务趋势与挑战

（一）服务智能化与自动化的趋势

随着人工智能、大数据等技术的飞速发展，数字图书馆的服务正朝着智能化、自动化的方向迈进。未来，数字图书馆将能够更加准确地理解用户的需求和意图，为用户提供更加个性化、精准的信息服务。借助先进的算法和模型，数字图书馆可以对用户的检索历史、阅读习惯等数据进行深度挖掘和分析，从而精准地推荐用户感兴趣的资源和内容。

同时，数字图书馆的自动化水平也将得到显著提高。从资源采集、分类、标引到用户服务等多个环节，都将实现自动化处理和管理。通过自动化技术的应用，数字图书馆可以大幅提高工作效率和服务质量，减少人为错误和疏漏。这种智能化、自动化的服务模式将为用户带来更加便捷、高效的信息获取和应用体验。

（二）开放科学与数据共享的挑战

开放科学与数据共享是当前科学研究领域的重要发展趋势之一。对于数字图书馆而言，如何更好地参与到开放科学与数据共享的过程中来，为用户提供更加便捷、高效的数据获取和利用服务，是一个重要的挑战。

为了应对这一挑战，数字图书馆需要加强与科研机构、数据中心等合作伙伴的紧密合作与交流，共同制定数据共享的标准和规范，推动数据的互通有无和共享利用。同时，数字图书馆还需要建立完善的数据管理体系和技术支持体系，确保数据的准确性、完整性和安全性。在这个过程中，数字图书馆还需要解决数据版权保护、数据质量控制、数据安全管理等一系列问题和挑战。

（三）信息素养教育与终身学习的需求

信息素养教育和终身学习是信息化社会的重要发展趋势之一。对于数字图书馆而言，如何满足用户不断增长的信息素养教育和终身学习需求，是一个亟待解决的问题。为了应对这一挑战，数字图书馆需要更加注重信息素养教育和终身学习的服务创新与发展。

首先，数字图书馆需要利用先进的技术手段和丰富多样的教育资源，为用户提供更加个性化、灵活多样的信息素养教育和终身学习服务，例如，可以开发在线课程、建立学习社区、提供学习资源推荐等。其次，数字图书馆还需要加强与教育机构、社区组织等合作伙伴的紧密合作与交流，共同推动信息素养教育和终身学习事业的蓬勃发展。在这个过程中，数字图书馆需要解决教育资源整合、教育质量评估、教育服务模式创新等

问题和挑战。

（四）跨文化交流与多元文化的融合

随着全球化进程的加速和跨文化交流的增多，数字图书馆在跨文化交流和多元文化融合方面面临着新的机遇和挑战。为了更好地满足不同文化背景用户的需求和期望，数字图书馆需要更加积极地参与到跨文化交流和多元文化融合的过程中来。

首先，数字图书馆需要收集、整理和展示不同国家和地区的文献资源和文化遗产，为用户提供更加全面、深入的文化体验。通过数字化技术和多媒体手段的运用，图书馆可以将这些珍贵的文化资源以更加生动、形象的方式呈现给用户。其次，数字图书馆还需要加强与不同文化背景用户的沟通与交流，了解他们的需求和期望，为他们提供更加贴心、周到的服务。在这个过程中，数字图书馆需要解决文化差异处理、文化资源整合、文化服务模式创新等问题和挑战。

（五）隐私保护与信息安全的问题

在提供智能化、个性化服务的同时，数字图书馆也面临着隐私保护和信息安全的问题。用户的个人信息、借阅记录、检索历史等敏感信息需要得到严格的保护和管理；同时，数字图书馆还需要加强对网络攻击、数据泄露等安全风险的防范和应对能力。

为了保障用户的隐私和信息安全，数字图书馆需要建立完善的信息安全管理制度和技术保障体系。首先，需要制定严格的隐私保护政策，明确收集、使用和保护用户信息的原则和措施。其次，需要加强信息安全技术的应用和研发，提高系统的安全防护能力和数据备份恢复能力。此外，还需要加强员工的信息安全意识和技能培训，提高他们对安全风险的识别和应对能力。最后，数字图书馆还需要积极与相关部门和机构合作，共同维护信息安全和网络稳定。在这个过程中，数字图书馆需要解决隐私保护政策制定、信息安全管理技术应用、安全风险评估等问题和挑战。

第四章 图书馆资源建设策略

第一节 图书馆资源的类型与特点

一、图书馆资源的类型

图书馆作为知识的宝库，收藏着各种类型的资源，以满足不同读者的需求。根据资源的性质和形式，图书馆资源主要可以分为以下几大类型。

（一）印刷型资源

印刷型资源是图书馆最传统、最基本的资源类型，主要包括图书、期刊、报纸等。这些资源以纸质形式存在，具有稳定性好、阅读方便等优点。图书是图书馆最主要的资源之一，涵盖了各个学科领域的知识。期刊和报纸则是传播最新学术成果和时事信息的重要渠道。印刷型资源在图书馆中占据着重要地位，是读者获取系统知识的主要来源。

（二）电子资源

随着信息技术的发展，电子资源在图书馆中的地位日益凸显。电子资源主要包括电子图书、电子期刊、学位论文数据库、会议论文数据库等。这些资源以数字化形式存在，具有存储密度高、检索方便、可远程访问等优点。电子资源的使用不受时间和空间限制，极大地方便了读者获取信息。同时，电子资源还具有多媒体特性，可以集成文本、图像、音频、视频等多种信息形式，为读者提供更加丰富的阅读体验。

（三）多媒体资源

多媒体资源是指以音频、视频等形式存在的资源，如音乐 CD、教学视频、纪录片等。这些资源具有直观性强、信息量大等优点，是图书馆服务的重要组成部分。多媒体资源可以满足读者多样化的信息需求，如欣赏音乐、观看影片、学习语言等。图书馆通过收藏和提供多媒体资源，可以丰富读者的文化生活，提升读者的信息素养。

（四）特色资源

特色资源是指图书馆根据本馆定位和读者需求，重点收藏和建设的具有独特性和稀缺性的资源。这些资源可以是地方文献、古籍善本、名人手稿等，也可以是某一学科领域的专业资料。特色资源是图书馆的核心竞争力所在，对于提升图书馆的知名度和影响力具有重要作用。图书馆应该注重特色资源的建设和开发，深入挖掘其内在价值，为读者提供更加专业、深入的服务。

二、图书馆资源的特点

图书馆资源作为知识的载体和传播工具，具有以下几个显著特点。

（一）系统性

图书馆资源是按照一定的分类和编目体系进行组织和管理的，具有系统性特点。这种系统性不仅体现在资源本身的组织和分类上，还体现在资源之间的关联和整合上。图书馆通过科学的分类和编目体系，将各种资源有机地组织在一起，形成一个完整的知识体系。这种系统性有助于读者快速找到所需资源，提高检索效率。

（二）多样性

图书馆资源具有多样性特点，涵盖了不同学科、不同领域、不同形式的知识和信息。这种多样性不仅满足了不同读者的需求，还为读者提供了更加广阔的知识视野。图书馆应该注重资源的多样性和丰富性，不断拓宽资源来源渠道，增加资源类型，以满足读者日益增长的信息需求。

（三）共享性

图书馆资源具有共享性特点，即资源可以被多个读者同时使用或访问。这种共享性不仅提高了资源的利用效率，还有助于促进知识的传播和交流。图书馆应该积极推广资源共享理念，加强与其他图书馆和机构的合作与交流，实现资源的共建、共享。

（四）时效性

部分图书馆资源具有时效性特点，特别是电子资源和多媒体资源。这些资源随着时间的推移和技术的发展不断更新和变化。图书馆应该密切关注资源的发展动态，及时更新和补充新的资源，以确保资源的时效性和先进性。同时，图书馆还应该加强对过时资源的淘汰和处理工作，以保持资源库的活力和质量。

（五）教育性

图书馆资源作为教育的重要组成部分，具有教育性特点。图书馆不仅提供丰富的知识和信息供读者学习和研究之用，还通过开展各种阅读推广活动、信息素养教育课程等方式培养读者的阅读习惯和信息素养。图书馆应该充分发挥其教育功能，积极参与学校的教育教学活动和校园文化建设工作。

第二节　图书馆资源建设的原则与方法

一、图书馆资源建设的原则

图书馆资源建设是确保图书馆能够持续为读者提供高质量信息服务的基础工作。图书馆在进行资源建设时，必须遵循一定的原则，以确保资源的系统性、完整性、实用性和时效性。

（一）系统性原则

系统性原则在图书馆资源建设中的重要性不言而喻。它要求图书馆在整合和扩充资源时，不仅要着眼于单一资源的优质与否，还要从宏观和全局的角度出发，全面考虑资源的布局、配置以及相互之间的关系。这意味着图书馆的资源建设不是简单的堆砌和叠加，而是一个有机的、相互关联的整体。

具体来说，系统性原则要求图书馆在资源建设过程中注重资源的内在联系和逻辑顺序。图书馆的资源种类繁多，包括图书、期刊、报纸、学位论文、专利文献、多媒体资源等，这些资源之间并不是孤立的，而是存在着千丝万缕的联系。因此，图书馆在资源建设过程中，应充分考虑各类资源之间的关联性、互补性和层次性，确保它们能够形成一个有机统一的整体，为读者提供全面、系统的信息服务。

为了实现系统性原则，图书馆需要采取一系列的措施。首先，制订科学合理的资源建设规划至关重要。图书馆应根据自身的定位、发展目标以及读者的需求，明确各类资源的采购比例、更新频率和存储方式，确保资源的数量和种类能够满足读者的需求，同时保持资源的动态更新和持续发展。

其次，加强资源之间的整合与共享是实现系统性原则的关键。在现代信息技术飞速发展的背景下，图书馆应打破传统的信息孤岛，积极推动跨平台、跨数据库的资源检索与利用。通过建设统一的检索平台、实现不同数据库之间的无缝链接、推广使用元数据等技术手段，图书馆可以将分散在各个角落的信息资源有效地整合在一起，为读者提供一站式的信息服务。

最后，建立完善的资源分类与标引体系是实现系统性原则的基础。图书馆应对所有的信息资源进行统一的分类和标引，确保每一种资源都能够被准确地归类和定位。同时，图书馆还应定期对分类与标引体系进行维护和更新，以适应学科发展和读者需求的变化。

通过系统性的资源建设，图书馆可以更好地满足读者的多元化需求。不同的读者有不同的信息需求，他们可能关注不同的学科领域、研究不同的问题、使用不同的信息工具。因此，图书馆在资源建设过程中应充分考虑读者的差异性，提供多样化的信息资源和服务方式，以满足他们的个性化需求。同时，通过系统性的资源建设，图书馆还可以提高信息服务的整体效能，为读者提供更加高效、便捷的信息服务体验。

（二）完整性原则

完整性原则是图书馆资源建设的又一重要原则。它强调图书馆在收集、整理和利用信息资源时，应尽可能保持信息的完整性和全面性，以反映某一学科、领域或主题的全貌。这要求图书馆不仅要关注正式出版的文献资源，还要积极收集非正式出版的灰色文献、网络资源等，以确保资源的多样性和广泛性。

在贯彻完整性原则的过程中，图书馆需要采取多种策略。首先，加强与各类出版机构、学术机构等的合作与交流是关键。图书馆应与这些机构建立长期稳定的合作关系，及时了解他们的出版计划和研究成果，确保能够第一时间获取到最新的信息资源。同时，图书馆还应积极参与各种学术活动和会议，与同行进行深入的交流和探讨，共同推动信息资源的共享和利用。

其次，建立专门的灰色文献收集机制是保障资源完整性的重要手段。灰色文献是指那些难以通过常规渠道获取的信息资料，如内部报告、会议记录、未公开发表的论文等。这些文献往往具有较高的学术价值和使用价值，但由于种种原因而难以被广大读者所知晓和利用。因此，图书馆应建立专门的灰色文献收集机制，通过深入挖掘和整理这些文献资源，为读者提供更加全面、准确的信息服务。

最后，定期对现有资源进行评估和补充也是贯彻完整性原则的必要措施。随着时间的推移和学科的发展，一些原有的信息资源可能会逐渐失去其价值和意义，而一些新的、有价值的信息资源则会不断涌现出来。因此，图书馆应定期对现有的信息资源进行评估和筛选，及时剔除那些过时、无用的资源，同时积极补充那些新颖、有价值的信息资源，以确保资源的时效性和连续性。

通过贯彻完整性原则，图书馆可以更加全面、准确地反映某一学科、领域或主题的全貌。这不仅有助于读者深入了解和掌握相关领域的知识和技能，还可以为他们的学习、研究和工作提供更加有力的支持和保障。同时，通过积极收集和整理非正式出版的灰色文献和网络资源等，图书馆还可以进一步拓宽信息资源的获取渠道和利用范围，推动信息资源的共享和利用向更深层次和更广领域发展。

（三）实用性原则

实用性原则是指导图书馆资源建设的又一重要准则。它要求图书馆在资源建设过程中应充分考虑读者的实际需求和使用习惯，选择那些具有较高学术价值、实用价值和社会效益的资源进行收藏。这意味着图书馆的资源建设不是盲目的、无目的的，而是有针对性的、有目的的，旨在为读者提供真正有用的信息服务。

为了增强资源的实用性，图书馆需要采取一系列的措施。首先，定期开展读者需求调查和分析工作是必不可少的。图书馆应通过问卷调查、访谈、网络调查等方式，深入了解读者的信息需求和意图，掌握他们的阅读习惯、检索习惯以及在使用过程中遇到的问题和困难等。这样，图书馆才能更加准确地把握读者的需求特点和发展趋势，为资源建设提供有力的依据和支持。

其次，建立基于读者反馈的资源评价机制也是增强资源实用性的重要手段。图书馆应鼓励读者对所使用的信息资源进行评价和反馈，了解他们对资源的满意度、使用效果以及改进建议等。通过收集和分析读者的反馈信息，图书馆可以及时发现资源建设中存在的问题和不足，进而对资源进行优化和调整，提高资源的针对性和实用性。

最后，加强与读者的互动与交流也是增强资源实用性的有效途径。图书馆应积极搭建与读者沟通交流的平台和渠道，如设立读者咨询台、开通读者服务热线、建立读者微信群等，方便读者随时随地向图书馆提出问题和建议。同时，图书馆还应定期组织读者座谈会、专题讲座等活动，与读者进行面对面的交流和探讨，深入了解他们的需求和期望，为资源建设提供更加精准的指导和服务。

通过增强资源的实用性，图书馆可以更好地满足读者的实际需求和使用习惯。这不仅可以提高读者的满意度和忠诚度，还可以进一步推动图书馆的信息服务向更高水平和更深层次发展。同时，通过选择具有较高学术价值、实用价值和社会效益的资源进行收藏，图书馆还可以为社会文化的传承和发展做出更大的贡献。

（四）时效性原则

时效性原则是图书馆资源建设中不可忽视的重要方面。它强调图书馆在整合和更新信息资源时，应关注信息资源的更新速度和传播效率，确保读者能够及时获取到最新、最前沿的信息资料。在信息爆炸的时代背景下，知识的更新速度日新月异，新的理论、观点和技术不断涌现。因此，图书馆必须保持高度的敏感性和前瞻性，紧跟学科发展的步伐，及时采购和更新相关资源，以满足读者对最新信息的需求。

为了保障资源的时效性，图书馆可以采取多种策略。首先，加强与学科专家的联系与合作是关键。学科专家是学科领域的领军人物和权威代表，他们掌握着学科发展的最新动态和前沿信息。通过与他们建立紧密的联系和合作，图书馆可以第一时间获取到最新的学术成果和研究进展，确保资源的时效性和前沿性。

其次，建立定期的资源更新机制也是保障时效性的必要措施。图书馆应制定科学合理的资源更新计划，明确各类资源的更新频率和方式。对于那些更新速度较快的资源，如新闻、期刊论文等，图书馆应采取实时更新或定期更新的方式，确保资源的及时性和新鲜度。而对于那些相对稳定的资源，如图书、学位论文等，图书馆则可以采取定期评估和补充的方式，保持资源的连续性和完整性。

最后，推广使用先进的数字化技术和网络化服务手段也是提高资源时效性的有效途径。数字化技术和网络化服务可以大大提高信息资源的传播速度和利用效率。通过建立数字化资源库、提供在线检索与下载服务等手段，读者可以随时随地访问和获取所需的信息资源，不受时间和空间的限制。这不仅可以提高资源的可获得性和可传播性，还可以为读者提供更加便捷、高效的信息服务体验。

在贯彻时效性原则的过程中，图书馆还需要注意处理好资源的时效性与质量之间的关系。虽然时效性要求图书馆尽快更新和提供最新的信息资源，但这并不意味着可以忽略资源的质量和准确性。图书馆在采购和更新资源时，应严格把控资源的质量和来源，确保所提供的每一份资源都是经过认真筛选和审核的优质资源。

综上所述，系统性、完整性、实用性和时效性是图书馆在资源建设过程中必须遵循的四个重要原则。这四个原则相互关联、相辅相成，共同构成了图书馆资源建设的完整框架和指导体系。只有坚持这些原则并付诸实践，图书馆才能不断优化和完善自身的信息资源体系和服务功能，为读者提供更加优质、高效的信息服务体验。

二、图书馆资源建设的方法

图书馆资源建设是一项复杂而系统的工程，需要综合运用多种方法和技术手段来实现资源的有效收集、整理、存储和利用。以下是几种常用的图书馆资源建设方法。

（一）购买法

购买法，作为图书馆获取商业性信息资源的主要途径，始终在图书馆资源建设中占据着举足轻重的地位。图书馆作为知识和信息的集散地，其核心使命就是为读者提供丰富、多样、高质量的信息资源。购买法正是实现这一使命的重要手段之一。

图书馆在购买商业性信息资源时，首先需要考虑的是自身的需求和预算情况。这包括对各类图书、期刊、数据库等资源的数量、种类、质量等方面的要求，以及图书馆在财务上能够承受的投入额度。通过对需求和预算的综合评估，图书馆可以制订出科学合理的购买计划，确保所购买的资源既符合读者的阅读需求，又不会造成财务上的过大压力。

在购买过程中，图书馆需要对供应商进行全面的考察和评估。这包括对供应商提供的资源质量、价格水平、售后服务等方面的综合比较和分析。图书馆应该选择那些信誉良好、服务优质、价格合理的供应商作为合作伙伴，以确保所购买的资源能够得到及时的更新和完善的售后服务。

此外，图书馆在购买商业性信息资源时，还需要关注资源的适用性问题。不同的读者群体对信息资源的需求是不同的，因此图书馆在购买资源时应该充分考虑到各类读者的实际需求，选择那些具有广泛适用性、能够满足大多数读者需求的资源。同时，图书馆还应该根据读者的反馈意见和使用情况，对购买的资源进行定期的评估和调整，以确保资源的适用性和有效性。

（二）捐赠法

捐赠法作为图书馆获取非商业性信息资源的重要途径之一，对于图书馆的馆藏建设和文化传承具有重要意义。社会各界人士或机构出于公益目的或文化传承考虑，可能会将其拥有的图书、手稿、艺术品等捐赠给图书馆以收藏。这些捐赠物品往往具有独特的文化价值和历史意义，能够丰富图书馆的馆藏内容，提升图书馆的文化品位。

为了确保捐赠活动的顺利进行和捐赠物品的有效管理，图书馆需要建立完善的捐赠管理制度和流程。这包括对捐赠物品的接收、鉴定、评估、入藏等各个环节的规范操作和管理要求。图书馆应该设立专门的捐赠管理机构或指定专人负责捐赠工作，确保捐赠活动的有序开展和捐赠物品的妥善保管。

在接收捐赠物品时，图书馆需要对捐赠者进行身份确认和捐赠意愿的核实，并对捐赠物品进行详细的登记和记录。同时，图书馆还需要对捐赠物品进行认真的鉴定和评估，以确定其真实性、完整性和价值等级。对于具有重要文化价值和历史意义的捐赠物品，图书馆应该给予特别的关注和保护，并采取相应的措施进行修复和保养。

为了鼓励更多的社会人士和机构参与到捐赠活动中来，图书馆还需要给予捐赠者适当的荣誉和回馈。这可以通过颁发捐赠证书、举行捐赠仪式、在图书馆网站上公布捐赠者名单等方式来实现。通过这些荣誉和回馈措施，图书馆可以表达对捐赠者的感激之情，增强捐赠者的荣誉感和归属感，进一步激发社会各界对图书馆事业的关注和支持。

（三）交换法

在图书馆资源共享和互补的领域，交换法展现出了其独特的魅力和价值。这一方法的核心在于，不同的图书馆之间可能各自拥有独特的资源优势或特色收藏，通过资源的互换，可以实现资源的优化配置和互利共赢。这种方式的实施，不仅有助于缓解图书馆在资源采购方面的经济压力，更能促进图书馆之间的深度交流与合作。

为了有效地实施交换法，图书馆需要积极与其他图书馆建立联系和合作关系。这可以通过定期的交流访问、参加图书馆界的学术会议和研讨会，以及利用现代信息技术手段，如数字图书馆平台等方式实现。通过这些渠道，图书馆可以了解其他图书馆的资源状况和需求，为资源交换活动的开展奠定基础。

在实施资源交换时，图书馆需要遵循公平、等价、互利的原则。这意味着交换的资源应该在价值、数量、质量等方面保持相对的平衡，以确保交换活动的公平性和可持续性。同时，图书馆还需要对交换来的资源进行认真的整理、编目和加工，以便读者能够更加方便地利用这些资源。

此外，图书馆还需要通过不断地评估和调整，优化资源交换的机制和流程。这包括对交换活动的效果进行评估、对合作伙伴的信誉和服务质量进行考察，以及对交换资源的利用情况进行跟踪和分析等。通过这些措施，图书馆可以确保资源交换活动的有效性和高效性，为读者提供更加优质的信息服务。

（四）复制法

复制法作为图书馆为满足读者需求而采取的一种应急措施，具有重要的现实意义。当图书馆面临某些重要或急需的信息资源缺失时，复制法能够迅速填补这一空白，满足读者的迫切需求。通过复制其他图书馆或机构的资源，图书馆可以暂时缓解供需矛盾，确保读者能够及时获取所需的信息。

在实施复制法时，图书馆需要遵守相关的法律法规和版权规定。这意味着图书馆在复制资源时必须尊重原作者的知识产权和合法权益，避免侵犯他人的版权和利益。为了做到这一点，图书馆需要建立完善的复制管理制度和流程，确保复制行为的合法性和规范性。同时，图书馆还需要加强对员工的版权教育和培训，提高他们的版权意识和法律意识。

在复制方式上，图书馆可以根据实际情况选择适合的手段。这包括复印、扫描、拍照等数字化手段以及借阅、传阅等传统方式。数字化手段具有高效、便捷的优点，可以迅速地将复制的资源转化为电子文档进行存储和传播，传统方式则适用于那些无法或不便进行数字化的资源，如古籍善本、珍贵手稿等。

需要注意的是，复制法只能作为图书馆应急措施的一种补充手段，而不能成为其主要的资源获取方式。因为长期大量地复制其他图书馆或机构的资源不仅会增加图书馆的经济负担和版权风险，也不利于图书馆自身资源建设的可持续发展。因此，图书馆在运用复制法时需要谨慎权衡利弊得失，确保其行为既合法又合理。

（五）网络采集法

随着互联网的迅猛发展和普及应用，网络已成为图书馆获取信息资源的重要渠道之一。网络采集法作为图书馆获取网络信息资源的主要手段，具有实时性、广泛性、便捷性等优点，为图书馆的资源建设带来了革命性的变革。

图书馆可以利用搜索引擎、专业网站、社交媒体等网络工具来发现和采集各种有价值的网络信息资源。搜索引擎可以帮助图书馆快速地定位和获取相关的网页和文档；专业网站则提供了大量针对某一领域或主题的专业化信息；社交媒体则汇聚了众多用户的观点和意见，为图书馆提供了了解社会热点和公众需求的窗口。

为了确保采集到的网络信息资源的真实性、可靠性和合法性，图书馆需要建立专门的网络信息资源采集机制和管理制度。这包括对网络信息资源的来源进行严格的审核和筛选，确保其权威性和可信度；对采集到的信息进行认真的整理和分类，以便读者能够更加方便地检索和利用；对网络信息资源的更新和维护进行定期的跟踪和检查，确保其时效性和可用性。

此外，图书馆还可以通过网络平台开展在线调查、征集意见等活动，了解读者的信息需求和反馈意见。这些活动可以帮助图书馆更加准确地把握读者的阅读偏好和需求特点，为改进资源建设提供参考依据。同时，通过网络平台与读者进行互动交流，图书馆还可以增强与读者之间的联系和信任感，提升图书馆的社会影响力和服务形象。

第三节　图书馆资源建设的评价与优化

图书馆资源建设是确保图书馆能够满足读者多元化、深层次信息需求的基础工程。对图书馆资源建设的评价与优化，旨在提升资源质量、提高资源利用效率、促进资源共享与合作，从而推动图书馆的持续发展。

一、图书馆资源建设的评价标准

图书馆作为知识和信息的集散地，其资源建设的评价标准至关重要。以下将从资源内容的丰富性与时效性、资源结构的合理性与层次性、资源获取的便捷性与高效性，以及资源利用的可持续性与共享性四个方面进行详细阐述。

（一）资源内容的丰富性与时效性

资源内容的丰富性是指图书馆所收藏的资源种类多、数量大、覆盖面广。一个优秀的图书馆应当拥有纸质书籍、电子文献、数据库、多媒体资料等多种类型的资源，以满足读者多样化的阅读需求。这些资源应涵盖文学、艺术、科技、历史、哲学等多个领域，既有经典名著，也有前沿研究成果，既有深度报道，也有普及读物。此外，图书馆还应注重特色资源的建设，如地方文献、古籍善本、名人手稿等，以彰显其独特性和价值。

时效性则要求图书馆的资源能够及时反映学科前沿动态和社会热点。随着科技的飞速发展和社会的不断进步，新知识、新技术层出不穷，图书馆必须紧跟时代步伐，及时更新内容资源。这要求图书馆与出版机构、学术机构等保持密切联系，及时了解最新出版信息和学术动态，确保采购到最新、最有价值的内容资源。同时，图书馆还应建立快速响应机制，对于突发事件、重大事件等能够及时收集相关资源，为读者提供及时、准确的信息服务。

（二）资源结构的合理性与层次性

资源结构的合理性是指图书馆应根据读者的需求和学科特点，合理配置不同类型、不同载体、不同学科的资源。这要求图书馆在资源建设过程中充分考虑读者的阅读习惯、信息需求等因素，以及各学科的发展趋势和特点，制订科学合理的资源建设规划。例如，对于热门学科和新兴学科，图书馆应加大资源投入力度，确保资源的充足性和及时性；对于冷门学科和传统学科，图书馆也应保持一定的资源投入，以维持其学术传承和研究基础。

层次性则要求图书馆既要满足普通读者的基础阅读需求，又要满足专业读者的深入研究需求。这要求图书馆在资源建设过程中注重资源的深度和广度，既有适合大众阅读的普及读物和休闲娱乐资料，也有适合专业研究人员使用的学术著作和科研资料。同时，图书馆还应建立多层次的资源服务体系，如基础借阅服务、高级参考咨询服务等，以满足不同层次读者的需求。

（三）资源获取的便捷性与高效性

便捷性是指读者能够方便快捷地获取所需资源。这要求图书馆采用先进的信息化技术和手段，提高资源的检索效率、降低获取成本。例如，图书馆通过建立统一的检索平台、实现跨库检索等功能，使读者能够一次性检索到多个数据库中的相关信息；通过提供在线阅读、下载服务等功能，使读者能够随时随地访问图书馆的资源；通过提供文献传递、馆际互借等服务，使读者能够及时获取到其他图书馆或机构的资源。

　　高效性则要求图书馆在资源获取过程中注重效率和质量。这要求图书馆建立高效的资源采购和更新机制，确保采购到高质量、有价值的资源，同时，加强资源的整合和共享工作，避免资源的重复建设和浪费现象。此外，图书馆还应建立用户反馈机制，及时了解读者在资源获取过程中的问题和需求，不断改进和优化服务流程。

　　（四）资源利用的可持续性与共享性

　　可持续性是指图书馆应注重资源的长期保存和持续利用。这要求图书馆采用先进的保存技术和手段，确保资源的完整性和可读取性，同时，建立完善的资源管理制度和规范，加强对资源的保护和维护工作。此外，图书馆还应积极推广资源的再利用和循环利用理念，鼓励读者合理使用和保护资源。

　　共享性则要求图书馆积极推动资源共享与合作交流工作。图书馆通过馆际互借、文献交换等方式，实现资源的优化配置和共同利用；通过参与地区性、全国性乃至国际性的资源共享与合作项目，拓宽资源的获取渠道和利用范围；通过加强与其他信息机构的合作交流，共同推动信息资源的共建共享工作。这些措施不仅可以提高资源的利用率和影响力还可以促进学术交流和知识创新。

二、图书馆资源建设的优化策略

　　（一）加强资源调研与需求分析

　　图书馆作为知识和信息的集散地，必须时刻关注读者的信息需求和学科发展趋势，以确保资源建设有针对性和有效性。为此，图书馆应定期开展深入细致的读者调查和学科分析工作。

　　通过问卷调查、面对面访谈、在线调查等多种方式，图书馆可以全面了解读者对资源种类、数量、质量、获取方式等方面的需求和期望。这些调研结果不仅可以揭示读者的阅读偏好和信息行为特征，还可以帮助图书馆发现服务中的不足和改进方向。同时，图书馆还应积极关注各学科的研究动态和发展趋势，通过与学科带头人、专家学者等建立紧密联系，及时了解学科前沿和热点领域，预测未来可能的需求变化。

　　在调研过程中，图书馆应注重数据的收集、整理和分析工作，运用科学的方法和技术手段对数据进行深入挖掘和有效利用。通过数据分析，图书馆可以更加准确地把握读者的信息需求和学科发展趋势，为资源建设提供有力的数据支撑和决策依据。

　　此外，图书馆还应建立常态化的调研机制，将调研工作贯穿于资源建设的始终。通过定期评估资源建设成果和读者满意度，图书馆可以不断调整和优化资源建设策略，确保资源的针对性和时效性。

（二）完善资源采购与更新机制

资源采购与更新是图书馆资源建设的重要环节。为确保采购到高质量、有价值的资源，并保持资源的活力和时效性，图书馆应建立规范的采购流程和质量评估体系。

在采购过程中，图书馆应注重资源的多样性、实用性和时效性，通过多渠道收集信息、多角度比较分析、多方式获取资源等手段，确保采购到符合读者需求和学科发展趋势的优质资源。同时，图书馆还应避免盲目跟风和重复购买现象，以免造成资源的浪费和损失。

在更新机制方面，图书馆应建立完善的资源评估体系和淘汰机制，通过定期评估已购资源的利用情况和价值贡献，及时淘汰过时、无价值的资源，补充新鲜、有价值的资源。这不仅可以保持资源的活力和时效性，还可以优化资源结构和提高资源利用效率。

此外，对于特色资源和珍贵文献的采购与保存，图书馆应制定专门的策略和管理办法，通过加强与合作机构、专家学者等的联系与合作，共同开展特色资源的收集、整理和开发工作；通过采用先进的保存技术和手段，确保珍贵文献得到妥善保护和利用。

（三）优化资源组织与检索系统

资源组织和检索系统是读者获取和利用图书馆资源的重要工具。为提高读者获取资源的效率和准确性，图书馆应采用先进的分类法、主题法等方法对资源进行合理组织，并建立统一、高效的检索系统。

在资源组织方面，图书馆应注重分类的科学性和实用性，通过深入分析资源的内容特征、读者需求等因素，选择合适的分类方法和工具对资源进行分类和标引，同时，建立完善的分类体系和维护机制，确保分类的准确性和一致性。此外，图书馆还应加强主题法的研究与应用工作，通过主题词表、关键词索引等方式揭示资源之间的内在联系和主题特征，为读者提供更加便捷、高效的资源获取途径。

在检索系统方面，图书馆应注重检索功能的完善和优化工作，通过优化检索算法、提供多种检索途径和方式、加强元数据的管理和标准化工作等手段，提高检索系统的性能和准确性。同时，图书馆应建立完善的资源导航系统帮助读者了解资源的分布情况和获取方式，提高资源的可见度和利用率。此外，图书馆还应积极推广智能检索、语义检索等先进技术的应用，读者提供更加智能化、个性化的检索服务体验。

（四）推广资源利用与培训服务

提高读者的信息素养和资源利用能力是图书馆的重要职责之一。为此图书馆应积极开展读者培训、参考咨询等服务工作，帮助读者更好地利用图书馆的资源提高其学习和研究效率。

通过举办讲座、培训班等活动向读者介绍图书馆的资源和服务，教会他们如何使用检索工具和获取所需信息。针对不同层次、不同需求的读者群体，图书馆还应提供个性化的培训方案和服务内容，以满足他们的实际需求，同时加强培训效果的评估和反馈工作，不断改进和优化培训策略和方法。

除了传统的面对面培训方式外，图书馆还应积极利用现代信息技术手段开展在线培训、远程教育等服务工作，突破时间和空间的限制，为读者提供更加便捷、灵活的学习方式。通过在线课程、教学视频、互动问答等方式，图书馆可以为读者提供更加多样化、个性化的学习资源和服务支持。

此外，图书馆还应建立完善的参考咨询体系，随时为读者解答问题和提供帮助。通过在线咨询、电话咨询、邮件咨询等方式，图书馆可以及时响应读者的需求和问题，为他们提供及时、准确的信息支持和知识解答。同时，图书馆应加强咨询服务的规范化和标准化，提高咨询服务的效率和质量水平。

（五）加强资源共享与合作交流

在信息化时代背景下，图书馆应积极参与地区性、全国性乃至国际性的资源共享与合作项目，拓宽资源的获取渠道和利用范围，提高资源的共享程度和利用效率。

图书馆应通过与其他图书馆或机构建立合作关系实现资源的互借和共享，满足读者对稀缺资源的需求。这不仅可以缓解图书馆自身资源不足的压力，还可以促进不同机构之间的优势互补和协同发展。同时，图书馆应积极参与大型文献资源保障项目，如CALIS、CASHL等，共享全国乃至全球的学术资源提升图书馆的服务能力，为读者提供更加广阔的学习和研究空间。

此外，加强与国际图书馆界的交流与合作也是图书馆事业发展的重要方向之一。图书馆应通过引进国外先进的资源建设理念和技术手段，推动图书馆事业的国际化发展进程，提高知名度和影响力。同时，图书馆应积极参与国际性的学术交流活动分享经验、互相学习，共同推动全球图书馆事业的发展与进步。

三、图书馆资源建设的持续发展

（一）关注新兴技术的发展与应用

在数字化、信息化的时代背景下，图书馆资源建设必须紧跟科技发展的步伐，关注新兴技术的发展与应用。人工智能、大数据、云计算等技术的崛起，为图书馆资源建设提供了新的契机和挑战。图书馆应积极拥抱这些技术，将其融入到资源建设的各个环节中，以推动图书馆资源建设的创新发展。

人工智能技术在图书馆资源建设中的应用潜力巨大。通过智能化的信息检索系统，读者可以更加便捷地获取所需资源，智能化的推荐系统则可以根据读者的阅读历史和偏好，为其推送个性化的阅读建议。此外，人工智能技术还可以用于自动化分类、标引等工作，提高资源建设的效率和质量。

大数据技术的应用则可以帮助图书馆更好地了解读者的信息需求和阅读行为。通过对读者借阅记录、检索记录等数据的分析，图书馆可以发现读者的阅读偏好和需求变化，为资源建设提供科学依据。同时，大数据技术还可以用于评估资源的使用情况和价值，为资源采购和更新提供参考。

云计算技术为图书馆资源建设提供了强大的存储和计算能力。通过云计算平台，图书馆可以实现海量资源的存储和管理，提高资源的可用性和可靠性。同时，云计算技术还可以支持跨平台、跨设备的资源访问和共享，为读者提供更加便捷的服务体验。

（二）持续改进资源建设流程与管理机制

图书馆资源建设是一个复杂而系统的工程，需要建立持续改进的流程和管理机制来确保其规范化、系统化和高效化。首先，图书馆应建立完善的资源建设流程，包括需求分析、资源采集、分类编目、存储管理、服务推广等环节。每个环节都应明确工作标准和职责分工，确保资源建设工作的有序进行。

其次，图书馆应建立科学的管理机制来保障资源建设的质量和效率。这包括定期评估资源建设成果、收集读者反馈意见、分析资源利用数据等。通过评估反馈机制，图书馆可以及时发现资源建设中存在的问题和不足，并采取相应的改进措施进行优化调整。同时，图书馆还应建立激励机制和考核机制来激发团队成员的积极性和创造力，推动资源建设工作的持续发展。

此外，图书馆还应加强与其他部门的沟通协作，形成合力推动资源建设工作。例如与采编部门保持密切沟通，确保采购到高质量、有价值的文献资源；与技术部门合作，开发智能化的信息检索系统和推荐系统；与宣传部门合作，推广优秀的文献资源和阅读活动等。多部门的协同作战可以共同推动图书馆资源建设的持续发展。

（三）培养高素质的资源建设团队

高素质的资源建设团队是图书馆持续发展的核心力量。为了培养这样一支团队，图书馆应重视人才引进、在职培训和学术交流等方面的工作。首先，图书馆应积极引进具有专业知识背景和丰富实践经验的优秀人才，为团队注入新鲜血液和活力。同时，图书馆还应注重在职人员的培训工作，定期组织内部培训、外部培训、在线课程等形式多样的培训活动，提高团队成员的专业素养和综合能力。

此外，图书馆还应鼓励团队成员积极参与学术交流活动，拓宽视野、增长见识。通过参加国内外学术会议、研讨会、讲座等活动，团队成员可以及时了解学科前沿动态和最新研究成果，为资源建设提供有益的参考和借鉴。同时，团队成员还可以通过学术交流活动结识更多的同行和专家，建立广泛的合作关系和社交网络，为图书馆资源建设争取更多的外部支持和资源。

为了激发团队成员的积极性和创造力，图书馆还应建立合理的激励机制和考核机制。通过设置明确的奖惩制度、晋升机会和薪酬体系等措施来激励团队成员努力工作、积极创新，同时，通过定期的绩效考核来评估团队成员的工作表现和贡献程度，为优秀人员提供更多的发展机会和提升空间。这些措施的实施可以培养出一支高素质、专业化、团结协作的资源建设团队，为图书馆的持续发展提供有力的人才保障。

四、图书馆资源建设中的合作与共享

（一）加强馆际合作与资源共享的深入实践

在当今信息爆炸的时代，任何一家图书馆都无法单凭自身的力量收集齐全所有的文献资源，因此，加强馆际合作与资源共享显得尤为重要。图书馆应致力于打破地域限制和行政壁垒，通过更加紧密的合作，实现资源的优化配置和高效利用。这不仅是提高资源利用效率的有效途径，也是满足读者日益增长的信息需求的关键举措。

馆际互借作为资源共享的一种重要方式，应得到进一步的推广和应用。当读者在本馆无法找到所需文献时，可以通过馆际互借服务向其他图书馆提出借阅请求。这种服务方式不仅可以帮助读者及时获取所需资源，还可以促进图书馆之间的资源共享和优势互补。为了提高馆际互借服务的效率和质量，图书馆应建立完善的互借机制和流程，确保请求的及时响应和资源的准确传递。

联合编目和合作采购是图书馆之间在资源建设方面进行深入合作的另一种重要方式。通过联合编目，图书馆可以共同建设和完善文献资源数据库，实现数据的共享和互通。这不仅可以避免数据的重复录入和浪费，还可以提高数据的准确性和完整性。合作采购则可以帮助图书馆共同采购到高质量的文献资源，降低采购成本，提高采购效率。在合作采购过程中，图书馆应充分协商、共同决策，确保采购资源的针对性和实用性。

此外，图书馆还应积极探索其他形式的资源共享方式。例如，可以建立共同的参考咨询平台，为读者提供更加专业、全面的咨询服务；可以开展联合展览、讲座等活动，丰富读者的文化体验；还可以共同开发数字化资源，推动图书馆数字化建设的进程。通过这些多样化的资源共享方式，图书馆可以进一步加强与其他图书馆的合作与联系，共同推动图书馆事业的发展。

（二）推动产学研用深度融合的具体措施

产学研用深度融合是图书馆资源建设的重要发展方向之一。通过与高校、科研机构、企业等社会各界的合作与交流，图书馆可以更加深入地了解不同领域的信息需求和知识创新动态，为资源建设提供更加精准、有力的支持。

为了推动产学研用深度融合，图书馆可以采取以下具体措施。

首先，与高校和科研机构建立紧密的合作关系，共同开展科研项目和人才培养工作。通过参与科研项目，图书馆可以更加深入地了解学科前沿动态和最新研究成果，为资源建设提供有益的参考和借鉴。同时，通过与高校和科研机构的合作，图书馆还可以共同培养专业人才，提高资源建设团队的专业素养和综合能力。

其次，与企业建立合作关系，共同开发特色数据库或定制化信息服务产品。企业作为市场经济的主体，对信息的需求和利用具有独特的视角和方式。通过与企业的合作，图书馆可以更加深入地了解市场需求和行业动态，为资源建设提供更加贴近实际、具有针对性的指导。同时，通过共同开发特色数据库或定制化信息服务产品，图书馆还可以为企业提供更加精准、高效的信息服务，促进企业的创新发展和转型升级。

最后，图书馆还应积极参与各类产学研用合作平台的建设和运营。通过这些平台，图书馆可以与更多的高校、科研机构和企业建立联系，拓展合作领域和渠道。同时，通过这些平台，图书馆还可以分享自身的资源建设经验和成果，促进产学研用各方之间的交流和互鉴。

（三）参与国际交流与合作项目的策略与意义

随着全球化进程的加速推进，国际交流与合作已成为图书馆事业发展的重要组成部分。通过参与国际交流与合作项目，图书馆可以引进国外优质资源和学习先进经验，提升自身在国际舞台上的影响力和竞争力。

为了有效地参与国际交流与合作项目，图书馆应采取以下策略。首先，积极加入国际图书馆组织，成为国际图书馆界的一员。通过加入国际图书馆组织，图书馆可以及时了解国际图书馆界的最新动态和趋势，参与国际标准的制定和修订工作，提升自身的国际话语权和影响力。其次，积极参与国际文献交换计划，与其他国家的图书馆建立文献交换关系。通过文献交换，图书馆可以获取到国外优秀的文献资源，丰富自身的馆藏体系，同时，也可以将本国的优秀文献资源推向国际舞台，展示本国的文化魅力和学术成果。最后，开展跨国合作项目，与其他国家的图书馆共同开展资源建设、信息服务等方面的合作项目。通过跨国合作项目，图书馆可以学习到国外先进的资源建设理念和方法论，提升自身的资源建设水平和服务能力，同时，也可以促进不同文化之间的交流与互鉴，增进各国人民之间的友谊和理解。

参与国际交流与合作项目对图书馆的意义在于：一方面，可以引进国外优质资源和学习先进经验。通过参与国际交流与合作项目，图书馆可以获取到国外优秀的文献资源、先进的技术手段和管理理念等，为自身的资源建设和服务创新提供有益的借鉴和参考。另一方面，可以提升图书馆在国际舞台上的影响力和竞争力。通过参与国际交流与合作项目，图书馆可以展示自身的实力和成果，提升自身的国际知名度和美誉度，同时也可以与国外的图书馆建立更加紧密的联系和合作关系，共同推动图书馆事业的发展。

（四）探索多元化合作模式与创新机制的实践与思考

在当今社会变革和科技创新的双重驱动下，图书馆必须不断探索多元化的合作模式与创新机制以适应不断变化的社会环境和用户需求。除了传统的合作方式外，图书馆还应积极尝试与社会力量合作、开展公益项目、建立志愿者队伍等方式来拓展合作领域和渠道，同时鼓励创新思维和创新实践，在资源建设方面不断探索新的方法和路径。

与社会力量合作是图书馆拓展合作领域和渠道的重要途径之一。社会力量包括民间组织、公益机构、企业等各种非政府组织和个人。通过与这些社会力量的合作，图书馆可以更加广泛地获取各种资源和支持，推动资源建设的多样化发展。例如，图书馆可以与民间组织或公益机构合作开展阅读推广活动或建立志愿者服务体系，也可以与企业合作开发特色数据库或定制化信息服务产品等。这些合作方式不仅可以丰富图书馆的馆藏资源和提高服务质量，还可以促进图书馆与社会的紧密联系和互动发展。

开展公益项目是图书馆履行社会责任、提升社会形象的重要途径之一。通过开展公益项目，图书馆可以为社会提供更加广泛、深入的服务和支持，推动社会的文化发展和知识普及。例如，图书馆可以开展针对弱势群体的阅读推广活动、信息素养培训项目等，也可以参与社区文化建设、乡村振兴等公益事业。这些公益项目不仅可以提升图书馆的社会影响力和美誉度，还可以帮助图书馆更加深入地了解社会需求和用户需求，为资源建设提供更加精准、有力的指导。

建立志愿者队伍是图书馆提升服务能力、增强团队凝聚力的重要途径之一。通过招募志愿者并组建志愿者队伍，图书馆可以更加灵活地调配人力资源和服务力量，提高服务效率和质量。同时，志愿者队伍还可以成为图书馆与用户之间沟通的桥梁和纽带，帮助图书馆更加深入地了解用户需求和反馈意见。为了建立一支高效、专业的志愿者队伍，图书馆应建立完善的招募机制、培训机制和激励机制，确保志愿者的素质和能力得到充分发挥和提升。

第五章　图书馆藏书发展

第一节　图书馆藏书结构分析

一、藏书结构的组成要素

（一）学科结构

学科结构作为图书馆藏书结构的基础，其重要性不言而喻。它不仅仅是图书馆在不同学科领域藏书比例和重点的反映，更是图书馆服务定位、功能发挥以及满足读者需求的关键因素。一个科学合理的学科结构，意味着图书馆能够在浩瀚的知识海洋中，为读者提供一个清晰、有序、高效的导航。

具体而言，一个合理的学科结构应该具备以下几个特点。首先，覆盖面要广。无论是自然科学、社会科学还是人文科学，图书馆都应该有所涉猎，以满足不同读者的多样化需求。其次，学科结构要有所侧重。根据图书馆的性质、任务和服务对象，某些学科的文献资源应该得到重点收藏和优先发展。例如，综合性图书馆应该注重全面性和均衡性，而专业性图书馆则应该突出其专业特色和优势。最后，学科结构要动态调整。随着学科的发展和读者需求的变化，图书馆的学科结构也应该进行相应的调整和优化，以保持其时效性和针对性。

在实际操作中，图书馆可以通过定期调研、读者反馈以及数据分析等方式，了解学科发展的趋势和读者需求的变化，从而及时调整和优化学科结构。同时，图书馆还可以与学科专家、学者等建立合作关系，共同参与学科结构的规划和建设，以提高学科结构的科学性和合理性。

（二）等级结构

等级结构在图书馆藏书体系中扮演着举足轻重的角色。它是指图书馆藏书在不同层次、不同级别的文献资源之间的比例关系，这种比例关系直接反映了图书馆藏书的深度和广度。合理的等级结构不仅能够确保图书馆藏书的系统性和完整性，还能够满足不同读者的多层次需求。

核心藏书作为图书馆最具价值、最重要、最常用的文献资源，是图书馆的灵魂和基石。它通常包括那些经典著作、权威资料以及高频使用的文献资源。对于这部分藏书，图书馆应该给予重点保障和优先发展，确保它们的完整性、准确性和时效性。同时，为了方便读者使用，核心藏书还应该被放置在显眼且易于获取的位置。

基本藏书则是满足一般读者需求的文献资源。它涵盖了各个学科领域的基础知识和常规信息，是读者日常学习和研究的主要来源。对于基本藏书，图书馆应该保持一定的数量和品种，以满足大多数读者的基本需求。同时，基本藏书还应该定期更新和补充，以确保其内容的时效性和新颖性。

辅助藏书是为了补充和丰富图书馆藏书而收藏的文献资源。它可能包括一些边缘学科、新兴领域或者特殊主题的文献资源。对于辅助藏书，图书馆可以根据实际情况进行灵活调整和优化配置。通过增加或减少某些类别的辅助藏书，图书馆可以更好地适应学科发展的变化和读者需求的多样性。

（三）时间结构

时间结构在图书馆藏书结构中占据着独特的地位。它是指图书馆藏书在时间维度上的分布和构成，这种分布不仅体现了图书馆藏书的时代性，更揭示了知识发展的历史脉络。一个合理的时间结构能够确保图书馆的藏书既包含最新的学术成果，又囊括历史经典，从而为读者提供一个全面、均衡的知识视野。

对于最新的文献资源，图书馆应该给予高度的重视和及时的收录。这些资源往往代表着学科的前沿动态和最新进展，是读者获取新知识、新技能的重要来源。通过定期采购、更新和整理这些资源，图书馆可以确保其藏书的时效性和先进性。

然而，历史文献资源同样具有不可替代的价值。它们是学科发展的历史见证，蕴含着丰富的知识和智慧。对于这部分资源，图书馆应该进行妥善的保存和整理，以便读者能够深入了解学科的历史背景和发展轨迹。

在构建合理的时间结构时，图书馆还需要考虑文献资源的半衰期和使用寿命等因素。不同类型的文献资源具有不同的更新速度和使用寿命。例如，科技类文献的更新速度可能较快，而人文类文献的使用寿命可能较长。因此，图书馆应该根据各类文献资源的特点和读者的实际需求，合理安排采购、剔除和替换等工作，以确保藏书的整体质量和效用。

（四）文献类型结构

文献类型结构是图书馆藏书结构中不可或缺的一部分。它指的是图书馆藏书在不同类型文献资源之间的比例关系，这种比例关系直接反映了图书馆藏书的多样性和丰富性。

一个合理的文献类型结构不仅能够满足读者的多样化需求，还能够提高图书馆的服务质量和效率。

在现代图书馆中，常见的文献类型包括图书、期刊、报纸、学位论文、会议论文、报告、专利文献、标准文献以及多媒体资源等。这些不同类型的文献资源各具特色，各有用途。例如，图书通常包含系统全面的知识内容，适合进行深入学习和研究；期刊和报纸则及时报道了最新的学术动态和社会信息，是获取新知识的重要渠道；学位论文和会议论文则代表了某一领域或某一时期的最新研究成果和学术观点，具有很高的参考价值。

为了满足不同读者的需求和提高文献资源的利用率，图书馆应该根据读者需求和学科发展的需要，合理配置各种类型的文献资源。例如，对于热门学科和重点领域，图书馆可以增加相关类型文献资源的采购量和收藏比例；对于新兴领域和交叉学科，图书馆可以积极引进和收藏相关类型的文献资源，以支持这些领域的发展和研究。

同时，随着信息技术的发展和应用，电子资源在图书馆藏书结构中的地位越来越重要。电子资源具有存储方便、检索快捷、共享性强等优点，是现代图书馆不可或缺的一部分。因此，在构建文献类型结构时，图书馆应该充分考虑电子资源的地位和作用，将其与其他类型的文献资源进行有机整合和互补配置，形成一个多元化、综合性的文献资源体系。

二、藏书结构的类型与特点

（一）按学科分类的藏书结构

按学科分类的藏书结构是图书馆中一种常见且重要的组织方式。在这种结构下，图书馆的藏书被划分为不同的学科领域，如自然科学、社会科学和人文科学等。每个大的学科领域下又进一步细分为更具体的子学科，如物理学、化学、生物学在自然科学下；历史学、政治学、社会学在社会科学下；文学、哲学、艺术在人文科学下等。这种多层次的细分使得图书馆的藏书结构呈现出一个清晰且有序的框架。

这种藏书结构的优点显而易见。首先，它能够清晰地反映图书馆在不同学科领域的藏书重点和特色。通过浏览图书馆的藏书结构，读者可以迅速了解图书馆在哪些学科领域拥有丰富的文献资源，从而有针对性地进行借阅和研究。其次，按学科分类的藏书结构便于读者按学科查找和利用文献资源。当读者需要查找某一特定学科的资料时，他们可以直接前往该学科的藏书区域，减少在庞大藏书中的盲目搜索时间。

　　然而，随着学科交叉和融合的不断深入，这种严格的学科分类方式也面临一些挑战。在现代科学研究中，许多领域都呈现出跨学科的趋势，如生物信息学、环境社会学等。这些交叉学科的研究往往需要跨越多个传统的学科领域，而严格的学科分类方式可能无法完全满足这些跨学科研究的需求。因此，图书馆在采用按学科分类的藏书结构时，也需要考虑如何适应这种跨学科的发展趋势。

　　为了应对这一挑战，图书馆可以采取一些灵活的措施。例如，在藏书结构中设置交叉学科或跨学科区域，专门收藏那些涉及多个学科领域的文献资源。此外，图书馆还可以利用现代信息技术，如建立跨学科的数字资源平台或提供智能检索工具，帮助读者更方便地查找和利用跨学科的文献资源。

　　（二）按文献类型分类的藏书结构

　　按文献类型分类的藏书结构是另一种重要的图书馆组织方式。在这种结构下，图书馆的藏书被划分为不同的文献类型，如图书、期刊、报纸、电子资源等。每种文献类型下又根据不同的主题或领域进行细分。例如，图书可以按照不同的学科领域或主题进行分类；期刊和报纸则可以按照其所属的学科或行业进行分类；电子资源则可以按照其载体形式或内容进行分类。

　　这种藏书结构的优点在于能够直观地反映图书馆各种文献资源的数量和比例。通过浏览不同文献类型的藏书区域，读者可以迅速了解图书馆在哪些类型的文献资源上投入较多，从而根据自己的需求选择合适的文献类型进行借阅和研究。此外，随着信息技术的发展，电子资源在图书馆藏书结构中的地位越来越重要。按文献类型分类的藏书结构能够更好地适应这一趋势，将电子资源与其他传统文献资源进行有机整合和互补配置。

　　然而，这种分类方式也存在一些挑战。首先，随着文献类型的不断增加和变化，图书馆需要不断更新和调整其藏书结构以适应新的需求。这可能需要投入大量的人力和物力资源。其次，不同类型的文献资源在管理和利用上也存在差异，图书馆需要制定相应的管理策略和服务模式以确保各种文献资源能够得到充分利用。

　　为了克服这些挑战，图书馆可以采取一些创新性的措施，例如，建立动态的藏书管理机制，根据文献资源的变化和读者需求的变化及时调整藏书结构；加强与各类文献提供商的合作，共同推动文献资源的数字化和共享化进程；利用大数据和人工智能等先进技术对读者需求和文献资源进行深度挖掘和分析，为读者提供更加精准和个性化的服务。

　　（三）按读者群体分类的藏书结构

　　按读者群体分类的藏书结构是一种以读者为中心的组织方式。在这种结构下，图书馆的藏书被划分为不同的读者群体区域，如学生用书区域、教师用书区域和研究人员用书区域等。每个读者群体再根据不同的学科领域或文献类型进行细分。例如，学生用书区域可以按照不同的年级或专业进行分类；教师用书区域则可以按照其所授课程或研究领域进行分类；研究人员用书区域则可以按照其研究课题或项目进行分类。

这种藏书结构的优点在于能够更好地满足不同读者群体的需求。通过将学生、教师和研究人员等不同群体的文献资源分开管理，图书馆可以更加精准地为他们提供所需的文献资源和服务。这不仅可以提高文献资源的利用率，还可以增强读者的满意度和归属感。同时，这种分类方式也有助于图书馆更好地了解和掌握不同读者群体的阅读需求和阅读习惯，为未来的藏书建设和服务创新提供有力支持。

然而，这种分类方式也需要对读者需求进行深入的了解和分析。为了确保分类的准确性和有效性，图书馆需要定期对不同读者群体进行调研和访谈，了解他们的阅读需求、阅读习惯以及在使用图书馆过程中遇到的问题和困难。此外，图书馆还需要建立与读者群体的良好沟通机制，及时收集他们的反馈意见和建议，以便对藏书结构进行持续改进和优化。

（四）综合型藏书结构

综合型藏书结构是将上述几种分类方式结合起来形成的一种多元化、综合性的组织方式。在这种结构下，图书馆的藏书既按照学科领域进行分类，又按照文献类型进行分类，同时还考虑不同读者群体的需求。这种综合性的组织方式旨在兼顾不同学科领域、不同文献类型和不同读者群体的需求，形成一个全面、均衡的藏书体系。

综合型藏书结构的优点在于其全面性和灵活性。通过综合考虑多种分类方式，图书馆可以更加全面地展示其藏书资源，满足不同读者群体的多样化需求。同时，这种综合性的组织方式也有助于图书馆更好地适应学科交叉和融合的发展趋势以及应对信息技术的发展带来的挑战。当新的学科领域或文献类型出现时，图书馆可以及时调整其藏书结构以适应新的需求变化。

然而，实现综合型藏书结构也需要较高的管理水平和较强的协调能力。由于需要同时考虑多种分类方式，图书馆在藏书管理过程中需要处理更加复杂的关系和矛盾。例如，在处理不同学科领域之间的交叉问题时，图书馆需要制定明确的管理策略和协调机制以确保各部分的协调性和整体性；在处理传统文献资源与电子资源的关系时，图书馆需要制定统一的管理标准和服务模式以实现资源的互补和共享；在处理不同读者群体的需求时，图书馆需要建立有效的沟通机制和反馈机制以确保服务的针对性和有效性。

为了提升管理水平和协调能力，图书馆可以采取一系列措施。加强馆员的培训和教育，提高他们的专业素养和管理能力；建立完善的管理制度和工作流程，确保各项工作的规范化和标准化；加强与读者和其他利益相关方的沟通与合作，共同推动藏书结构的持续改进和优化。

三、藏书结构的优化原则与方法

藏书结构的优化是图书馆持续发展的重要任务，它关系到图书馆的服务质量、读者的满意度以及图书馆的社会影响力。为了有效地优化藏书结构，图书馆应遵循以下原则和方法。

（一）系统性原则

系统性原则是优化藏书结构的基础。图书馆作为一个有机的整体，其藏书结构应呈现出系统性、完整性和层次性。在优化藏书结构时，图书馆应注重各类文献资源之间的内在联系和逻辑顺序，确保各类资源能够相互补充、相互支持，形成一个完整的知识体系。

为了实现系统性原则，图书馆可以采取以下措施：对现有的文献资源进行全面的梳理和分析，了解各类资源的数量、质量、利用率等情况；根据读者的需求和学科发展的趋势，制订科学合理的藏书发展规划，明确各类资源的收藏比例和重点；加强资源之间的关联性和互补性建设，通过编制主题目录、建立知识导航等方式，帮助读者更好地理解和利用图书馆的资源。

（二）实用性原则

实用性原则是优化藏书结构的关键。图书馆的藏书结构应紧密围绕读者的需求来构建，确保所收藏的文献资源能够满足读者在学习、研究和工作等方面的实际需要。同时，图书馆还应关注文献资源的实用价值和社会效益，优先选择那些具有较高学术价值、实用价值和社会效益的资源进行收藏。

为了贯彻实用性原则，图书馆可以采取以下措施：定期开展读者调查和需求分析，了解读者的阅读偏好、信息需求和使用习惯；根据读者的需求和反馈，及时调整藏书结构，增加或减少某些类别的资源收藏；加强资源的更新和维护工作，确保所收藏的资源始终保持新颖性和时效性。

（三）动态性原则

动态性原则是优化藏书结构的重要保障。随着时间的推移和学科的发展，图书馆的藏书结构需要不断地进行调整和优化。图书馆应定期对现有的文献资源进行评估和筛选，及时剔除那些过时、无用的资源，同时积极补充那些新颖、有价值的文献资源。此外，图书馆还应关注学科发展的动态和趋势，及时调整藏书结构以适应新的学术环境和读者需求。

为了实现动态性原则，图书馆可以采取以下措施：建立完善的资源评估和筛选机制，定期对现有资源进行质量评估和使用情况分析；加强与学术机构、出版社等的合作与交流，及时获取最新的学术信息和资源动态；建立灵活的资源采购和更新机制，确保能够及时获取和更新有价值的文献资源。

（四）合作与共享原则

合作与共享原则是优化藏书结构的重要途径。在有限的经费和资源条件下，图书馆应加强与其他图书馆、学术机构等的合作与交流，共同建设更加丰富、完善的藏书体系。通过资源共享、联合采购等方式，图书馆可以充分利用各方的优势和资源，实现互利共赢的局面。

为了践行合作与共享原则，图书馆可以采取以下措施：积极参与各种区域性、全国性的图书馆合作项目和资源共享平台建设；加强与其他图书馆之间的馆际互借和文献传递服务合作，为读者提供更加便捷、高效的信息服务；加强与学术机构、企业等的合作与交流，共同推动学术信息的传播和利用。

四、现代图书馆藏书结构的新趋势

随着信息技术的发展和读者需求的变化，现代图书馆的藏书结构呈现出一些新的趋势和特点。这些趋势不仅对图书馆的藏书建设提出了新的挑战和要求，也为图书馆的发展带来了新的机遇和可能。

（一）数字化趋势

数字化已经成为现代图书馆藏书结构的重要趋势之一。随着数字化技术的不断发展和普及，越来越多的文献资源被数字化成电子资源形式。这些电子资源具有存储方便、检索快捷、传播广泛等优点，能够满足读者随时随地获取信息的需求。因此，在优化藏书结构时，图书馆应重视数字化资源的建设和管理，提高数字化资源在藏书结构中的比重和地位。

为了适应数字化趋势，图书馆可以采取以下措施：加强数字化资源的采购和整合工作，建立完善的数字化资源保障体系；推动纸质文献的数字化工作，将现有纸质文献转化为电子资源形式进行保存和利用；加强数字化资源的推广和宣传工作，提高读者对数字化资源的认知度和利用率。

（二）开放获取趋势

开放获取是一种新型的学术出版和交流模式，它强调学术信息的自由传播和共享。

在开放获取模式下，读者可以免费获取和使用学术文献资源而不受版权、许可等限制。这种趋势对图书馆的藏书结构产生了深远的影响。一方面图书馆可以通过开放获取渠道获取更多的免费资源来丰富和补充自己的藏书体系；另一方面图书馆也需要积极应对开放获取带来的挑战和问题，如版权保护、质量控制等。

为了适应开放获取趋势图书馆可以采取以下措施：加强与开放获取出版机构的合作与交流获取更多的免费资源；建立完善的开放获取资源筛选和评估机制确保所获取的资源质量和可靠性；加强开放获取资源的整合和揭示工作为读者提供更加便捷、高效的信息服务。

（三）用户参与趋势

用户参与是现代图书馆发展的重要理念之一，也是优化藏书结构的重要趋势之一。它强调图书馆应尊重用户的主体地位和作用，鼓励用户积极参与图书馆的建设和管理。在藏书结构方面用户参与可以体现在多个方面，如参与文献资源的采购和评价工作、开展用户荐购活动、建立用户交流平台等。

为了践行用户参与趋势，图书馆可以采取以下措施：首先建立完善的用户参与机制鼓励用户积极参与图书馆的各项活动；其次开展多种形式的用户调查和反馈活动了解用户的需求和偏好；最后加强与用户的沟通和交流，建立紧密的用户关系提高用户满意度和忠诚度。

（四）多元化趋势

多元化是现代图书馆藏书结构的又一重要趋势。由于读者需求的多样化和个性化，图书馆在收藏文献资源时应注重资源的多样性和广泛性。除了传统的纸质文献外，图书馆还应积极收藏各种非纸质文献资源如音频、视频、图片等多媒体资源；同时关注不同语种、不同地域、不同文化背景的文献资源收藏工作；此外随着大数据、人工智能等技术的不断发展应用，图书馆还可以尝试收藏和分析这些新型数据资源为读者提供更加全面、深入的信息服务。

为了适应多元化趋势图书馆可以采取以下措施：拓宽资源收藏范围，积极收藏各种类型和形式的文献资源；加强与不同地域、不同文化背景的图书馆和学术机构的合作与交流，共同推动文献资源的多元化发展；加强新型数据资源的收藏和分析工作，为读者提供更加前沿、深入的信息服务。同时，图书馆还应注重提升馆员的专业素养和技能水平，以适应多元化趋势下的工作需求。培训、学习等方式可以提高馆员在多元化资源建设、管理和服务方面的能力，为图书馆的持续发展提供有力保障。

第二节　图书馆藏书发展策略

一、明确藏书发展目标与定位

（一）确立长期与短期藏书发展目标

图书馆作为知识与文化的聚集地，其藏书发展目标的明确至关重要。这不仅仅关乎图书馆自身的建设与发展，更与广大读者的阅读需求和知识获取息息相关。因此，图书馆在制订藏书发展目标时，应综合考虑多方面因素，确保目标的科学性和可行性。

长期目标是图书馆藏书发展的宏观规划，它指引着图书馆在未来五至十年的发展方向。这一目标的制订需要与图书馆的整体使命、愿景和价值观相契合，确保藏书建设始终沿着正确的轨道前进。具体来说，长期目标应包括藏书规模、质量、结构等方面的规划，以形成全面、系统、协调的藏书体系。例如，图书馆可以根据自身的定位和读者需求，确定藏书的总量目标、各类图书的比例结构以及重点收藏的学科领域等。

与长期目标相对应的是短期目标，它是长期目标的具体化和细化。短期目标通常关注一年或更短时间内的藏书增长、更新和淘汰等具体工作，以确保藏书建设的稳步推进。为了实现短期目标，图书馆需要制订详细的执行计划，包括采购计划、编目计划、剔旧计划等，确保各项任务的落实和完成。

通过确立长期与短期藏书发展目标，图书馆可以形成清晰的发展脉络，为藏书建设提供明确的方向和指引。这不仅有助于提升图书馆的藏书品质和服务水平，更能满足广大读者的阅读需求和知识渴望。

（二）明确藏书定位以满足读者需求

在明确了长期与短期的藏书发展目标之后，图书馆需要进一步明确其藏书定位，以满足不同读者的阅读需求。藏书定位是图书馆在满足读者需求方面的重要策略，它决定了图书馆藏书的特色和服务领域。

图书馆应根据其所在地区、所属机构以及服务对象的特点进行深入研究和分析。例如，高校图书馆应重点考虑教学和科研的需求，收藏与学科专业相关的学术著作、期刊论文等高质量资源；公共图书馆则应注重普及性读物的收藏，以满足广大市民的阅读需求。此外，地方图书馆还可以结合当地的历史文化特色，收藏地方文献和民俗资料等，以展现地方文化的独特魅力。

　　通过明确的藏书定位，图书馆能够更加精准地采购和整理图书资源，确保每一本图书都能发挥其最大的价值。同时，这也有助于提升图书馆的服务水平和影响力，吸引更多读者前来借阅和学习。

　　需要注意的是，随着社会的不断发展和读者需求的不断变化，图书馆的藏书定位也需要进行适时的调整和优化。因此，图书馆应定期开展读者调查和分析工作，及时了解读者的阅读需求和反馈意见，为藏书定位的调整提供有力依据。

　　（三）定期评估与调整藏书发展目标与定位

　　图书馆藏书发展目标与定位的明确是一个持续的过程，需要定期进行评估与调整。这是因为社会环境在不断变化，读者需求也在随之演变。为了确保藏书建设始终与读者需求和社会发展保持同步，图书馆需要建立一套有效的评估与调整机制。

　　评估工作可以通过多种方式进行，如读者调查、专家评审、数据分析等。读者调查可以了解读者对藏书的满意度、阅读需求等方面的反馈；专家评审可以从专业角度对藏书结构、质量等方面进行评价；数据分析则可以揭示藏书利用率、借阅率等客观指标的变化趋势。通过这些评估方式，图书馆可以全面了解藏书发展的实际效果和存在的问题。

　　根据评估结果，图书馆应及时调整其藏书发展策略。例如，针对读者反馈的某些类别图书资源不足的问题，图书馆可以增加该类别的采购数量或优化采购结构；针对某些利用率较低的图书，图书馆可以考虑进行剔旧或调整存放位置等。通过不断的调整优化，图书馆可以确保藏书建设始终沿着正确的方向发展。

　　此外，图书馆还应关注社会发展的新趋势和新技术对藏书建设的影响。例如，随着数字化技术的不断发展，电子图书、在线数据库等新型资源形式日益普及。图书馆应积极探索这些新型资源与传统纸质图书的整合与互补方式，以满足读者更加多元化的阅读需求。

二、制订科学的藏书采购计划

　　（一）分析读者需求与阅读习惯

　　制订科学的藏书采购计划是图书馆满足读者需求、优化藏书结构的重要前提。深入了解和分析读者的需求与阅读习惯，则是制订这一计划的基础。图书馆应通过借阅记录、读者调查问卷、在线阅读平台数据等多种途径，全面收集关于读者阅读偏好的信息。这些数据不仅包括读者的借阅历史、阅读时长、阅读主题等，还应涵盖读者的年龄、职业、教育背景等人口统计学特征，以便更准确地把握不同读者群体的需求差异。

　　通过对这些数据的深入分析，图书馆可以发现读者的阅读热点、趋势以及未被充分满足的需求。例如，某一时期可能科幻小说借阅量激增，这反映了读者对科幻题材的兴趣；或者某类专业书籍长期借阅率较低，图书馆可能需要调整采购策略或增加宣传推广。这些发现将为图书馆制订更加精准的采购计划提供有力支持。

（二）建立多元化的采购渠道与方式

在明确了读者的需求和阅读习惯后，图书馆需要建立多元化的采购渠道和方式来确保采购到高质量、符合读者需求的图书。除了在传统的实体书店进行购买外，图书馆还应积极探索其他途径，如与出版社直接建立合作关系、参加各类书展进行现场采购、接受社会各界捐赠等。这些多元化的采购方式不仅可以拓宽图书馆的图书来源，还有助于降低采购成本、提高采购效率。

与出版社直接合作是图书馆获取最新出版物的重要途径。通过签订长期合作协议或定期交流机制，图书馆可以及时了解出版社的新书动态，并在第一时间采购到这些新书。此外，出版社还可能为图书馆提供一些特殊优惠或定制服务，如定制版图书、优先阅读权等。

参加书展采购则是图书馆获取丰富多样图书资源的有效手段。各类书展不仅汇聚了众多出版社的最新力作，还展示了来自世界各地的优秀图书。通过参加书展，图书馆可以直观地了解图书市场的最新动态和趋势，发现那些可能被忽视的优秀作品。同时，书展还为图书馆提供了与出版界人士面对面交流的机会，有助于建立更加紧密的合作关系。

接受捐赠也是图书馆获取图书资源的重要途径之一。社会各界人士或机构可能出于各种原因愿意将图书捐赠给图书馆，这些捐赠的图书往往具有独特的价值或意义。图书馆应积极宣传捐赠活动，建立完善的捐赠管理制度和流程，确保捐赠的图书能够得到妥善保管和利用。

（三）制订合理的采购预算与分配方案

在制订采购计划时，预算的合理分配是至关重要的。图书馆应根据自身的财务状况和整体预算，为藏书采购划定专门的预算额度。这一预算不仅要确保图书馆能够采购到足够数量的图书，还要保证所购图书的质量和多样性。因此，图书馆需要对预算进行精细化的分配和管理。

具体来说，图书馆可以根据不同学科领域的重要性和读者需求来分配预算。对于那些热门、借阅率高的学科领域，可以适当增加预算投入，以确保这些领域的图书资源得到充分保障，而对于那些相对冷门或专业性较强的领域，则可以在保证基本需求的前提下，适度控制预算投入。此外，图书馆还可以根据采购渠道和方式的不同来分配预算。例如，对于通过出版社直接合作或书展采购等渠道获取的图书，可能需要支付较高的采购成本，因此应预留足够的预算额度；对于接受捐赠等方式获取的图书，则可以节省部分采购成本，用于其他方面的投入。

（四）建立采购评估与反馈机制

为了确保采购计划的科学性和有效性，图书馆需要建立一套完善的采购评估与反馈机制。这一机制应包括对已购图书的利用率、读者满意度以及采购流程本身的评估等多个方面。

首先，图书馆应定期对已购图书的利用率进行统计和分析。通过借阅记录、阅读时长等数据，可以了解哪些图书受到了读者的欢迎和喜爱，哪些图书则较少被借阅。这些信息可以为图书馆调整采购策略提供重要依据。例如，对于借阅率较高的图书类别，图书馆可以适当增加采购数量或提高采购频率；对于借阅率较低的图书类别，则可以考虑减少采购数量或优化选择标准。

其次，读者满意度调查也是评估采购计划有效性的重要手段。通过问卷调查、读者访谈等方式，图书馆可以收集读者对已购图书的质量、内容、装帧等方面的意见和建议。这些反馈不仅可以帮助图书馆改进采购策略和提高采购质量，还可以增强图书馆与读者之间的互动和沟通。

最后，对采购流程本身的评估也是不可忽视的一环。图书馆应对采购计划的制订、执行和监督等各个环节进行全面梳理和分析，找出可能存在的问题和不足之处。例如，是否存在预算分配不合理、采购渠道单一、采购周期过长等问题？针对这些问题，图书馆应及时采取改进措施并优化流程设计，以确保采购计划能够更加高效、顺畅地执行下去。

三、加强藏书资源的数字化建设

（一）制订数字化建设计划与标准

加强藏书资源的数字化建设，是图书馆在信息时代背景下不可或缺的重要举措。为了确保数字化工作的有序进行和高质量完成，图书馆必须首先制订详尽的数字化建设计划和标准。这些计划和标准应涵盖数字化的明确目标，例如提高资源利用率、拓宽服务范围等；界定数字化的具体范围，包括哪些类型的藏书将被优先数字化；设定合理的时间表，以确保数字化工作能够按照既定进度稳步推进；对数字化的质量也要提出明确要求，如图像清晰度、元数据准确性等。通过这些计划和标准，图书馆能够为数字化工作提供清晰的指导和有力的保障。

（二）开展数字化加工与整理工作

数字化加工与整理是实现藏书资源数字化的核心环节。在这一阶段，图书馆需要对现有藏书进行全面、细致的扫描和处理。这包括使用高分辨率扫描仪对纸质文献进行逐页扫描，以获取高质量的数字图像；运用 OCR（光学字符识别）技术对扫描后的图像进行文字识别，将其转化为可编辑和检索的文本信息；对每份文献进行详细的元数据标引，包括标题、作者、出版日期、关键词等，以便读者能够通过多种途径快速定位所需资源。此外，图书馆还需要建立功能强大的资源管理平台，对加工整理后的数字资源进行统一存储和管理，确保读者能够随时随地在线检索和获取这些资源。

（三）建立数字化资源的长期保存机制

为了确保数字化资源的可持续利用和价值最大化，图书馆必须建立健全的长期保存机制。这包括定期对数字资源进行备份，以防止因硬件故障或自然灾害等原因导致的数据丢失；实施容灾备份策略，即在异地建立备份数据中心，以确保在主数据中心发生故障时能够迅速恢复服务；进行数据迁移和格式转换等操作，以适应不断变化的软硬件环境和技术标准。通过这些措施，图书馆能够确保数字化资源在物理和逻辑层面都得到充分保护，从而为未来的学术研究和社会发展提供宝贵的信息资源支持。

（四）推广数字化资源的应用与服务

数字化资源的应用与服务是检验图书馆数字化建设成果的重要标准。图书馆应积极推广各种便捷、高效的数字化资源应用和服务方式，以满足不同读者的多样化需求。例如，通过在线检索系统提供全文检索、高级检索等功能，帮助读者快速定位所需资源；利用远程访问技术实现跨地域的资源共享和服务延伸；开发移动阅读应用程序，让读者能够随时随地阅读图书馆的电子书籍和期刊等。通过这些举措，图书馆不仅能够提升读者的阅读体验和效率，还能够进一步拓展其服务范围和社会影响力。

四、推动藏书资源的共建与共享

（一）建立馆际合作与资源共享机制

在信息化时代背景下，图书馆之间的合作与资源共享显得尤为重要。为了推动藏书资源的共建与共享，图书馆应积极与其他图书馆建立紧密的馆际合作关系。文献传递、馆际互借等方式可以实现各馆之间资源的互通有无和优势互补。此外，联合编目也是实现资源共享的重要途径之一。通过统一的编目标准和系统平台，各图书馆可以共同建设和维护一个全面、准确的藏书目录数据库，为读者提供更加便捷、高效的检索服务。这些合作机制的建立不仅能够提高资源的整体利用效率，还能够促进图书馆之间的交流与合作向更深层次发展。

（二）参与地区性或全国性资源共享平台

除了馆际合作外，图书馆还应积极参与地区性或全国性的资源共享平台。这些平台通常汇聚了众多图书馆的资源和服务优势，能够为读者提供更加全面、丰富的信息获取渠道。通过参与这些平台的建设和运营，图书馆可以进一步扩大其资源共享的范围和影响力。同时，与其他地区或全国性图书馆的交流与合作也能够为图书馆带来新的发展机遇和挑战，推动其不断创新和进步。

（三）加强与国际图书馆的交流与合作

随着全球化进程的加速推进，国际间的交流与合作已成为图书馆发展的重要趋势之一。为了提升本国图书馆在国际舞台上的地位和影响力，图书馆应积极加强与国际图书馆的交流与合作。通过参加国际图书馆组织的活动、加入国际图书馆联盟等方式，图书馆可以用了解国际图书馆界的最新动态和最佳实践案例；借鉴其他国家图书馆在资源建设和管理方面的先进经验和技术成果；与国际同行共同开展合作研究项目或举办学术研讨会等活动。这些举措将有助于提升本国图书馆的专业水平和服务质量，进一步推动国际间图书馆事业的共同发展。

（四）制定资源共享的规范与标准

为了实现更加高效、有序的资源共享目标，图书馆需要制定一套完善的资源共享规范和标准体系。这些规范和标准应包括统一的资源描述格式、数据交换协议、服务流程规范等方面的内容。通过遵循这些规范和标准，各图书馆可以确保在资源共享过程中能够实现信息的准确传递和无缝对接；降低资源共享过程中的成本和风险；提高资源共享的效率和用户满意度。同时，这些规范和标准的制定也有助于促进图书馆行业的标准化和规范化发展。

（五）注重知识产权保护与合理利用

在推动藏书资源的共建与共享过程中，知识产权保护和合理利用是一个不可忽视的重要问题。图书馆应始终遵守国家法律法规和相关政策要求，尊重原作者和出版机构的合法权益。在资源共享过程中，图书馆应采取合理的技术措施和管理手段确保知识产权的安全和合规使用；加强知识产权保护宣传和教育力度；提高读者和公众的知识产权意识；共同维护一个公平、有序的知识产权保护环境。同时，图书馆也应积极探索知识产权的合理利用途径和方式，在保障权益人利益的前提下，最大限度地发挥知识产权的价值和社会效益。

五、注重藏书资源的特色化与品牌化

（一）挖掘与整理特色藏书资源

特色藏书资源是图书馆藏书建设中的重要组成部分。图书馆应充分挖掘和整理其特色藏书资源，包括地方文献、古籍善本、名人手稿等具有独特文化价值和历史意义的文献资源。通过对这些特色资源的深入挖掘和整理，图书馆可以形成独特的藏书体系和品牌特色。

（二）建立特色数据库与服务平台

为了更好地展示和利用特色藏书资源，图书馆需要建立特色数据库和服务平台。特色数据库可以对特色资源进行数字化处理和元数据标引，方便读者在线检索和浏览。服务平台则可以为读者提供更加个性化、专业化的服务支持，如定制推荐、专家咨询等。通过这些平台的建设，图书馆可以进一步提升其特色藏书资源的知名度和影响力。

（三）开展特色阅读推广与文化活动

除了数字化建设和服务平台建设外，图书馆还可以通过开展特色阅读推广和文化活动来增强其特色藏书资源的吸引力和传播力。例如，图书馆可以围绕特色藏书资源举办主题展览、学术研讨会、文化讲座等活动，吸引更多读者和公众的关注和参与。这些活动不仅有助于提升图书馆的社会形象和文化地位，还能促进特色藏书资源的广泛传播和利用。

（四）加强特色藏书资源的保护与传承

特色藏书资源往往具有不可再生性和不可替代性，因此，加强其保护与传承至关重要。图书馆需要采取多种措施确保特色藏书资源的安全存储和长期保存，如建立专门的保管库房、制定严格的借阅制度、开展定期的维护保养等。同时，图书馆还应积极探索特色藏书资源的传承方式和方法，如通过复制、影印等方式进行传承和利用，确保这些宝贵资源能够得以延续和发扬光大。

第三节　图书馆藏书的保护与维护

一、建立完善的藏书保护制度

图书馆作为知识与文化的宝库，其藏书不仅具有极高的学术价值，更是人类文明的珍贵遗产。因此，建立完善的藏书保护制度，确保藏书的完整与安全，是图书馆工作的重中之重。以下将从制定藏书保护政策、建立藏书保护档案、设立专门的藏书保护机构或岗位以及加强藏书保护宣传与教育四个方面进行详细阐述。

（一）制定藏书保护政策

制定明确的藏书保护政策是确保藏书安全的首要任务。这一政策应全面考虑藏书的特性与价值，明确保护的原则、目标以及具体措施。例如，对于古籍善本等珍贵藏书，应采取更为严格的保护措施，如限制借阅、定期维护等。同时，政策还应明确责任分工，确保各项保护措施能够得到有效执行。此外，随着图书馆事业的发展与变化，藏书保护政策也应进行适时的调整与更新，以适应新的保护需求。

藏书保护政策的制定并非一劳永逸，需要持续关注与改进。图书馆应定期评估政策的执行效果，收集工作人员与读者的反馈意见，以便及时发现问题并进行调整。同时，政策的宣传与普及也至关重要。图书馆应通过官方网站、公告栏等多种渠道向公众传播藏书保护的理念与措施，提高全社会对藏书保护的重视程度。

（二）建立藏书保护档案

为每一本藏书建立保护档案是确保藏书历史与现状得以完整记录的关键措施。保护档案应详细记录藏书的来源、购入或捐赠者信息、入库时间等基本资料，以及历次维护、修复和借阅的详细情况。这些资料的记录不仅有助于工作人员全面了解藏书的状况，还为后续的保护工作提供了宝贵的参考依据。

在建立保护档案的过程中，图书馆应充分利用现代信息技术手段，如数字化扫描、数据库管理等，实现档案信息的电子化存储与查询。这不仅可以提高档案管理的工作效率，还能确保档案信息的长期保存与随时调用。同时，图书馆还应定期对保护档案进行更新与维护，确保档案信息的准确性与完整性。

（三）设立专门的藏书保护机构或岗位

设立专门的藏书保护机构或岗位是确保藏书保护工作得以专业、持续开展的重要保障。这些机构或岗位应配备具备专业知识与技能的工作人员，负责藏书的日常检查、维护与修复工作。他们应熟悉各种藏书的材质与特性，掌握相应的保护技术与方法，能够针对不同类型的藏书制订并执行个性化的保护计划。

除了日常的保护工作外，这些机构或岗位还应承担起藏书保护技术的研究与创新任务。他们应关注国内外最新的保护技术动态，积极引进并尝试新的保护方法与材料，不断提高藏书保护工作的专业水平。同时，他们还应与图书馆的其他部门保持密切沟通与协作，共同为藏书的完整与安全贡献力量。

（四）加强藏书保护宣传与教育

加强藏书保护的宣传与教育是提高全社会对藏书保护重视程度的有效途径。图书馆应通过举办讲座、展览、研讨会等活动形式，向公众传播藏书的历史价值、文化意义以及保护知识、方法。这些活动不仅可以增强公众对藏书的认识与尊重，还能激发更多人参与到藏书保护工作中来。

此外，图书馆还应在日常工作中加强对读者的教育引导，例如，在借阅区设置明显的提示牌或播放保护宣传视频等方式以提醒读者注意保护藏书，在阅览室提供正确的阅读方法与习惯指导等。这些措施可以帮助读者养成良好的阅读习惯和保护意识共同为藏书的保护工作贡献力量。

二、加强藏书的物理保护与环境控制

除了建立完善的藏书保护制度外，加强藏书的物理保护与环境控制也是确保藏书安全的重要手段。以下将从合理布局与规划藏书空间、控制室内温度与湿度、防止光照与紫外线损害、加强防火与防盗措施以及定期维护与检查设施设备五个方面进行详细阐述。

（一）合理布局与规划藏书空间

合理布局与规划藏书空间是确保藏书能够安全、有序存放的基础。图书馆应根据藏书的类型、尺寸、重量等因素选择合适的存储设备如书架、书柜等，并按照一定的分类与排序原则进行布局。这样的布局不仅方便读者查找与借阅，还能降低藏书在搬运与存放过程中的损坏风险。

同时，图书馆还应考虑到读者的使用需求和工作人员的管理需求对借阅区、阅览区等进行合理划分。例如，图书馆可以设置专门的古籍阅览室或珍贵藏书展示区等以满足不同读者的需求，可以在书架间设置足够的通道空间以方便工作人员进行日常的检查与维护工作等。合理的布局与规划可以优化藏书空间的使用效率，提高图书馆的服务质量。

（二）控制室内温度与湿度

温度与湿度是影响藏书保存的重要因素之一。过高或过低的温度以及过于干燥或潮湿的环境都会对藏书的纸张、墨水等造成损害。因此，图书馆应安装空调和湿度调节设备等，将室内温度和湿度控制在适宜的范围内。一般来说，温度应保持在20℃左右，湿度应保持在50%左右，但具体数值还需根据藏书的材质与特性进行调整。

除了安装必要的设备外，图书馆还应定期开窗通风、晾晒藏书等，以保持室内空气流通和干燥。特别是在潮湿的季节或地区，图书馆应增加通风与晾晒的次数，以防止藏书受潮发霉。同时，图书馆还应定期对室内环境进行监测与记录，以便及时发现问题并进行调整。

（三）防止光照与紫外线损害

光照和紫外线会对藏书的纸张和墨水产生光化学反应，导致纸张变黄、变脆、墨水褪色等现象。因此，图书馆应采取有效措施防止光照和紫外线的损害。例如，图书馆可以在窗户上安装遮阳帘或百叶窗等遮挡物，以减少阳光直射；在照明方面，选择柔和、不产生紫外线的灯具，如使用 LED 灯等；在阅览室设置阅读灯等局部照明设备，以满足读者阅读需求的同时，减少光照对藏书的损害。

此外，图书馆还应加强对工作人员的培训教育，提高他们的光照与紫外线防护意识。例如，可以定期组织工作人员学习光照与紫外线对藏书损害的知识，以及防护措施的操作方法等。通过培训教育，可以使工作人员更加重视并有效执行防护措施，从而确保藏书的安全。

（四）加强防火与防盗措施

图书馆作为人员密集场所之一，一旦发生火灾或盗窃等安全事故，后果将不堪设想。因此，加强防火与防盗措施是确保藏书安全的重要保障。图书馆应设置火灾自动报警系统、灭火器等消防设备，并定期检查其运行状态，确保在紧急情况下能够及时发挥作用；制定火灾应急预案，并定期组织演练，提高工作人员的应急处理能力；加强工作人员的消防安全培训教育，使他们掌握基本的灭火技能和安全疏散知识。

在防盗方面，图书馆应设置门禁系统、监控摄像头等安防设备，对进出图书馆的人员进行实时监控与记录；加强巡逻和值守，特别是在夜间或节假日期间，应增加巡逻次数和值守人员，以确保藏书的安全；对于珍贵或易被盗的藏书，可以采取更为严格的保护措施，如设置专柜存放、加装防盗锁等。通过这些措施，可以大大降低火灾和盗窃等安全事故发生的概率，保障藏书的安全无虞。

（五）定期维护与检查设施设备

图书馆应定期对藏书存放的设施设备进行检查和维护工作，确保其正常运行和使用安全。例如，图书馆可以定期检查书架、书柜等存储设备是否稳固，有无倾斜、摇晃等现象；检查空调、湿度调节设备等是否正常运行，有无异常噪音或漏水等现象；检查消防设备是否过期或损坏，有无缺失或失效等现象。发现问题应及时处理并记录在案，以便后续跟踪与改进。

除了定期的检查与维护外，图书馆还应建立设施设备的使用与管理制度，规范工作人员的操作行为，避免人为损坏或误操作导致的安全事故。例如，图书馆可以制订设施设备操作规程，明确使用方法和注意事项；建立设施设备使用登记制度，记录使用情况和维修记录等。采用这些措施可以确保设施设备的正常运行和使用安全，为藏书的保护工作提供有力保障。

三、实施藏书的防虫防蛀措施

（一）保持清洁与卫生环境

图书馆作为知识与文化的聚集地，其藏书的安全与完整至关重要。而虫蛀作为威胁藏书的主要因素之一，必须得到有效的预防和控制。为此，图书馆首先应从保持清洁与卫生环境入手，为藏书营造一个无虫害的生长环境。

具体而言，图书馆应制定严格的卫生管理制度，明确各部门和人员的卫生职责和要求。定期打扫卫生是必不可少的一项工作，包括清理地面、桌面、书架等灰尘和垃圾，保持阅览区和借阅区的干净整洁。特别是对于一些容易藏污纳垢的角落和缝隙，图书馆更应定期进行彻底清扫，以防虫害滋生。此外，图书馆还应及时处理读者的遗留物品，避免长时间滞留导致虫害发生。

在保持清洁的同时，加强通风换气工作也是防止虫害发生的重要手段。图书馆应合理设置通风口和排气扇，确保室内空气流通和清新。特别是在潮湿的季节，更应加强通风换气，以降低空气湿度，减少虫害滋生的可能性。

通过保持清洁与卫生环境，图书馆可以大大降低虫蛀发生的概率，为藏书的安全与完整提供有力保障。

（二）使用防虫防蛀药剂

除了保持清洁与卫生环境外，图书馆还可以使用一些防虫防蛀药剂来保护藏书免受虫害侵扰。这些药剂通常具有驱虫、杀虫或防蛀等作用，能够有效地防止虫害对藏书的破坏。

在选择防虫防蛀药剂时，图书馆应注意选择无毒、无味、对纸张和墨水无腐蚀性的药剂，以确保不会对藏书和人体健康造成损害。同时，还应根据藏书的材质和保存环境等因素，选择适当的药剂类型和使用方法。

在使用防虫防蛀药剂时，图书馆应遵循使用说明并注意安全事项。例如，在使用喷雾剂时，应避免直接喷洒在藏书上，而应喷洒在书架、墙角等容易藏虫的地方。在使用固体药剂时，应将其放置在密封性好的容器中，并定期检查其有效性。此外，图书馆还应在使用药剂后及时清理残留物，并妥善保管药剂，以防误用或滥用。

通过合理使用防虫防蛀药剂，图书馆可以有效保护藏书免受虫害侵扰，延长其使用寿命和价值。

（三）定期检查与发现虫害迹象

为了确保藏书的安全与完整，图书馆还应定期对藏书进行检查工作，及时发现虫害迹象并采取措施处理。在检查时，图书馆应注意观察纸张是否有被咬食的痕迹、是否有虫粪等异常情况出现。对于已经发现的虫害迹象，图书馆应及时报告并处理，防止虫害扩散和蔓延，例如，可以采取隔离、熏蒸、冷冻等方法进行灭虫处理。

对于已经受到虫害的藏书，图书馆应及时进行修复工作，修复时应根据藏书的破损程度和材质等因素，选择合适的修复方法和材料。例如，对于轻度破损的藏书，图书馆可以采取纸张粘贴、加固等方法进行修复；对于重度破损的藏书，则需要进行专业的纸张更换或重新装订等处理。

通过定期检查与发现虫害迹象，图书馆可以确保藏书的完整性和安全性，为读者提供更加优质和可靠的服务。

四、定期进行藏书的清查与整理

（一）制定清查与整理计划

图书馆作为知识的宝库，其藏书数量庞大且种类繁多。为了确保藏书的完整性和有效利用，图书馆应定期进行藏书的清查与整理工作。制订详细的清查与整理计划则是这一工作的前提和基础。

在制订清查与整理计划时，图书馆应明确清查与整理的目标、范围、时间表和责任人等要素。目标可以包括掌握藏书的实际情况、发现丢失或损坏的藏书、优化藏书结构等。范围可以涵盖所有藏书或特定类别的藏书。时间表应具体明确，以确保工作的有序进行。责任人则应明确各自的职责和任务，确保工作的顺利进行。

通过制订详细的清查与整理计划，图书馆可以确保这一工作的有序性和有效性，避免出现遗漏或重复劳动的情况。同时，根据实际情况对计划进行调整和优化也是必要的，以提高工作效率和质量。

（二）实施全面清查与分类整理

在制订了详细的清查与整理计划后，图书馆应按计划对藏书进行全面清查和分类整理。这一工作的目的是掌握藏书的实际情况，为科学管理和有效利用提供依据。

在全面清查过程中，图书馆应对每本藏书进行登记造册，详细记录其题名、作者、出版社、出版日期等信息。这有助于建立完整的藏书档案，为后续的检索和利用提供便利。同时，对于已经损坏或丢失的藏书也应及时进行处理并记录在案，以便采取补救措施或进行责任追究。

在分类整理过程中，图书馆应根据藏书的学科属性、内容特点等进行合理分类。这有助于读者快速找到所需藏书，提高利用效率。同时，编制目录索引等检索工具也是必要的，以方便读者进行查阅和检索。对于重复购置的藏书，图书馆应进行合理调配或剔除处理，以优化藏书结构；对于珍贵或稀有的藏书则应进行特别保护和管理措施，以确保其安全和完整。

通过全面清查与分类整理工作，图书馆可以更加清晰地掌握藏书的实际情况并进行科学管理和有效利用。这不仅可以提高服务质量和效率，还可以为读者提供更加优质和便捷的阅读体验。

（三）建立动态管理机制

图书馆藏书的动态性是其重要特征之一，因此建立动态管理机制对于确保藏书的及时性和准确性至关重要。动态管理机制涉及多个环节，包括新书的验收、编目和上架，读者归还图书的归位和整理，以及发现图书损坏或丢失时的处理等。

当新购置的图书到馆后，图书馆应及时进行验收工作，核对图书的数量、质量和价格等信息是否与订单相符，在验收无误后，应尽快进行编目工作，为每本图书编制唯一的标识码和详细的书目信息，随后，将新书及时上架，确保读者能够第一时间借阅到最新出版的图书。

当读者归还图书时，图书馆员应及时进行归位和整理工作。这包括将图书放回原处、整理书架和保持阅览区的整洁等。及时的归位和整理可以确保图书的有序排列和易于查找，为读者提供良好的借阅环境。

在发现图书有损坏或丢失的情况时，图书馆应及时进行处理并记录在案。对于损坏的图书，可以尝试进行修复或重新装订；对于丢失的图书，则应及时进行补充或重新购买。同时，图书馆对于故意损坏或盗窃图书的行为应予以制止和惩罚，以维护图书馆的秩序和权益。

通过动态管理机制的实施，图书馆可以确保藏书管理的及时性和准确性。这不仅可以提高服务质量和效率，还可以为读者提供更加便捷和可靠的服务体验。

（四）加强数字化建设与管理

随着信息技术的发展和应用，数字化已经成为图书馆发展的重要趋势之一。加强数字化建设与管理不仅可以实现藏书的长期保存和广泛共享，还可以降低纸质藏书的损耗和丢失风险，保护珍贵文化遗产的安全性和完整性。

图书馆应制订数字化建设计划，明确数字化的目标、范围和时间表等要素。在数字化过程中，图书馆应选择合适的数字化技术和设备，对纸质藏书进行高精度扫描和转换工作。同时，建立数字化的存储和管理系统也是必要的，以确保数字化资源的有效存储和利用。在数字化资源的利用方面，图书馆可以通过建立在线数据库、提供远程访问服务等方式，为读者提供更加便捷和高效的服务体验。

此外，图书馆还应加强数字化资源的保护工作。这包括建立完善的安全管理制度和技术防护措施，防止数字化资源被非法获取、篡改或破坏。同时，对于珍贵或敏感的数字化资源，图书馆还应采取加密处理和特殊保护措施，以确保数字化资源的安全性和完整性得到最大限度的保障。

通过加强数字化建设与管理，图书馆可以实现藏书的长期保存和广泛共享的目标。这不仅可以提高资源的可利用性和可访问性，还可以为读者提供更加优质和多样化的服务体验。同时，数字化建设与管理还可以推动图书馆向现代化、智能化方向发展，提升其在社会文化事业中的地位和影响力。

（五）开展合作与交流活动

在藏书保护工作中，图书馆不应孤军奋战，而应积极开展合作与交流活动，与其他图书馆或机构共同推动藏书保护事业的发展进步。这种合作与交流不仅可以实现资源共享和优势互补，还可以促进经验交流和技术创新，共同提高藏书保护工作的水平和质量。

具体而言，图书馆可以通过多种方式进行合作与交流，例如，可以共同制定藏书保护标准或规范，推动行业内的标准化和规范化发展；可以共同开展藏书修复或复制工作，共同保护珍贵或濒危的藏书资源；可以共同举办藏书展览或研讨会等活动，展示各自的藏书特色和保护成果；还可以共同开展培训和教育活动，提高从业人员的专业素质和技能水平等。

通过合作与交流活动的开展，图书馆可以相互学习借鉴先进经验和技术手段；可以共同推动藏书保护事业的发展进步；可以提高图书馆在社会文化事业中的地位和影响力。因此，图书馆应积极开展合作与交流活动，为藏书保护工作注入新的活力和动力。

第六章　智慧图书馆的理念与实践

第一节　智慧图书馆的概念与特征

一、智慧图书馆的定义与发展背景

（一）智慧图书馆的定义

智慧图书馆是指运用现代信息技术、物联网技术、人工智能等先进技术手段，对图书馆的资源、服务、管理等进行智能化改造和升级，实现图书馆资源的数字化、网络化、智能化管理，提高图书馆服务效率和质量，满足用户个性化、多元化信息需求的图书馆。它是传统图书馆与现代科技相结合的产物，代表着图书馆事业的发展方向和未来趋势。

智慧图书馆的核心在于"智慧"，即通过对各种信息资源的智能感知、处理和应用，实现图书馆资源的优化配置和高效利用。这种智慧不仅体现在图书馆的资源建设上，更体现在图书馆的服务创新和管理变革上。智慧图书馆的建设旨在为用户提供更加便捷、高效、个性化的信息服务，推动图书馆事业的可持续发展。

（二）智慧图书馆的发展背景

智慧图书馆的发展离不开现代科技的支持和推动。随着信息技术的飞速发展，特别是互联网、物联网、大数据、人工智能等技术的广泛应用，图书馆面临着前所未有的发展机遇和挑战。一方面，这些先进技术为图书馆的资源建设、服务创新和管理变革提供了强大的技术支持和保障；另一方面，用户信息需求的日益多元化和个性化也对图书馆提出了更高的要求。

在这种背景下，智慧图书馆应运而生。它充分运用现代信息技术等先进手段，对图书馆的资源、服务、管理等进行全面升级和改造，以适应当今时代的发展需求。同时，智慧图书馆的建设也是图书馆事业发展的必然趋势和内在要求，它代表着图书馆事业的未来方向和发展趋势。

（三）智慧图书馆的发展意义

智慧图书馆的发展对于推动图书馆事业的可持续发展具有重要意义。首先，智慧图书馆可以提高图书馆的服务效率和质量，满足用户日益多元化和个性化的信息需求。通过运用先进技术手段，智慧图书馆可以实现资源的优化配置和高效利用，为用户提供更加便捷、高效的信息服务。其次，智慧图书馆可以推动图书馆的资源建设向数字化、网络化、智能化方向发展。通过数字化和网络化手段，智慧图书馆可以打破时空限制，实现资源的共享和互通；通过智能化手段，智慧图书馆可以实现对资源的智能感知和处理，提高资源的利用效率和满足度。最后，智慧图书馆可以促进图书馆与社会的紧密联系和互动发展。通过与社会各界的合作与交流，智慧图书馆可以更加深入地了解社会需求和用户需求，为资源建设提供更加精准、有力的指导，同时也可以将自身的资源和服务推广至社会更广泛的领域和人群中去。

二、智慧图书馆的主要特征与价值

（一）智慧图书馆的主要特征

资源数字化：智慧图书馆将传统纸质文献资源转化为数字化资源，便于存储、检索和共享。通过数字化技术，智慧图书馆可以实现对文献资源的全面覆盖和深度挖掘，为用户提供更加全面、准确的信息服务。

服务智能化：智慧图书馆运用人工智能、大数据等技术手段，对用户的信息需求进行智能感知和分析，为用户提供个性化的信息服务。同时，智慧图书馆还可以实现智能推荐、智能问答等功能，提高用户的信息获取效率和满意度。

管理自动化：智慧图书馆通过运用物联网等技术手段，实现对图书馆藏书的自动化管理。自动化管理包括自动识别、自动定位、自动盘点等功能，可减少人工干预和管理成本，提高管理效率和质量。

空间虚拟化：智慧图书馆打破传统图书馆的实体空间限制，构建虚拟化的信息空间。用户可以通过网络随时随地访问智慧图书馆的资源和服务，实现真正的无界阅读和学习体验。

（二）智慧图书馆的价值体现

提升用户体验：智慧图书馆以用户为中心，运用先进技术为用户提供更加便捷、高效的信息服务。用户可以随时随地访问智慧图书馆的资源和服务，享受个性化的阅读和学习体验。同时，智慧图书馆还可以为用户提供智能化的参考咨询和知识服务，帮助用户解决学术问题、提高信息素养。

优化资源配置：智慧图书馆通过数字化和网络化手段实现资源的共享和互通，打破地域限制和行政壁垒。这不仅可以避免资源的重复浪费和提高资源的利用效率；还可以促进不同地域、不同类型图书馆之间的合作与交流，共同推动图书馆事业的发展。

创新服务模式：智慧图书馆推动图书馆服务模式的创新和变革。通过运用先进技术手段，智慧图书馆可以实现从传统被动服务向现代主动服务的转变；从单一文献服务向多元化信息服务的拓展；从封闭式服务向开放式服务的延伸。这些创新服务模式不仅可以满足用户日益多元化和个性化的信息需求，还可以提升图书馆的社会影响力和竞争力。

促进文化传承与创新：作为文化传承与创新的重要载体之一，智慧图书馆在推动文化传承与创新方面发挥着重要作用。通过数字化和网络化手段，智慧图书馆可以实现对珍贵文献资源的保护和传承；通过智能化手段，智慧图书馆可以推动学术研究和知识创新的发展。同时，智慧图书馆还可以为社会提供更加广泛、深入的文化教育服务，推动社会的文化发展和知识普及。

第二节　智慧图书馆的技术支撑体系

一、物联网技术在智慧图书馆中的应用

（一）智能化识别与管理

随着科技的飞速发展，物联网技术逐渐渗透到各行各业，为人们的生活带来了极大的便利。在智慧图书馆的建设中，物联网技术更是发挥了举足轻重的作用。通过射频识别技术（RFID）标签、传感器等设备的广泛应用，图书馆藏书实现了智能化识别与管理，极大地提高了图书馆的工作效率和服务质量。

RFID 标签是一种无线通信技术，可以通过无线电信号识别特定目标并读写相关数据。在智慧图书馆中，每一本图书都被贴上了 RFID 标签，这些标签中存储了图书的详细信息，如书名、作者、出版社、国际标准书号（ISBN）等。图书馆员手持 RFID 阅读器，可以轻松地对图书进行盘点、定位和借阅等操作。这种智能化的管理方式不仅大大减少了图书馆员的工作量，还提高了图书管理的准确性和效率。

此外，传感器在智慧图书馆中也发挥了重要作用。它们可以实时监测图书馆内的环境参数，如温度、湿度、光照等，确保为读者提供一个舒适、宜人的学习环境。当环境参数超出预设范围时，传感器会立即发出警报，提醒图书馆员及时采取措施进行调整。

（二）个性化推荐服务

物联网技术还可以收集读者的借阅记录、阅读习惯等信息，为图书馆的个性化推荐服务提供有力支持。通过对这些数据的深入分析，图书馆可以更加精准地了解读者的阅

读需求和偏好，从而为他们提供更加贴心的推荐服务。

例如，根据读者的阅读历史和借阅记录，图书馆可以推荐与其兴趣相似的图书或期刊，帮助读者发现更多感兴趣的阅读资源。同时，图书馆还可以利用数据挖掘技术分析读者的阅读习惯和趋势，预测其未来的借阅需求，提前为读者准备好相应的阅读资源。这种个性化的推荐服务不仅提高了读者的阅读满意度，还促进了图书馆藏书的流通和利用效率。

（三）智能书架与导航系统

物联网技术在智能书架和导航系统的建设中也发挥了重要作用。通过安装传感器和RFID 标签等设备，智能书架可以实时监测图书的在位情况和借阅状态。当读者需要借阅某本图书时，智能书架会自动显示该图书的位置和是否在馆的信息，为读者提供更加便捷的找书服务。此外，智能书架还可以对图书进行自动分类和排序，方便读者快速找到目标图书。

导航系统则是智慧图书馆的又一重要服务设施。通过引入物联网技术，导航系统可以实时更新图书馆内的地图信息，并为读者提供详细的路径规划和导航服务。读者只需输入目标图书的名称或编号，导航系统即可快速定位到该图书所在的位置，并规划出最佳路径，引导读者前往。这种智能化的导航服务不仅提高了读者的寻书效率，还为读者带来了更加便捷的阅读体验。

（四）图书馆资源安全监控

物联网技术对于图书馆资源的安全监控也具有重要意义。通过安装监控摄像头、门禁系统等设备，图书馆可以实时监控馆内的安全状况，防止图书被盗或损坏。一旦发生异常情况，监控系统会立即发出警报并通知图书馆员进行处理。这种智能化的安全监控方式不仅提高了图书馆的安全管理水平，还为读者和图书馆资源的安全提供了有力保障。

此外，物联网技术还可以对图书馆的消防设施进行智能化管理。通过安装烟雾报警器、温度感应器等设备，图书馆可以实时监测馆内的火灾隐患并及时采取应对措施。在紧急情况下，智能化消防系统还可以自动启动应急预案，如打开排烟口、启动灭火系统等，确保读者和图书馆资源的安全得到最大限度的保护。

二、大数据分析与挖掘技术在智慧图书馆中的应用

（一）读者行为分析

大数据分析与挖掘技术是智慧图书馆实现个性化服务的重要手段之一。通过对读者的借阅记录、阅读习惯、搜索历史等数据进行深入分析，图书馆可以更加精准地了解读

者的阅读需求和偏好，为读者提供更加个性化的服务体验。

例如，图书馆可以利用大数据技术分析读者的借阅历史和阅读习惯，发现读者的兴趣点和阅读偏好，为读者推荐更加符合其需求的图书和期刊。同时，图书馆还可以利用数据挖掘技术分析读者的搜索历史和浏览行为，了解读者在寻找阅读资源时的需求和困惑，为读者提供更加精准的导航和推荐服务。这种基于大数据的读者行为分析有助于图书馆更好地满足读者的个性化需求，提升读者的阅读体验和满意度。

（二）馆藏资源优化

大数据分析与挖掘技术还可以帮助图书馆对馆藏资源进行优化配置。通过对馆藏资源的借阅率、利用率等数据的深入分析，图书馆可以了解哪些资源受欢迎、哪些资源被冷落，从而对馆藏资源进行合理调整和优化配置。这种优化不仅有助于提高资源的利用率和效益，还可以节约图书馆的经费和资源。

例如，图书馆可以利用大数据分析技术对馆藏资源的借阅情况进行统计和分析，发现借阅率较高的图书和期刊，增加其采购量和复本量，以满足更多读者的需求。同时，对于借阅率较低的资源，图书馆可以采取相应措施进行推广和宣传，提高其知名度和利用率。此外，图书馆还可以利用数据挖掘技术对读者的借阅行为和阅读习惯进行分析，发现潜在的读者群体和市场需求，为图书馆的未来发展提供数据支持。

（三）趋势预测与决策支持

大数据分析与挖掘技术还具有趋势预测和决策支持的功能。通过对历史数据的深入分析和挖掘，图书馆可以预测未来的借阅趋势和读者需求变化，为图书馆的采购计划、服务创新等提供决策支持。这种基于数据的决策方式更加科学和客观，有助于提升图书馆的决策水平和服务质量。

例如，图书馆可以利用大数据分析技术对历年的借阅数据进行统计和分析，发现借阅量的季节性变化和周期性规律，为图书馆的采购计划和人员安排提供科学依据。同时，图书馆还可以利用数据挖掘技术对读者的借阅行为和阅读习惯进行预测和分析，发现未来的阅读趋势和热点话题，提前为读者准备好相应的阅读资源和服务。这种基于大数据的趋势预测和决策支持有助于图书馆更好地把握市场动态和读者需求变化，为图书馆的未来发展提供有力支持。

（四）服务创新与拓展

大数据分析与挖掘技术为图书馆的服务创新和拓展提供了无限可能。通过对海量数据的深入挖掘和分析，图书馆可以发现新的服务模式和商业机会，为读者提供更加多元化和个性化的服务体验。这种服务创新和拓展有助于提升图书馆的竞争力和影响力。

例如，图书馆可以利用大数据分析技术开发新的阅读推广活动，如根据读者的阅读偏好和借阅历史为其推荐相应的主题书单、举办线上线下的读书交流会等。这些活动不仅可以激发读者的阅读兴趣，还可以促进读者之间的交流和互动。此外，图书馆还可以利用数据挖掘技术为读者提供定制化的信息服务，如根据读者的研究领域和兴趣爱好为其推送相关的学术动态、行业资讯等。这种个性化的信息服务有助于满足读者的深层次需求，提升图书馆的学术地位和服务水平。

（五）数据安全与隐私保护

在大数据分析与挖掘过程中，数据安全和隐私保护是不可忽视的问题。图书馆作为信息资源的集散地，承载着大量读者的个人信息和借阅记录等敏感数据。因此，在利用大数据技术进行数据分析和挖掘时，图书馆必须建立完善的数据安全管理制度和技术防护措施，确保读者信息的安全性和隐私性。

首先，图书馆需要制定严格的数据安全管理制度，规范数据的采集、存储、处理和共享等环节。对于敏感数据，图书馆应采取加密存储、访问控制等措施进行保护，防止数据泄露和非法访问。其次，图书馆还需要加强技术防护措施的建设，如部署防火墙、入侵检测系统等网络安全设备，定期对系统进行安全漏洞扫描和修复等。同时，图书馆还应定期对数据进行备份和恢复演练，确保在发生意外情况时能够及时恢复数据并保障业务的连续性。

此外，在利用大数据技术进行数据分析和挖掘时，图书馆还需要遵守相关法律法规和伦理规范。例如，在收集和使用读者信息时，图书馆应明确告知读者相关信息的使用目的和范围，并征得其同意。同时，图书馆还应遵循最小化原则，即只收集和分析实现服务所需的最小信息量，避免过度收集和处理读者信息。在数据分析过程中，图书馆还应采取匿名化、去标识化等措施对读者信息进行脱敏处理，确保读者隐私不被泄露。

三、人工智能与机器学习在智慧图书馆中的角色

（一）自动化与智能化服务

人工智能和机器学习技术已经成为推动智慧图书馆发展的重要动力。它们通过模拟人类的智能行为和学习能力，使得图书馆的服务更加自动化和智能化，从而极大地提升了图书馆的服务效率和质量。

首先，智能问答系统的引入，使得读者可以随时随地获取图书馆的咨询服务。无论是关于图书馆的开放时间、借阅流程，还是关于某本书的详细信息，读者都可以通过智能问答系统得到及时、准确的答复。这不仅节省了读者的时间，也减轻了图书馆员的工

作负担。

其次，智能推荐系统则可以根据读者的阅读历史和偏好，为他们推荐合适的图书。这种个性化的推荐方式，不仅提高了图书的借阅率，也让读者感受到了更加贴心的服务。

此外，自动化分类系统也是人工智能和机器学习技术在图书馆中的一个重要应用。传统的图书分类和编目工作需要耗费大量的人力和时间，而且容易出错。而自动化分类系统可以通过学习和识别图书的特征，快速准确地完成图书的分类和编目工作，大大提高了工作效率。

总的来说，这些智能化服务不仅提升了图书馆的服务水平，也为读者带来了更加便捷和舒适的阅读体验。它们让图书馆不再是一个简单的藏书楼，而是一个充满智慧和活力的知识殿堂。

（二）知识发现与信息服务

在知识发现和信息服务方面，人工智能和机器学习技术也展现出了强大的潜力。通过对海量数据的深度学习和挖掘，图书馆可以发现新的知识关联和趋势预测，为读者提供更加深入和全面的信息服务。

例如，图书馆可以利用人工智能技术开发学术搜索引擎。这种搜索引擎不仅可以快速地找到相关的学术文献，还可以根据文献的内容和质量进行排序和推荐。这对于科研人员来说，无疑是一个巨大的福音。他们可以更加便捷地获取到所需的学术资源，从而加快科研的进度。

此外，科研知识图谱也是人工智能技术在图书馆中的一个重要应用。通过构建知识图谱，图书馆可以将分散在各个文献中的知识点连接起来，形成一个完整的知识体系。这对于科研人员来说，不仅可以帮助他们更好地理解和掌握某个领域的知识结构和发展动态，还可以为他们提供新的研究思路和方法。

总的来说，人工智能和机器学习技术在知识发现和信息服务方面的应用，使得图书馆的信息服务能力得到了极大的提升。它们不仅可以帮助读者更加便捷地获取到所需的信息资源，还可以为读者提供更加深入和全面的信息服务支持。

（三）读者教育与培训

除了自动化与智能化服务以及知识发现与信息服务外，人工智能和机器学习技术还可以应用于读者的教育和培训工作。图书馆作为知识传播和学习的重要场所，一直致力于提高读者的信息素养和科研能力。人工智能和机器学习技术的引入，为这一目标的实现提供了新的可能。

首先，图书馆可以利用这些技术开发在线课程和虚拟实验室等教育资源。这些资源不仅可以覆盖更广泛的学习内容和学习对象，还可以提供更加灵活和便捷的学习方式。读者可以根据自己的时间和兴趣进行学习安排，随时随地进行在线学习和实验操作。这不仅提高了读者的学习效率和学习效果，也让学习变得更加有趣和生动。

其次，图书馆还可以利用人工智能技术开展读者行为分析和学习评估工作。通过对读者的阅读行为、学习习惯和学习成绩等数据进行收集和分析，图书馆可以更加准确地了解读者的学习需求和学习状况，从而为读者提供更加个性化和针对性的学习建议和指导。这种个性化的教育方式不仅可以提高读者的学习兴趣和学习动力，还可以帮助他们更加有效地解决学习中遇到的问题和困难。

总的来说，人工智能和机器学习技术在读者教育与培训方面的应用为图书馆的教育职能注入了新的活力。它们不仅丰富了图书馆的教育资源和学习方式，还为读者提供了更加个性化和高效的学习支持。

（四）智能管理与运维

智能管理与运维是智慧图书馆建设中不可或缺的一环，人工智能和机器学习技术在这方面也发挥着重要作用。通过引入这些技术，图书馆可以实现自动化巡检、故障预测与诊断等功能，极大地提高了图书馆的运维效率和管理水平。

具体来说，图书馆可以利用人工智能技术构建自动化巡检系统。这种系统可以定期对图书馆的设施设备进行自动检查和维护，及时发现和处理潜在的安全隐患和故障问题。这不仅可以节省大量的人力和时间成本，还可以确保图书馆设施设备的正常运行和使用安全。

此外，故障预测与诊断技术也是人工智能在图书馆运维中的一个重要应用。通过对图书馆设施设备的运行数据进行实时监测和分析，这种技术可以预测设备可能出现的故障类型和故障时间，并提前进行维护和维修工作。这不仅可以避免设备故障对图书馆服务的影响，还可以延长设备的使用寿命和降低维修成本。

除了以上两个方面外，人工智能和机器学习技术还可以帮助图书馆进行资源优化和节能减排工作。通过对图书馆的能源使用情况进行监测和分析，这种技术可以找出能源浪费的环节和原因，并提出相应的优化建议和措施。这不仅可以降低图书馆的运营成本和环境压力，还可以提高图书馆的绿色发展和可持续发展能力。

综上所述，人工智能和机器学习技术在智慧图书馆的智能管理与运维方面发挥着重要作用。它们不仅提高了图书馆的运维效率和管理水平，还为图书馆的未来发展提供了可扩展性和灵活性。随着技术的不断进步和应用场景的不断拓展，我们相信这些技术将在智慧图书馆建设中发挥更加重要的作用。

四、云计算与云服务对智慧图书馆的支撑

（一）资源存储与共享

云计算技术以其强大的存储和计算能力，为智慧图书馆提供了海量的资源存储和共享能力。传统的图书馆藏书有限，且受到物理空间的限制，而云计算技术则打破了这一限制，使得图书馆的资源可以无限扩展。通过将馆藏资源数字化并存储在云端，图书馆不仅可以节省大量的物理空间，还可以实现资源的长期保存和高效利用。

同时，云计算技术还支持多用户同时访问和共享资源。这意味着读者可以在任何时间、任何地点通过网络访问图书馆的资源，无需受到地理位置的限制。这种资源共享方式不仅提高了资源的利用率和效益，还满足了读者随时随地获取信息的需求。

此外，云计算技术还可以实现图书馆之间的资源共享和合作。不同地区的图书馆可以通过云计算平台将各自的资源整合在一起，形成一个庞大的资源共享池。这样，读者不仅可以访问到所在图书馆的资源，还可以访问到其他图书馆的资源，从而满足更加广泛的信息需求。

（二）服务创新与拓展

云服务为智慧图书馆的服务创新和拓展提供了强大的支持。传统的图书馆服务模式较为单一，主要以借阅和阅读为主。而云服务提供商的丰富资源和先进技术则为图书馆开发新的服务模式和应用场景提供了可能。

例如，图书馆可以利用云服务开发移动阅读应用。这种应用可以将图书馆的电子资源集成到一个平台上，并提供在线阅读、下载、分享等功能。读者可以通过手机、平板电脑等设备随时随地访问这些资源，享受便捷的阅读体验。这种移动阅读应用不仅提高了资源的利用率和读者的阅读体验，还增强了图书馆与读者之间的互动和联系。

此外，图书馆还可以利用云服务开发在线学习平台。这种平台可以为读者提供各种在线课程和学习资源，支持在线学习、考试、交流等功能。读者可以根据自己的兴趣和需求进行学习安排，随时随地进行在线学习。这种在线学习平台不仅丰富了图书馆的教育资源和学习方式，还为读者提供了更加便捷和灵活的学习支持。

总的来说，云服务的应用使得智慧图书馆的服务模式更具多元化和创新化。图书馆可以根据读者的需求和时代的发展不断推出新的服务模式和应用场景，提高服务质量和竞争力。

（三）数据安全与隐私保护

在云计算和云服务的应用过程中，数据安全和隐私保护是核心问题。图书馆作为信

息资源的集散地，存储着大量的读者信息和馆藏资源。这些信息的泄露或被非法利用将对读者的隐私和图书馆的正常运营造成严重影响。

因此，图书馆需要选择可靠的云服务提供商，并建立完善的数据安全管理制度和技术防护措施。首先，图书馆应该对云服务提供商进行严格的资质审查和安全性评估，确保其具备提供安全、稳定的服务能力。其次，图书馆应该与云服务提供商签订详细的保密协议和数据处理协议，明确双方的责任和义务。同时，图书馆还需要建立完善的数据备份和恢复机制，确保在发生意外情况时能够及时恢复数据并保障业务的连续性。

此外，在技术层面，图书馆也需要采取一系列措施来保障数据的安全性和隐私性。例如，图书馆可以采用加密技术对数据进行传输和存储；可以使用身份认证和访问控制机制来限制非法访问和操作；可以利用安全审计和监控技术对系统的安全状况进行实时监测和评估。

（四）成本节约与效率提升

云计算和云服务的应用还可以帮助图书馆实现成本节约和效率提升。首先，在硬件投入方面，传统的图书馆需要购买大量的服务器、存储设备等硬件资源来支持业务的运营，而云计算技术则可以实现硬件资源的虚拟化和共享化，使得图书馆可以减少硬件设备的投入和维护成本。图书馆只需按需租用云服务提供商的硬件资源即可满足业务需求，无需承担高昂的硬件购置和维护费用。

其次，在软件开发和维护方面，传统的图书馆需要投入大量的人力和时间进行软件系统的开发和维护工作，而云服务提供商则可以为图书馆提供成熟的软件系统和持续的技术支持服务。这意味着图书馆可以节省大量的软件开发和维护成本，将更多的精力投入到核心业务和服务创新上。

最后，在服务效率方面，云计算和云服务的应用可以实现服务的快速部署和灵活调整。当图书馆需要推出新的服务或应用时，只需在云端进行相应的配置和部署即可快速上线。同时，云服务提供商还可以根据图书馆的需求弹性扩展或缩减资源规模，确保服务的高效稳定运行。

（五）跨馆合作与资源共享

云计算和云服务还支持跨馆合作和资源共享的实现。在传统的图书馆合作中，由于地域、技术和管理等方面的限制，不同地区的图书馆之间很难实现真正的资源共享和合作，而云计算平台则打破了这些限制，使得不同地区的图书馆可以通过统一的平台实现资源的共享和交换。

通过云计算平台，各个图书馆可以将各自的资源整合在一起形成一个庞大的资源共享池。这样读者就可以通过统一的检索界面访问到各个图书馆的资源而无需逐个访问各个图书馆的网站或数据库。这不仅提高了读者的检索效率和使用体验还促进了各个图书馆之间的合作与交流。

此外，图书馆还可以利用云服务提供商的全球化网络实现国际间的合作与交流。通过与国际知名的图书馆或信息服务机构建立合作关系，图书馆可以引进更多的优质资源和服务模式，提高自身的服务水平和国际影响力。同时，这种国际间的合作与交流也可以促进学术文化的传播与发展，推动人类文明的进步与繁荣。

五、移动技术与智慧图书馆的深度融合

（一）移动阅读服务

移动技术的迅猛发展，为智慧图书馆带来了前所未有的变革，其中最为显著的便是因此产生的移动阅读服务的兴起。过去，读者若想借阅图书，往往需要亲自前往图书馆，受限于开放时间和地理位置，然而，随着智能手机的普及和移动互联网的覆盖，这一切已成为历史。

智慧图书馆通过开发专门的移动阅读应用或优化移动端网页，使得读者能够随时随地通过手机、平板电脑等便携设备访问馆藏资源。无论是在家中、办公室，还是在外出旅行途中，读者都能轻松享受到阅读的乐趣。这种移动阅读服务不仅极大地满足了现代人碎片化、即时性的阅读需求，更促进了图书馆馆藏资源的有效流通和利用。

移动阅读服务的实现，离不开图书馆对数字化资源的持续投入和整合。图书馆将纸质图书进行数字化扫描，建立起庞大的电子图书库，并通过移动应用或网页平台向读者提供在线阅读和下载服务。同时，为了满足不同读者的阅读偏好，图书馆还提供了多种阅读格式，如 PDF、EPUB、MOBI 等格式版本，确保读者能够在不同设备上获得舒适的阅读体验。

此外，移动阅读服务还注重与读者的互动和交流。通过移动应用内的评论、点赞、分享等功能，读者可以与其他读者或图书馆员进行实时交流，分享阅读心得和感悟。这种互动不仅增强了读者的阅读参与感和归属感，也为图书馆提供了宝贵的读者反馈和建议，有助于图书馆不断优化服务质量和提升读者满意度。

（二）个性化推荐与定制服务

在智慧图书馆中，移动技术不仅实现了阅读的便捷性，更进一步提升了服务的个性化程度。通过对读者阅读行为和偏好的深入分析，图书馆能够向每位读者提供精准的个性化推荐和定制服务。

图书馆利用数据挖掘和机器学习等技术手段，对读者的借阅记录、阅读时长、搜索历史等数据进行全面分析。这些数据能够揭示读者的阅读兴趣、阅读习惯以及潜在的阅读需求。基于这些分析结果，图书馆可以向读者推送个性化的图书推荐清单、定制化的阅读计划以及符合个人喜好的阅读活动信息。

个性化推荐服务的实现，使得读者在浩瀚的书海中能够更容易地找到符合自己兴趣的图书。图书馆根据读者的阅读偏好，将不同类型的图书进行智能分类和推荐，大大提高了读者的选书效率和阅读体验。同时，定制化的阅读计划则帮助读者更加有计划、有目的地进行阅读，培养良好的阅读习惯和提高阅读效果。

此外，个性化推荐与定制服务还促进了图书馆与读者之间的互动和交流。图书馆通过定期向读者发送推荐邮件、推送阅读提醒等方式，与读者保持密切联系。读者也可以通过移动应用或网页平台向图书馆反馈自己的阅读需求和意见，为图书馆的个性化服务提供有力支持。这种互动式的服务模式不仅增强了读者的忠诚度和黏性，也为图书馆提供了持续改进和优化服务的动力。

（三）移动支付与自助服务

移动技术为智慧图书馆的支付和自助服务带来了革命性的变革。在传统的图书馆借阅流程中，读者需要亲自前往图书馆服务台进行借阅、归还和费用支付等操作。然而，随着移动支付和自助服务技术的引入，这些烦琐的流程得到了极大的简化。

首先，移动支付技术的应用使得图书馆借阅费、罚款等费用的支付变得更加便捷和高效。读者可以通过手机银行、支付宝、微信支付等移动支付工具，在线完成相关费用的支付。这种支付方式不仅避免了现金交易的烦琐和不便，还大大提高了支付的安全性和准确性。同时，移动支付也为图书馆提供了更加灵活多样的收费模式选择，如定期扣费、预付费等，进一步提升了服务效率和读者满意度。

其次，自助服务技术的应用则使得图书馆的借阅、归还等操作流程实现了自动化和智能化。通过开发自助服务应用或部署自助服务终端，读者可以独立完成图书的查询、借阅、归还等操作。这些自助服务设施不仅减少了图书馆员的工作量，提高了服务效率，还为读者提供了更加便捷、自主的服务体验。同时，自助服务技术还能够对读者的操作进行实时监控和记录，为图书馆的管理和统计工作提供有力支持。

（四）位置服务与导航

在智慧图书馆中，位置服务技术为室内定位和导航提供了强大的支持。在传统的图书馆中，读者往往需要在书架间穿梭寻找目标图书，耗费大量时间和精力。然而，随着位置服务技术的引入，这一切变得轻而易举。

图书馆通过安装室内定位系统或利用智能手机的定位功能，可以实现对图书和读者的精确定位。读者只需在手机上打开图书馆的移动应用或导航软件，输入目标图书的标题或作者等信息，系统便能迅速为其规划出最佳的寻书路径。同时，室内导航系统还能实时显示读者的当前位置和行进方向，确保其能够准确无误地找到目标图书所在的书架和位置。

位置服务与导航功能的实现，不仅大大提高了读者的寻书效率和阅读体验，还为图书馆的空间布局和图书管理提供了有力支持。图书馆可以根据读者的寻书路径和热点区域数据，对书架布局和图书摆放进行优化调整，进一步提高空间利用率和读者满意度。同时，位置服务技术还能够用于图书馆的资产管理、安全监控等方面，为图书馆的智能化管理提供全面保障。

第三节　智慧图书馆服务模式的创新与实践

一、个性化与定制化服务模式

（一）用户需求分析与画像构建

在智慧图书馆的背景下，用户需求分析与画像构建是实现个性化与定制化服务的基础。图书馆通过收集用户的借阅记录、检索历史以及在线行为数据，可以深入剖析用户的阅读偏好、研究领域和信息需求。这些数据不仅反映了用户的学术兴趣和阅读习惯，还为图书馆提供了宝贵的用户行为信息。

通过对这些数据的挖掘和分析，智慧图书馆能够为用户构建精准的个人画像。这些画像不仅包括用户的年龄、性别、职业等基本信息，还涵盖了用户的阅读兴趣、学术背景、研究方向等深层次信息。有了这些画像，图书馆就能更准确地理解用户的需求和期望，为后续的个性化服务提供有力的数据支持。

同时，用户画像的构建还有助于图书馆发现用户的共性和差异。通过对用户画像的聚类和分析，图书馆可以识别出不同用户群体的需求和偏好，为定制化服务策略的制订提供重要依据。

（二）个性化推荐系统的应用

基于用户画像和大数据分析技术，智慧图书馆可以建立功能强大的个性化推荐系统。这个系统能够根据用户的个人特征和实时需求，智能地推荐相关的图书、期刊、数据库等资源。与传统的图书馆检索系统相比，个性化推荐系统更加智能和精准，能够大大提高资源的发现率和利用率。

个性化推荐系统的实现离不开先进的大数据技术和机器学习算法。通过对海量数据的挖掘和分析，推荐系统能够发现用户兴趣和行为模式中的规律和趋势。同时，结合用户的实时需求和反馈，推荐系统能够不断调整和优化推荐策略，确保推荐结果的准确性和时效性。

此外，个性化推荐系统还能为用户提供个性化的阅读体验和学术支持。用户可以根据自己的需求和兴趣，定制个性化的信息资源获取方案，提高学术研究和知识获取的效率。

（三）定制化服务策略的实施

除了个性化推荐外，智慧图书馆还可以提供定制化的服务策略，满足用户更加具体和深入的信息需求。定制化服务策略的实施需要根据用户的研究方向、项目需求或特定场景进行定制化的信息资源组织和服务提供。

例如，对于某个特定研究领域或项目的用户，图书馆可以定制专属的信息资源包。这个资源包可以包括该领域的经典图书、最新研究成果、相关数据集等，为用户提供一站式的学术支持。此外，图书馆还可以根据用户的需求，提供定制化的信息检索、参考咨询等服务。这些服务可以针对用户的具体问题或需求，提供精准、深入的解答和建议。

定制化服务策略的实施需要图书馆具备强大的信息资源和专业能力。图书馆需要与各类学术机构、出版商等建立紧密的合作关系，确保能够及时获取最新、最全面的学术资源。同时，图书馆还需要拥有一支高素质的专业团队，团队需具备深厚的学科背景和丰富的实践经验，能够为用户提供高质量的服务。

（四）用户参与度的提升与激励机制

为了鼓励用户更积极地参与智慧图书馆的服务，图书馆需要建立相应的激励机制。这些机制可以通过积分、徽章、优惠券等方式奖励用户的积极参与和贡献。例如，用户可以通过参与图书馆的调研活动、分享阅读心得、评价图书资源等行为获得积分或徽章，进而享受更多的优惠和服务。

这种激励机制不仅能够提高用户的归属感和忠诚度，还能促进用户与图书馆之间的互动和交流。用户可以通过参与各种活动了解图书馆的最新动态和服务更新，同时也可以将自己的需求和建议反馈给图书馆，推动服务的不断完善和优化。

此外，图书馆还可以通过定期举办用户调研、意见征集等活动，收集用户对服务的意见和建议。这些反馈不仅能够帮助图书馆及时发现服务中存在的问题和不足，还能为图书馆改进服务策略提供宝贵的参考依据。

（五）隐私保护与数据安全

在提供个性化与定制化服务的过程中，智慧图书馆必须高度重视用户的隐私保护和数据安全。用户的个人信息和借阅记录等敏感数据必须得到严格的保护和管理，防止被非法获取和滥用。

图书馆应采取一系列严格的数据加密、访问控制等安全措施，确保用户信息的安全存储和传输。同时，图书馆还应建立完善的数据管理制度和操作流程，规范数据的收集、处理和使用过程。所有工作人员都应接受相关的数据安全和隐私保护培训，提高数据安全意识和操作技能。

此外，图书馆还应遵循相关法律法规和政策要求，尊重用户的知情同意权和数据主体权利。图书馆在收集和使用用户数据前，必须征得用户的明确同意，并告知用户数据的处理目的、方式和范围等信息。用户有权随时查询、更正或删除自己的个人信息，确保自己的数据权益得到充分保障。

二、智能化借阅与归还流程

（一）自助借阅与归还系统的应用

智慧图书馆通过部署自助借阅与归还系统，实现了图书的自助借还、查询、续借等功能，大大提高了借阅与归还的效率。这些系统通常采用 RFID 技术，能够自动识别图书的信息和用户的身份，无需人工干预即可完成借阅和归还操作。

自助借阅与归还系统的应用不仅节省了用户的时间成本，还提高了图书馆的运营效率。用户可以随时通过自助系统完成图书的借阅和归还操作，无需等待工作人员的协助。同时，自助系统还能 24 小时不间断服务，满足用户随时随地的借阅需求。

此外，自助借阅与归还系统还具备高度的可扩展性和灵活性。图书馆可以根据实际需要增加或减少自助设备的数量，灵活调整服务布局。同时，系统还可以与其他图书馆管理系统进行无缝对接，实现资源的共享和互通。

（二）智能书架与图书定位技术

为了方便用户快速找到所需的图书，智慧图书馆引入了智能书架和图书定位技术。智能书架采用先进的物联网技术，能够实时监测书架上图书的状态和位置信息。通过与图书馆管理系统的连接，智能书架可以实时更新图书的在馆状态、借阅情况等数据，确保信息的准确性和时效性。

图书定位技术则可以通过室内定位系统或移动应用等方式，帮助用户准确找到目标图书的位置。用户可以通过手机等移动设备查询目标图书的详细信息，包括题名、作者、出版社、在馆位置等信息，并获取到达目标书架的最佳路径规划。这些技术的应用不仅提高了用户的找书效率，还降低了图书错架、乱架等问题的发生率。

智能书架与图书定位技术的结合使得图书馆的资源管理更具智能化和精细化。图书馆可以通过对借阅数据的分析和挖掘，发现用户的借阅规律和偏好，进而优化图书资源的布局和配置。同时，这些技术还能帮助图书馆及时发现图书的丢失、损坏等问题，提高图书资源的保护和管理水平。

（三）无人值守与远程监控

借助智能化技术，智慧图书馆可以实现无人值守和远程监控，进一步降低图书馆的人力成本、提高服务效率。通过部署监控摄像头、传感器等设备，图书馆可以实时监控馆内的环境和设备状态，包括温度、湿度、照明、消防等各个方面。一旦发生异常情况，系统可以立即发出警报并通知相关人员进行处理。

同时，无人值守的模式还可以实现 24 小时不间断的服务。用户可以在任何时间通过自助设备或移动应用完成借阅、归还等操作，无需等待工作人员的协助。这种模式不仅提高了图书馆的运营效率，还为用户提供了更加便捷和灵活的服务体验。

此外，远程监控技术还可以帮助图书馆实现对多个分馆或校区的统一管理和监控。图书馆可以在中心位置设置监控中心，通过远程监控系统对各个分馆或校区的环境和设备状态进行实时监控和管理。这种模式不仅提高了管理效率，还降低了运营成本。

（四）智能分析与优化借阅流程

智慧图书馆可以利用大数据和人工智能技术，对借阅流程进行智能分析和优化。通过对借阅数据的挖掘和分析，图书馆可以发现借阅流程中的瓶颈和问题，如借书期限设置不合理、热门图书复本量不足等。这些问题可能导致用户等待时间过长、借不到所需图书等不良体验。

针对这些问题，图书馆可以采取针对性的优化措施。例如，调整借书期限、增加热门图书的复本量、优化图书布局等。这些措施旨在提高借阅流程的顺畅度和用户满意度。通过不断地优化和调整，图书馆可以为用户提供更加高效、便捷的服务体验。

同时，智能分析还可以帮助图书馆预测未来的借阅需求和趋势。通过对历史数据的分析和建模，图书馆可以预测某一时期或某一类图书的借阅量变化趋势，进而提前做好资源准备和服务调整。这种预测能力使得图书馆的服务更具前瞻性和主动性，能够更好地满足用户的需求和期望。

三、空间布局与读者体验的革新

（一）人性化与多功能空间设计

在智慧图书馆的建设中，空间布局的优化与革新是提升读者体验的关键环节。传统图书馆的空间布局往往以藏书为中心，而智慧图书馆则更加注重人性化与多功能性的设计理念。这意味着图书馆的空间不仅要满足读者的阅读需求，还要兼顾学习、交流、休闲等多种功能。

为了实现这一目标，智慧图书馆可以设置多种类型的阅读区，如静音阅读区、小组讨论区、多媒体阅读区等。这些阅读区根据读者的不同需求进行划分，既保证了阅读的安静环境，又为需要讨论和交流的读者提供了便利。此外，图书馆还可以设置休息区，提供舒适的座椅、茶饮等设施，让读者在紧张的学习之余得到放松和休息。

除了阅读区和休息区，智慧图书馆还可以考虑设置多功能活动室。这些活动室可以用于举办讲座、研讨会、展览等活动，丰富读者的文化生活。同时，活动室也可以作为学习空间，供读者进行自主学习、研究或团队合作。

在空间布局上，智慧图书馆还应注重色彩的搭配和家具的选择。柔和的色彩和舒适的家具可以让读者感受到温馨和舒适，从而更加愿意在图书馆停留和学习。此外，图书馆还可以通过智能灯光系统和温控系统，根据天气和时间自动调节光线和温度，为读者营造更加宜人的阅读环境。

（二）智能导航与虚拟导览系统

对于初次来到图书馆的读者来说，快速熟悉图书馆的空间布局和资源分布是一项挑战。为了解决这一问题，智慧图书馆可以提供智能导航和虚拟导览系统。这些系统利用现代科技手段，为读者提供实时、准确的导航和导览服务。

智能导航系统可以通过移动应用或馆内导航设备，为读者提供从入口到目标区域的最佳路径规划。读者只需输入目标区域的名称或编号，系统即可快速生成导航路线，并实时更新位置信息，确保读者顺利到达目的地。这种智能化的导航方式不仅提高了读者的寻路效率，还为图书馆的空间布局增添了科技感和现代感。

虚拟导览系统则利用 AR/VR 技术，为读者提供更加直观和生动的导览体验。通过佩戴 AR 眼镜或使用 VR 设备，读者可以在虚拟环境中游览图书馆的各个区域，了解资源分布和特色服务。这种沉浸式的导览方式不仅让读者更加深入地了解图书馆的空间布局和功能分区，还激发了读者对知识和学习的热情。

（三）智能化设备与服务的应用

为了提高服务效率和质量，智慧图书馆可以引入各种智能化设备和服务。这些设备和服务不仅能够减轻图书馆员的工作负担,还能为读者提供更加便捷和高效的服务体验。

例如,智能机器人可以在图书馆内巡逻,为读者提供咨询、导航等服务。它们通过自然语言处理技术和人脸识别技术,与读者进行交互和沟通,解答读者的疑问和问题。这种智能化的服务方式不仅提高了服务效率,还为读者带来了新颖和有趣的体验。

智能打印机则可以为读者提供自助打印服务。读者只需通过手机或电脑发送打印任务,智能打印机即可自动完成打印并通知读者取件。这种智能化的打印方式不仅方便了读者,还避免了传统打印店排队等待的烦恼。

智能存包柜则为读者提供了安全、便捷的存包服务。读者可以通过指纹识别、人脸识别或手机扫码等方式打开存包柜,存放个人物品。这种智能化的存包方式不仅保障了读者的财物安全,还为读者提供了更加便捷的服务体验。

（四）读者参与与共创空间

为了激发读者的创造力和参与度,智慧图书馆可以设立共创空间或创客空间。这些空间为读者提供了一个开放、创新的环境,鼓励他们进行自主学习、创新和合作。

共创空间可以配备各种创新工具和设备,如 3D 打印机、激光切割机、电子元器件等,供读者进行创意设计和制作。同时,图书馆还可以提供相关的课程和培训,帮助读者掌握创新技能和方法。这种创新实践的方式不仅提高了读者的动手能力和创新能力,还促进了读者之间的交流和合作。

除了共创空间,智慧图书馆还可以定期举办创意大赛、研讨会等活动。这些活动可以围绕特定的主题或领域展开,鼓励读者积极参与并提交作品。通过评选和展示优秀作品,图书馆可以激发更多读者的创造力和参与度,推动图书馆成为知识和创新的中心。

四、知识管理与学术支持服务

（一）知识资源的整合与共享

在知识爆炸的时代背景下,如何有效地整合和共享知识资源是智慧图书馆面临的重要挑战。为了实现知识资源的高效利用和传播,智慧图书馆需要建立一个统一的知识管理平台。

这个平台可以对图书馆内的各类知识资源进行收集、整理、加工和存储,包括图书、期刊、论文、专利等。通过统一的标准和格式,平台可以实现知识资源的集中存储和高效检索。同时,平台还可以提供多种访问方式,如网页访问、移动应用访问等,方便用户随时随地获取所需的知识资源。

除了馆内资源，智慧图书馆还可以与其他机构合作，共同构建知识共享网络。通过与高校、科研机构、公共图书馆等合作，图书馆可以获取更多的外部资源，并为用户提供更加全面的知识服务。这种跨机构的合作不仅可以扩大资源范围，还可以促进资源的共享和利用效率。

（二）学术搜索与发现服务

为了帮助用户快速找到所需的学术资源，智慧图书馆需要提供学术搜索与发现服务。这些服务可以通过统一的检索平台或学术搜索引擎等方式实现。用户只需输入关键词或主题词，系统即可快速检索并返回相关的学术资源列表。同时，系统还可以根据用户的搜索历史和偏好进行智能推荐，帮助用户发现更多相关的学术资源。

除了基本的检索功能外，学术搜索与发现服务还可以利用数据挖掘和关联分析等技术对学术资源进行深度挖掘和分析。通过对大量学术数据的挖掘和分析，系统可以发现隐藏在数据中的规律和趋势，为用户提供更加精准的学术推荐和发现服务。这种基于大数据的学术搜索与发现服务不仅提高了用户的检索效率，还为用户带来了更加丰富的学术发现体验。

（三）参考咨询与专家服务

参考咨询与专家服务是智慧图书馆为用户提供专业指导和建议的重要途径。通过设立参考咨询台、在线问答系统等方式，图书馆可以为用户提供实时的咨询和帮助。无论是关于图书馆资源的问题还是学术研究的困惑，用户都可以通过这些渠道获得及时的解答和指导。

除了基本的参考咨询服务外，智慧图书馆还可以邀请各领域的专家或学者为用户提供专业的指导和建议。这些专家或学者可以通过线上或线下的方式为用户提供咨询服务、举办讲座或研讨会等活动。通过与专家的交流和互动，用户可以深入了解学科前沿动态、掌握研究方法论等方面的知识，提升自己的学术素养和研究能力。

（四）学术交流与合作平台的搭建

为了促进学术交流和合作，智慧图书馆可以搭建学术交流与合作平台。这些平台可以为学者提供发布研究成果、分享学术观点、寻找合作伙伴等服务，推动学术研究的创新和发展。

通过平台的互动和交流功能，学者可以及时了解最新的学术动态和趋势，与同行进行深入的讨论和合作。同时，平台还可以提供项目合作、团队建设等服务，帮助学者组建跨学科、跨领域的研究团队，共同攻克科学难题。这种基于平台的学术交流与合作方式不仅打破了地域和时间的限制，还为学者提供了更加广阔的学术视野和合作机会。

第七章　图书馆情报分析

第一节　图书馆情报分析的定义与重要性

一、图书馆情报分析的定义

（一）情报分析的基本概念

情报分析，从字面意义上看，即是对所获取的情报进行深入研究、细致解读和精准判断的过程。在这个过程中，分析者需要运用各种分析方法和工具，对情报内容进行深入挖掘，以揭示其内在的含义、关联和趋势。在图书馆领域，情报分析具有特定的含义和应用场景。它特指图书馆员对图书馆所收藏的各类文献资源、读者使用数据以及服务效果等信息进行系统性、科学性的分析。这种分析旨在揭示这些信息背后所隐藏的规律、趋势和问题，进而为图书馆的决策、管理和服务提供有力支持。

图书馆情报分析的对象十分广泛，包括但不限于图书馆的藏书结构、借阅记录、读者群体特征、读者行为模式、电子资源使用情况等。通过对这些数据的深入分析，图书馆员可以更好地了解读者的需求、偏好和行为习惯，以及图书馆资源的使用情况和服务效果。这种了解不仅有助于图书馆优化资源配置、提升服务质量，还有助于图书馆应对日益复杂多变的挑战，实现可持续发展。

（二）图书馆情报分析的特点

图书馆情报分析具有鲜明的特点，这些特点使得它在图书馆工作中发挥着不可替代的作用。首先，图书馆情报分析强调对多元数据的整合与分析。在现代图书馆中，数据来源多种多样，包括纸质图书的借阅记录、电子资源的访问日志、读者的调查问卷等。这些数据既有结构化的，也有非结构化的；既有定量的，也有定性的。图书馆情报分析需要对这些多元数据进行有效整合和深入挖掘，以发现它们之间的内在联系和潜在价值。

其次，图书馆情报分析注重运用先进的信息技术和方法。随着信息技术的快速发展，数据挖掘、文本分析、机器学习等先进技术在图书馆情报分析中被广泛应用。这些技术可以帮助图书馆员更加高效、准确地处理和分析大量数据，揭示出隐藏在数据背后的规律和趋势。例如，通过数据挖掘技术，图书馆可以发现读者借阅图书之间的关联规则，进而为读者提供更加精准的图书推荐服务。

最后，图书馆情报分析以解决实际问题为导向。图书馆工作的最终目的是为读者提供高质量的服务和满足他们的多样化需求。因此，图书馆情报分析必须紧密围绕这些实际问题展开，旨在通过数据分析找到解决问题的有效方法和途径。这种以问题为导向的分析方法不仅可以提升图书馆的服务质量和效率，还可以推动图书馆在管理理念、服务模式等方面的创新与发展。

二、图书馆情报分析的重要性

（一）优化馆藏资源配置的重要性

图书馆作为知识和信息的集散地，其馆藏资源的配置直接影响着读者的阅读体验和图书馆的服务质量。然而，面对浩如烟海的文献资源和日益多样化的读者需求，如何优化馆藏资源配置成为图书馆面临的一大挑战。情报分析在这一过程中发挥着至关重要的作用。

通过情报分析，图书馆可以更加全面、准确地了解各类文献资源的利用情况，例如，了解哪些图书或期刊受到读者的热烈欢迎，借阅率居高不下；哪些资源则鲜有人问津，长期束之高阁。这些数据的获取和分析有助于图书馆及时调整馆藏策略，增加受欢迎资源的采购量，减少或淘汰不受欢迎的资源，从而确保馆藏的多样性、时效性和实用性。

此外，情报分析还可以帮助图书馆发现潜在的读者群体和市场需求。通过对读者行为数据的深入挖掘和分析，图书馆可以了解不同读者群体的阅读习惯、信息需求和使用偏好等信息。这些信息有助于图书馆为特定读者群体提供更加精准、个性化的服务，如建设特色馆藏、开展主题活动等。同时，对市场需求的敏锐洞察也可以为图书馆的未来发展提供有力支持。

（二）提升读者服务质量的重要性

在图书馆工作中，提升读者服务质量是永恒的追求。无论时代如何变迁，图书馆始终坚持以读者为中心的服务理念。情报分析在提升读者服务质量方面发挥着不可替代的作用。

通过对读者行为数据的分析，图书馆可以更加深入地了解读者的阅读习惯、信息需求和使用习惯等信息，例如，可以了解哪些图书或资源类型受到读者的青睐，哪些时间段是读者借阅的高峰期，哪些读者群体具有特殊的阅读需求等。这些信息的获取有助于图书馆提供更加精准、个性化的服务，例如，根据读者的阅读偏好为其推荐相关图书或定制阅读计划；在高峰期增加开放时间和借阅窗口以满足读者的需求；为特殊读者群体提供无障碍设施或定制服务等。这些举措不仅可以提高读者的满意度和忠诚度，还可以进一步提升图书馆的服务水平和社会影响力。

此外，情报分析还可以帮助图书馆及时发现并解决服务过程中存在的问题和障碍。通过对读者反馈数据的收集和分析，图书馆可以了解读者对服务的评价和建议，进而针对存在的问题进行改进和优化。这种以读者为中心的服务理念和持续改进的工作态度有助于图书馆在激烈的市场竞争中立于不败之地。

（三）支持科学决策与管理的重要性

图书馆作为一个复杂的组织系统，需要科学决策和有效管理来保障其正常运转和发展。然而，在传统的图书馆管理模式中，决策往往依赖于经验和直觉，缺乏科学性和准确性。情报分析为图书馆的决策和管理提供了有力支持，使得决策更加科学、管理更加高效。

通过对各类数据的深入分析，图书馆可以更加全面地了解自身的运营状况、发展趋势和潜在风险等信息。这些数据包括但不限于图书馆的借阅量、到馆人数、资源采购量、经费使用情况等。通过对这些数据的挖掘和分析，图书馆可以发现隐藏在数据背后的规律和趋势，进而为制定更加合理、可行的战略规划和发展目标提供有力依据。例如，根据借阅量的变化趋势预测未来一段时间内的读者需求变化；根据到馆人数的统计数据评估图书馆的空间布局和服务设施是否满足读者的需求等。这些分析结果为图书馆的决策和管理提供了科学依据和有力支持。

此外，情报分析还可以帮助图书馆提高管理效率和决策水平。通过对管理流程的梳理和优化，图书馆可以消除不必要的环节和浪费，提高管理效率；通过对历史决策数据的分析和评估，图书馆可以发现决策中的不足之处并进行改进，提高决策水平。这些举措有助于图书馆在激烈的市场竞争中保持领先地位并实现可持续发展。

（四）推动图书馆创新发展的重要性

在信息化、网络化时代背景下，图书馆面临着前所未有的挑战和机遇。一方面，新技术的不断涌现和应用为图书馆的创新发展提供了广阔的空间和可能；另一方面，读者需求的日益多样化和个性化也对图书馆的服务模式和管理理念提出了更高的要求。情报分析作为图书馆创新发展的重要手段之一，有助于图书馆把握行业发展趋势、了解新技术新应用以及探索新的服务模式等。

通过情报分析，图书馆可以及时了解并掌握国内外图书馆界的最新动态和趋势。例如，哪些新技术或新应用在图书馆界得到了广泛应用并取得了良好效果，哪些新的服务理念或管理模式为图书馆的创新发展提供了有益借鉴等。这些信息的获取有助于图书馆及时调整自身的发展战略和规划，确保与行业发展保持同步。

同时，情报分析还可以帮助图书馆及时发现并抓住创新机遇。通过对市场需求、读者行为等数据的深入挖掘和分析，图书馆可以发现潜在的创新点和突破口，例如，针对某一特定读者群体开发新的服务模式或产品，运用新技术对传统服务进行升级改造等。这些创新举措不仅可以提升图书馆的服务质量和效率，还可以为图书馆的未来发展注入新的活力和动力。

三、图书馆情报分析在信息服务中的角色

（一）信息筛选与过滤的深入探讨

在信息爆炸的时代背景下，我们每天都沉浸在浩如烟海的信息中，无论是社交媒体上的热点新闻，还是学术领域的研究成果，都呈现出爆炸式的增长。对于图书馆而言，如何从这些信息中筛选出有价值、符合读者需求的信息，成为一项重要而迫切的任务。情报分析，作为图书馆工作的关键环节，正是完成这一任务的重要工具。

情报分析在信息筛选与过滤方面发挥着不可替代的作用。通过对各类信息的搜集、整理和分析，图书馆员能够深入了解信息的来源、内容、质量和价值等方面，从而做出准确的判断。在这个过程中，情报分析的作用主要体现在以下几个方面。

首先，情报分析有助于去除冗余信息。在海量信息中，往往存在着大量的重复、相似或无关紧要的信息。这些信息不仅占据了宝贵的存储空间，还增加了读者获取信息的难度和时间成本。通过情报分析，图书馆可以对这些信息进行有效识别和过滤，保留下真正有价值的信息资源。

其次，情报分析有助于识别虚假和无效信息。在网络环境下，信息的真实性和有效性往往难以保证。一些虚假信息、误导性信息甚至恶意信息混杂其中，给读者带来了极大的困扰。通过情报分析，图书馆可以对这些信息进行深入甄别和判断，确保提供给读者的信息是真实、准确和可靠的。

最后，情报分析有助于筛选出高质量、有价值的信息资源。在信息筛选与过滤的过程中，图书馆不仅要关注信息的数量，更要注重信息的质量和价值。通过情报分析，图书馆可以对各类信息资源进行深入挖掘和评估，发现那些真正具有学术价值、研究意义或实际应用价值的信息资源，并将其推荐给读者。

为了实现有效的信息筛选与过滤，图书馆需要采取一系列措施和方法。首先，建立完善的信息采集机制，确保能够及时、全面地获取各类信息资源。其次，加强信息整理和分析工作，提高情报分析的准确性和效率。最后，加强与读者之间的沟通和互动，了

解他们的信息需求和偏好，为他们提供更加精准、个性化的信息服务。

（二）信息组织与整合的详细阐述

在信息爆炸的时代，图书馆作为信息资源的集散地，承担着对信息进行组织、整合和提供服务的重任。情报分析作为图书馆工作的重要环节，对于信息组织与整合发挥着至关重要的作用。

首先，情报分析强调对多元信息资源的组织与整合。在信息爆炸的背景下，信息资源的来源和类型越来越多样化，包括图书、期刊、报纸、数据库、网络资源等。这些信息资源往往分散在不同的平台和载体上，给读者获取和利用带来了极大的不便。通过情报分析，图书馆可以将这些分散、异构的信息资源进行有序化、系统化的组织和整合，形成统一的信息资源体系和服务平台。这样一来，读者就可以通过图书馆提供的统一入口，便捷地获取所需的信息资源，大大提高了信息获取的效率和质量。

其次，情报分析在信息组织与整合中注重揭示信息资源的内在关联和规律。不同的信息资源之间往往存在着各种关联和联系，如主题关联、时间关联、空间关联等。通过情报分析，图书馆可以深入挖掘这些关联和联系，将相关的信息资源进行聚合和重组，形成更加系统、完整的信息资源体系。这有助于读者更加全面、深入地了解某一主题或领域的信息资源，为他们的学习和研究提供有力的支持。

此外，情报分析还强调对信息资源的深度挖掘和开发利用。在信息组织与整合的过程中，图书馆不仅要关注信息资源的表面特征和内容描述，还要深入挖掘其内在含义、价值所在以及潜在问题等信息。通过情报分析，图书馆可以对信息资源进行深度加工和开发利用，如编制专题目录、撰写研究报告、开发特色数据库等，为读者提供更加深入、专业的信息服务。

最后，信息组织与整合还有助于图书馆构建特色鲜明、优势突出的信息资源库和服务品牌。通过情报分析，图书馆可以深入了解自身在信息资源方面的优势和特色所在，并据此进行有针对性的资源建设和服务创新。这不仅可以提升图书馆在信息资源领域的竞争力和影响力，还可以为读者提供更加优质、个性化的信息服务体验。

（三）信息解读与评价的重要作用

在信息爆炸的时代，图书馆作为信息资源的集散地和知识服务的提供者，面临着前所未有的挑战和机遇。如何从海量的信息中筛选出有价值、符合读者需求的信息，并对其进行深入的解读和评价，成为图书馆工作的重要任务之一。情报分析则在信息解读与评价方面发挥着不可替代的作用。

首先，情报分析有助于揭示信息资源的内在含义和价值所在。在信息海洋中，每一份信息资源都有其独特的背景、含义和价值。通过情报分析，图书馆可以对这些信息资源进行深入的研究和挖掘，揭示其内在的含义、价值所在以及与其他信息资源的关联和联系。这有助于读者更加全面、深入地了解所需信息的质量和可靠性，为他们的决策和行动提供有力的支持。

其次，情报分析在信息评价方面发挥着重要作用。评价信息资源的价值和质量是图书馆工作的重要环节之一。通过情报分析，图书馆可以对各类信息资源进行深入的评价和比较，发现其优点和不足，为读者提供更加准确、客观的信息评价结果。这有助于读者在海量信息中快速找到高质量、有价值的信息资源，提高他们的信息素养和决策能力。

此外，情报分析还有助于图书馆发现优质信息资源并对其进行宣传推广。在浩瀚的信息海洋中，存在着大量优质但鲜为人知的信息资源。通过情报分析，图书馆可以发现这些优质信息资源，并对其进行深入的解读和评价，挖掘其内在的价值和亮点。然后，图书馆可以利用各种渠道和平台进行宣传推广，提高这些优质信息资源的知名度和影响力。这不仅可以为读者带来更多高质量的信息选择，还可以促进信息资源的共享和利用。

最后，信息解读与评价还有助于图书馆提升服务质量和水平。通过对信息资源的深入解读和评价，图书馆可以更加准确地把握读者的信息需求和偏好，为他们提供更加精准、个性化的信息服务。同时，图书馆还可以根据信息评价的结果，及时调整和优化信息资源的采购、整理和展示方式，提升服务的质量和水平。这有助于增强图书馆的吸引力和竞争力，推动其在信息化社会中发挥更大的作用。

（四）信息服务创新与发展的推动作用

情报分析作为信息服务的重要组成部分，对于推动信息服务的创新与发展具有重要意义。在信息化社会快速发展的背景下，图书馆作为信息服务的重要提供者，需要不断适应新技术、新应用和新需求的变化，推动信息服务的创新与发展。情报分析则在这个过程中发挥着至关重要的作用。

首先，情报分析有助于图书馆发现新的服务机会和发展空间。通过对读者需求、市场趋势以及新技术、新应用等信息的深入分析和研究，图书馆可以敏锐地捕捉到新的服务机会和发展空间。例如，随着移动互联网的普及和发展，读者对于随时随地获取信息服务的需求日益强烈。图书馆可以利用情报分析的方法和技术，对移动信息服务市场进行深入调研和分析，发现潜在的读者需求和服务创新点，推动移动信息服务在图书馆的应用和发展。

其次，情报分析有助于图书馆推动信息服务在内容、形式和技术等方面的创新与发展。在传统的信息服务模式下，图书馆主要提供图书借阅、文献检索等基本服务。然而，随着读者需求的多样化和个性化发展，这些传统服务已经难以满足他们的需求。通过情报分析，图书馆可以深入了解读者的信息需求和偏好，发现他们在内容、形式和技术等方面的新需求和新期望。然后，图书馆可以根据这些需求和期望，针对性地开发新的服务内容、形式和技术手段，推动信息服务的创新与发展。例如，图书馆可以利用大数据分析技术，对读者的借阅记录、检索行为等信息进行深入挖掘和分析，发现他们的阅读习惯和兴趣偏好，为他们提供更加精准、个性化的图书推荐和阅读引导服务。

此外，情报分析还有助于图书馆评估现有服务的效果和问题所在。通过对现有服务的深入分析和评估，图书馆可以发现服务中存在的问题和不足之处，为改进和优化服务提供依据和指导。例如，图书馆可以利用情报分析的方法和技术，对读者的满意度进行调查和分析，了解他们对现有服务的评价和建议。然后，图书馆可以根据这些评价和建议，有针对性地改进和优化服务流程、提高服务质量和效率。

最后，情报分析在推动信息服务创新与发展的过程中还需要与其他技术和方法相结合。情报分析虽然具有强大的信息处理和分析能力，但要想充分发挥其作用，还需要与其他技术和方法相结合。例如，图书馆可以将情报分析与人工智能技术相结合，利用人工智能技术的自然语言处理、机器学习等功能对文本信息进行自动化处理和分析；可以将情报分析与可视化技术相结合，利用可视化图表、地图等形式直观展示信息资源和分析结果等。这些结合可以进一步提升情报分析的效率和准确性，推动信息服务创新与发展的进程。

第二节 图书馆情报分析的方法与技术

一、图书馆情报分析的常用方法

（一）引文分析法

引文分析法，作为图书馆情报分析的核心手段之一，深入挖掘了文献间的相互引证关系，进而揭示了这些文献之间的学术纽带和内在价值。每一篇文献，无论是学术论文、专著还是报告，都在其内部或外部引用了其他的文献作为支撑或参考。这些引证关系，就像一条条线索，将不同文献紧密地连接在一起，形成了一个庞大而复杂的引文网络。

在这个网络中，每一篇文献都既是引证者也是被引证者，它们之间的相互关系不仅反映了知识的流动和传承，更揭示了学术研究的连续性和创新性。通过分析这些引证关系，图书馆可以评估每一篇文献在学术领域中的地位和影响力，进而判断其质量和价值。

此外，引文分析法还被广泛应用于研究学科的发展趋势和热点领域。随着时间的推移，某一学科的文献数量会不断增加，新的研究领域和热点话题也会不断涌现。通过分析不同时间段内的引文数据，图书馆可以发现哪些文献或主题在近年来受到了广泛的关注和引用，从而判断该学科的发展趋势和热点领域。

在实际应用中，图书馆通常会利用专业的引文数据库和引文分析工具来进行引文分析。这些数据库和工具不仅收录了海量的文献引文数据，还提供了强大的统计和分析功能，可以帮助图书馆快速准确地获取有价值的情报信息。

（二）内容分析法

内容分析法是一种对文献内容进行深度剖析的方法。与引文分析法不同，内容分析法更注重对文献内部的关键词、主题、观点等进行提取和编码，以揭示文献的内在结构和主题特征。这种方法可以帮助图书馆更深入地了解某一领域的研究现状和发展趋势。

在进行内容分析时，图书馆首先需要确定分析的目标和范围，然后选择合适的文献样本进行深入研究。通过对这些样本中的关键词、主题等进行提取和分类，图书馆可以了解该领域的主要研究内容、研究方法以及研究观点等信息。同时，通过对不同时间段的文献进行内容分析，图书馆还可以发现该领域的研究热点和变化趋势。

在实际应用中，为了提高情报分析的效率和准确性，图书馆通常会借助文本挖掘工具和可视化技术来进行内容分析。这些工具和技术可以对大量的文献内容进行自动化处理和可视化展示，帮助图书馆快速准确地获取有价值的情报信息。例如，通过文本挖掘工具对文献进行关键词提取和主题分类，然后通过可视化技术将这些信息以图表或网络图的形式展示出来，使得分析结果更加直观和易于理解。

（三）共词分析法

共词分析法是一种基于文献中关键词共现关系的分析方法。在学术研究中，不同的关键词往往代表了不同的研究主题和概念。当这些关键词在同一篇文献中同时出现时，它们之间就存在一种共现关系。通过分析这种共现关系，我们可以揭示出这些关键词之间的关联程度和学科领域的研究热点。

共词分析法的应用非常广泛。首先，它可以帮助图书馆发现某一学科领域的研究主题和热点话题。通过对大量文献进行关键词提取和共现分析，我们可以找出那些频繁共现的关键词对或关键词组合，这些词往往代表了该领域的研究热点和主要研究方向。其次，共词分析法还可以帮助我们了解不同主题之间的关联和发展趋势。通过分析不同时间段内关键词的共现情况，我们可以发现哪些主题在近年来逐渐受到关注并成为研究热点，哪些主题则逐渐淡出人们的视线。

在实际应用中，图书馆可以利用专业的共词分析工具来进行共词分析。这些工具不仅可以自动提取文献中的关键词并计算它们的共现频次和关联程度，还可以提供可视化的分析结果展示功能，使得分析结果更加直观和易于理解。此外，图书馆还可以结合其他情报分析方法如引文分析法、内容分析法等来进行综合分析和判断，以提高情报分析的准确性和可靠性。

（四）网络分析法

网络分析法是一种基于复杂网络理论的分析方法，它通过构建文献之间的关联网络来揭示文献之间的复杂关系和学科领域的知识结构。在这个关联网络中，每一个节点代表一篇文献或一个关键词，每一条边代表两篇文献或两个关键词之间的关联关系。这些关联关系可以是引证关系、共现关系、相似关系等。

通过网络分析法，图书馆可以更加深入地了解学科领域的知识体系和研究脉络。首先，通过构建文献之间的引证网络，我们可以清晰地看到哪些文献是某一领域的基础性文献或核心文献，哪些文献则是对这些基础性文献的扩展和深化。其次，通过构建关键词之间的共现网络或相似网络，我们可以发现不同主题或概念之间的内在联系和区别，进而揭示出学科领域的知识结构和层次。

此外，网络分析法还可以帮助图书馆发现新的研究领域和交叉学科。在学术研究中，不同的学科领域往往存在着一定的交叉和融合现象。通过分析文献之间的关联网络，我们可以发现哪些领域之间存在着紧密的联系和合作，哪些领域则可能孕育着新的研究方向和交叉学科。这对于图书馆的馆藏建设和服务创新具有重要的指导意义。

在实际应用中，图书馆可以利用专业的网络分析工具来进行网络分析。这些工具不仅可以自动构建文献之间的关联网络并计算网络的各种指标如节点度、聚类系数等，还可以提供可视化的网络展示功能，使得分析结果更加直观和易于理解。同时，结合其他情报分析方法如引文分析法、内容分析法等来进行综合分析和判断也是提高情报分析准确性和可靠性的有效手段。

二、图书馆情报分析的技术工具

（一）数据挖掘工具

数据挖掘工具在图书馆情报分析中占据着举足轻重的地位。随着信息技术的飞速发展，图书馆所积累的数据量呈现爆炸性增长，如何从这些海量的数据中提取出有价值的信息和知识，成为图书馆情报分析面临的一大挑战。数据挖掘工具正是应对这一挑战的有力武器。

数据挖掘工具可以对图书馆的文献数据进行关联分析、聚类分析、分类分析等处理，从而发现隐藏在数据中的模式和规律。这些模式和规律往往能够揭示出读者的阅读偏好、信息需求以及学科领域的发展趋势等重要信息。例如，通过对借阅记录进行关联分析，图书馆可以发现哪些图书或期刊经常被同一读者借阅，进而推断出这些图书或期刊之间可能存在的内在联系；通过对检索历史进行聚类分析，图书馆可以将具有相似检索需求的读者划分为同一群体，为后续的个性化服务提供依据。

在实际应用中，数据挖掘工具可以帮助图书馆更好地了解用户的阅读偏好和信息需求。通过对借阅记录、检索历史等用户数据进行挖掘和分析，图书馆可以发现用户的阅读习惯、兴趣偏好以及信息需求的变化趋势。这些信息对于优化馆藏资源配置、提升读者服务质量以及推动图书馆创新发展都具有重要意义。例如，图书馆可以根据用户的阅读偏好调整馆藏结构，增加受欢迎的图书或期刊的采购量，同时，也可以针对用户的个性化需求开展定制服务，如推荐相关图书、定制阅读计划等。

此外，数据挖掘工具还可以帮助图书馆发现潜在的用户群体和市场需求。通过对用户数据的深入挖掘和分析，图书馆可以发现那些具有特殊需求或潜在价值的用户群体，进而为他们提供更加精准、个性化的服务。同时，对市场需求的敏锐洞察也可以为图书馆的未来发展提供有力支持。例如，图书馆可以根据市场需求的变化趋势调整服务策略，开发新的服务模式或产品以满足读者的多样化需求。

（二）文本挖掘工具

文本挖掘工具是专门用于处理和分析文本数据的工具，在图书馆情报分析中发挥着重要作用。与数据挖掘工具不同，文本挖掘工具更加注重对文献内容的自动化处理和分析。它可以对文献进行分词、词性标注、命名实体识别等处理，提取文献中的关键词、主题等信息，从而帮助图书馆更加深入地了解文献的内容和特征。

在实际应用中，文本挖掘工具可以大大提高图书馆情报分析的效率和准确性。传统的情报分析方法往往需要人工阅读和分析大量的文献资料，耗时耗力且容易出错。而文本挖掘工具可以通过自动化处理和分析文献内容，快速提取出有价值的信息和知识，减少人工干预和主观判断的影响。例如，图书馆可以利用文本挖掘工具对某一领域的文献进行主题分析，了解该领域的研究热点和发展趋势，同时，也可以对用户的评论或反馈进行情感分析，了解用户对图书馆服务的满意度和改进建议。

此外，文本挖掘工具还可以帮助图书馆实现文献资源的自动分类和标引。通过对文献内容进行自动化处理和分析，文本挖掘工具可以识别出文献的主题、关键词等信息，进而将这些信息用于文献的分类和标引。这不仅可以提高图书馆的工作效率和管理水平，还可以为用户提供更加便捷、准确的检索服务。例如，用户可以通过关键词检索快速找到相关领域的文献资料，同时，图书馆也可以根据用户的检索历史和偏好推荐相关文献或主题资源。

（三）可视化分析工具

可视化分析工具是图书馆情报分析中不可或缺的技术工具之一。在信息爆炸的时代背景下，人们面临着海量的数据和信息，如何快速、准确地理解和利用这些数据和信息成为一大难题。而可视化分析工具正是解决这一难题的有效途径。它可以将复杂的数据和信息以直观、易懂的方式展示出来，帮助用户更好地理解和利用情报信息。

可视化分析工具可以对数据进行可视化处理和分析，生成各种图表、图像等可视化结果。这些结果不仅可以帮助用户直观地了解数据的分布、趋势和关联等信息，还可以揭示出隐藏在数据背后的规律和模式。例如，图书馆可以利用可视化分析工具对借阅数据进行可视化展示和分析，了解不同时间段、不同读者群体的借阅情况和变化趋势，同时，也可以对馆藏结构进行可视化展示和分析，了解各类文献资源的数量、比例和分布情况等信息。

在实际应用中，可视化分析工具可以帮助图书馆提供更加直观、生动的情报服务。通过将复杂的数据和信息以图表、图像等形式展示出来，图书馆可以让用户更加容易地理解和利用情报信息，同时也可以提高用户的参与度和满意度。例如，图书馆可以利用可视化分析工具为读者提供个性化的阅读推荐服务，根据读者的阅读偏好和历史记录生成相应的推荐图表或图像，同时也可以利用可视化分析工具开展主题展览或活动，通过直观、生动的展示方式吸引更多读者参与和关注。

（四）社交媒体分析工具

社交媒体分析工具是专门用于分析社交媒体数据的工具，在图书馆情报分析中发挥着越来越重要的作用。随着社交媒体的普及和发展，越来越多的用户开始在社交媒体上分享自己的阅读体验、评论图书或期刊、关注图书馆账号等。这些行为产生了大量的社交媒体数据，为图书馆了解用户需求和偏好提供了新的途径和视角。

社交媒体分析工具可以对用户在社交媒体上的发布内容、关注对象、互动行为等进行挖掘和分析，揭示用户的兴趣、需求等信息。例如，通过对用户在社交媒体上发布的评论或反馈进行情感分析，图书馆可以了解用户对图书馆服务的满意度和改进建议，同时，也可以通过对用户关注对象的分析了解用户的兴趣偏好和阅读需求等信息。这些信息对于优化馆藏资源配置、提升读者服务质量以及推动图书馆创新发展都具有重要意义。

在实际应用中，社交媒体分析工具可以帮助图书馆更加深入地了解用户的需求和偏好。通过监测和分析用户在社交媒体上的行为言论等信息，图书馆可以发现用户的潜在需求和偏好变化趋势，进而为用户提供更加精准个性化的服务。例如，针对某一特定读者群体开展定制服务或推广活动；根据市场需求调整服务策略以满足读者的多样化需求等。此外，通过对竞争对手或同行业机构在社交媒体上的表现进行监测和分析，图书馆还可以了解行业发展趋势和市场竞争态势等信息，为自身的创新发展提供参考和借鉴。

（五）人工智能与机器学习技术

人工智能与机器学习是近年来在图书馆情报分析中得到广泛应用的技术工具。这些技术具有强大的自动化处理和分析能力，可以帮助图书馆更加高效、准确地处理和分析大量的数据和信息。在实际应用中，人工智能与机器学习技术可以用于文献数据的分类、聚类、关联规则挖掘等处理和分析工作，也可以用于用户的借阅记录、检索历史等数据的预测和推荐等处理和分析工作。这些应用不仅可以提高图书馆的工作效率和管理水平，还可以为用户提供更加便捷、准确的服务体验。

具体来说，人工智能与机器学习技术可以帮助图书馆实现自动化地文献分类和标引工作。通过对文献内容进行自动化处理和分析，这些技术可以识别出文献的主题、关键词等信息，进而利用分类算法或聚类算法将文献自动归类到相应的类别或主题中。这不仅可以减少人工干预、提高工作效率，还可以避免主观判断的影响并提高分类的准确性和一致性。此外，通过对用户的借阅记录、检索历史等数据进行预测和推荐等处理和分析，人工智能与机器学习技术还可以帮助图书馆发现用户的潜在需求和偏好变化趋势，进而为用户提供更加精准个性化的服务体验。例如，根据用户的阅读偏好，图书馆为其推荐相关图书或定制阅读计划，或者根据用户的历史记录预测其未来的借阅需求并提前做好准备等。这些应用不仅可以提升读者的满意度和忠诚度，还可以进一步推动图书馆的创新发展和服务升级。

三、大数据在图书馆情报分析中的应用

（一）大数据在用户行为分析中的应用

在图书馆情报分析中，大数据技术可以广泛应用于用户行为分析。图书馆每天都会产生大量的用户数据，包括借阅记录、检索历史、访问量、停留时间等。这些数据背后隐藏着用户的阅读偏好、信息需求和行为模式等宝贵信息。通过大数据技术，图书馆可以对这些数据进行深度挖掘和分析，揭示用户的阅读行为和需求特点。

具体而言，图书馆可以利用大数据技术对用户的借阅记录进行挖掘，分析用户的阅

读偏好和借阅习惯。例如，通过统计用户借阅的图书类型、作者、出版社等信息，图书馆可以发现用户的阅读兴趣所在，进而为用户提供更加精准的图书推荐服务。同时，图书馆还可以对用户的检索历史进行挖掘，分析用户的信息需求和检索行为。例如，通过统计用户检索的关键词、检索时间、检索结果点击率等信息，图书馆可以发现用户的信息需求热点和难点，进而优化图书馆的检索系统和信息服务。

此外，大数据技术还可以帮助图书馆对用户的访问量和停留时间等数据进行监测和分析。通过对这些数据的实时监测和分析，图书馆可以了解用户在不同时间段和不同区域的访问情况，进而优化图书馆的开放时间和空间布局。同时，通过对用户停留时间的分析，图书馆还可以评估用户对图书资源的利用情况和满意度水平，为改进图书馆服务提供有力支持。

（二）大数据在文献资源分析中的应用

除了用户行为分析外，大数据在文献资源分析中也发挥着重要作用。图书馆拥有丰富的文献资源，包括图书、期刊、报纸、学位论文等各种类型的文献。这些文献资源中蕴含着大量的知识和信息，是图书馆情报分析的重要对象。通过大数据技术，图书馆可以对这些文献资源进行深度挖掘和分析，揭示文献之间的内在联系和学术价值。

具体而言，图书馆可以利用大数据技术对文献的引文数据进行挖掘和分析。引文数据是反映文献之间引用关系的重要数据，引文数据的挖掘和分析可以揭示文献之间的学术传承和发展脉络。例如，通过统计某一文献被引用的频次和引用该文献的其他文献情况，图书馆可以评估该文献的学术影响力和贡献程度。同时，通过对引文数据的聚类分析或关联规则挖掘等方法，图书馆还可以发现某一学科领域的研究热点和前沿动态。

此外，大数据技术还可以帮助图书馆对文献内容进行自动化处理和分析。传统的文献内容分析主要依赖于人工阅读和标注等方法，效率低下且容易出错。而利用大数据技术中的文本挖掘和机器学习等技术手段，图书馆可以对文献内容进行自动化处理和分析。例如，通过自然语言处理技术对文献进行分词、词性标注和句法分析等处理，再通过机器学习算法对处理后的文本进行分类、聚类和主题提取等操作，最后结合可视化技术将分析结果以直观的方式展示出来，这样可以大大提高情报分析的效率和准确性。

（三）大数据在图书馆管理决策中的应用

除了在用户行为分析和文献资源分析中的应用外，大数据还可以广泛应用于图书馆的管理决策中。图书馆作为一个复杂的组织系统，涉及人员、资源、设备等多个方面的管理问题。通过大数据技术，图书馆可以对这些管理问题进行全面监测和深入分析，为管理决策提供有力支持。

具体而言，图书馆可以利用大数据技术对人员的绩效进行评估和分析，通过对员工的借阅量、检索量、用户满意度等数据进行统计和分析，再结合员工的学历、职称、工作年限等背景信息进行综合评估，最后可以得出员工的绩效水平和潜在能力等信息。这样可以为图书馆的岗位设置、人员调配和培训计划等管理决策提供有力依据。

同时，大数据技术还可以帮助图书馆对资源利用情况进行监测和分析。图书馆通过对图书的借阅量、流通率、拒借率等数据进行实时监测和分析，再结合用户的反馈信息和需求特点进行综合评估，最后可以得出图书资源的利用情况和改进方向等信息。这样可以为图书馆的采购计划、资源调配和剔旧换新等管理决策提供有力支持。

此外，大数据技术还可以应用于图书馆的设备管理和空间布局等方面。图书馆通过对设备的运行状态、故障率和使用寿命等数据进行实时监测和分析，再结合用户的需求特点和空间布局进行综合评估，最后，可以得出设备的维护计划和更新换代方案等信息。这样可以为图书馆的设备采购、维护保养和空间优化等管理决策提供有力依据。

四、图书馆情报分析方法的创新与发展趋势

（一）多元化和综合性的应用趋势

由于信息技术的迅猛发展和用户需求的多样化，图书馆情报分析方法正朝着多元化和综合性的方向发展。这一趋势的出现，既是信息技术发展的必然结果，也是图书馆适应当今时代用户需求的必然选择。

在多元化方面，图书馆情报分析方法不再局限于传统的文献计量、引文分析等单一手段，而是综合运用了数据挖掘、文本分析、网络分析等多种方法和技术。这些方法和技术各具特色，能够处理和分析不同类型的数据和信息，从而揭示出更加全面、深入的情报内容。例如，数据挖掘技术可以对图书馆的大量用户数据进行深度挖掘，发现用户的借阅偏好、阅读习惯等隐性信息；文本分析技术则可以对文献内容进行自动化处理和分析，提取出关键词、主题等核心信息。

在综合性方面，图书馆情报分析方法不仅关注数据和信息本身，还将其与用户需求、学科发展、社会背景等多方面因素相结合进行综合考量。这种综合性的应用方式，使得情报分析的结果更加贴近用户的实际需求，更加具有针对性和实用性。例如，在进行学科发展趋势分析时，图书馆不仅需要收集和分析该学科的文献数据，还需要关注该学科的研究热点、前沿动态以及与其他学科的交叉融合情况等信息；同时还需要结合用户的需求特点和社会背景进行综合评估，以得出更加全面、准确的情报信息。

（二）智能化和自动化的处理和分析方式

随着人工智能和机器学习等技术的飞速发展和广泛应用，图书馆情报分析方法正逐渐实现智能化和自动化的处理和分析方式。这一趋势的出现，不仅大大提高了情报分析的效率和准确性，还为用户提供了更加个性化、精准的信息服务。

在智能化方面，图书馆可以利用人工智能和机器学习等技术对用户数据、文献资源等进行智能化处理和分析。例如，通过构建用户画像和推荐算法，图书馆可以根据用户的借阅历史、检索记录等信息为用户推荐更加符合其需求的图书和文献资源，同时，还可以通过智能问答系统为用户提供更加便捷、高效的信息咨询服务。这些智能化的应用方式不仅提高了图书馆的服务效率和质量，还增强了用户的满意度和忠诚度。

在自动化方面，图书馆可以利用自动化工具和技术对大量的数据和信息进行自动化处理和分析。例如，图书馆通过自动化检索工具，可以快速检索到用户所需的文献资源；通过自动化分类工具，可以对文献资源进行自动化分类和标引；通过自动化分析工具，可以对用户数据、文献资源等进行深度挖掘和分析。这些自动化的应用方式不仅减轻了图书馆员的工作负担，还提高了情报分析的效率和准确性。

（三）用户体验和服务质量等方面的提升

图书馆情报分析方法的发展还需要注重用户体验和服务质量等方面的提升。随着用户需求的不断变化和升级，图书馆需要不断改进服务质量、提高用户的满意度和忠诚度。

在用户体验方面，图书馆需要加强与用户之间的沟通和交流，了解用户的真实需求和反馈意见。例如，图书馆可以通过设置用户调查问卷、开展用户访谈等方式收集用户的反馈意见和建议，同时还可以利用社交媒体等平台与用户进行实时互动和交流，及时解决用户在使用过程中遇到的问题和困难。通过这些措施图书馆可以及时了解用户的需求变化和满意度情况，为改进服务质量提供有力支持。

在服务质量方面，图书馆需要不断提高自身的服务能力和水平。例如，图书馆可以通过优化检索系统、完善借阅流程等方式提升用户的使用体验；可以通过提供个性化推荐服务、开展信息素养教育等方式满足用户多样化的信息需求。此外，图书馆还需要加强对工作人员的培训和管理，提高工作人员的专业素质和服务意识；通过建立完善的激励机制和考核机制，激发工作人员的积极性和创造性；通过加强与其他机构的合作和交流，共享资源、共同发展进步。

（四）合作与交流的重要性日益凸显

随着信息技术的不断发展和全球化趋势的加剧，图书馆面临着越来越多的挑战和机遇。为了应对这些挑战、把握这些机遇，图书馆需要加强与其他机构之间的合作和交流共同推动图书馆情报分析事业的发展进步。

一方面，图书馆需要积极寻求与高校、科研机构等建立合作关系共同开展情报分析项目和研究工作。通过与这些机构的合作，图书馆可以获得更多的资源支持和技术支持提高情报分析的水平和质量，同时，还可以借鉴这些机构在情报分析方面的成功经验和做法，不断完善自身的情报分析体系和方法论。

另一方面，图书馆还需要积极参加国内外相关学术会议和研讨会等活动了解最新研究动态和技术发展趋势。通过这些活动，图书馆可以及时了解情报分析领域的最新进展和前沿动态，把握情报分析的发展趋势和方向，同时，还可以与同行进行深入的交流和探讨，共同解决情报分析过程中遇到的问题和困难，推动情报分析事业的不断发展进步。

总之，多元化和综合性的应用趋势、智能化和自动化的处理和分析方式、用户体验和服务质量等方面的提升以及合作与交流的重要性日益突显是图书馆情报分析方法创新与发展的四大趋势。这些趋势的出现不仅为图书馆情报分析带来了新的机遇和挑战，也为图书馆适应用户需求、提升服务能力和水平提供了有力支持。

第八章 地方文献资源建设

第一节 地方文献资源的概念与特点

一、地方文献资源的定义与范畴

（一）地方文献资源的定义

地方文献资源，作为一种独特的信息载体，详细记录了某一特定地区的自然环境、社会变迁、历史脉络和文化积淀等各个层面的信息。这些文献资料以其鲜明的地域色彩、深厚的历史底蕴和无法替代的价值，为研究者提供了探寻地方历史脉络、解读地域文化特色、洞察社会现象本质的宝贵素材。地方文献资源的形式多样，既包括传统的纸质文献，如精心编纂的地方志、世代相传的家谱、历史遗留的碑刻铭文等，也涵盖现代电子文献，如数字化的地方数据库、网络平台上丰富的地方资讯等。

（二）地方文献资源的范畴

地方文献资源的范畴极为广泛，它几乎囊括了与一个地区相关的所有文献资料。这其中，地方志以其全面系统的记述，成为了解地方历史的百科全书；年鉴则逐年记录着地区的发展变化，是研究地方社会经济发展的重要依据；地方史料则散见于各种文献之中，需要研究者细心搜集和整理；家谱族谱则承载着家族的荣辱兴衰，是研究地方社会结构和家族文化的重要资料。此外，地图、照片、音像资料等以其直观生动的形式，再现了地方的历史风貌和社会文化场景。随着信息技术的飞速发展，网络上的地方新闻、论坛讨论、社交媒体内容等也逐渐成为新兴的地方文献资源，它们以实时、互动的特点，为研究者提供了了解地方动态的新窗口。这些地方文献资源相互补充、相互印证，共同描绘出一个地区丰富多彩的历史画卷。

（三）地方文献资源的类型与载体

地方文献资源的类型丰富多样，包括文字资料、图像资料、音频视频资料等。文字资料是地方文献资源中最为常见的一类，如地方志、年鉴、史料汇编等，它们以文字的形式详细记录了地区的自然地理、历史沿革、政治经济、社会文化等各方面的信息。图像资料则以直观的方式展示了地区的历史面貌和地理特征，如老照片、历史地图、风景画等。音频视频资料则通过声音和影像的方式生动再现了地区的历史事件和人物风采，如历史纪录片、访谈录音、戏曲表演等。这些不同类型的资料相互辉映，共同构成了地方文献资源的丰富内涵。

地方文献资源的载体也是多种多样的。传统的载体形式包括纸质书籍、胶卷、录音带等，它们承载着厚重的历史感和文化韵味。随着科技的进步，光盘、数字化文件等新型载体的崭露头角，它们以存储量大、检索方便、易于传播等优势，成为地方文献资源保存和利用的新选择。特别是数字化技术的广泛应用，使得地方文献资源能够以数字化的形式进行存储、检索和传播，极大地提高了资源的可利用性和共享性。

二、地方文献资源的独特性与价值

（一）地方文献资源的独特性

地方文献资源的独特性主要体现在其地域性和专属性两个方面。地域性是指地方文献资源所记录的信息主要限定于某一特定地区范围内，具有鲜明的地域特色。每个地区都有其独特的自然地理环境、历史文化传统和社会发展轨迹，这些因素共同塑造了该地区独特的文献资源体系。例如，江南地区的水乡文化、北方地区的草原文化、西南地区的山地文化等，都在各自的地方文献资源中得到了充分体现。这种地域性使得地方文献资源在研究地方历史、文化和社会现象时具有不可替代的价值。

专属性则是指地方文献资源主要服务于某一特定地区或群体，满足其特定的信息需求和研究目的。这种专属性使得地方文献资源在内容上具有针对性和深入性，能够深入揭示某一地区或群体的历史脉络和文化底蕴。例如，一部详实的地方志不仅能够全面系统地反映该地区的自然地理、历史沿革、社会文化等信息，还能够深入挖掘该地区的特色文化、民俗风情等独特魅力。这种专属性使得地方文献资源在研究地方问题时具有独特的优势和价值。

（二）地方文献资源的价值

地方文献资源具有极高的历史价值、文化价值和社会价值。首先，它们是研究地区历史的重要依据。通过查阅地方文献资源，我们可以了解一个地区的历史沿革、重大事件和人物传记等信息，从而还原历史的真实面貌。这些信息对于我们理解地区历史的发展脉络、探寻历史事件的因果关系、评价历史人物的历史地位等都具有重要意义。其次，地方文献资源是传承和弘扬地区文化的重要载体。它们记录了地区的语言文字、风俗习惯等文化现象，对于保护和传承地区文化具有重要意义。通过挖掘和利用地方文献资源中的文化元素，我们可以更好地传承和弘扬地区文化，增强地区的文化认同感和凝聚力。

最后，地方文献资源还具有社会价值。它们可以为政府决策、经济发展、社会规划等提供有力的信息支持。例如，当地政府在制定地区发展规划时，可以参考地方文献资源中的历史信息和数据，避免重复建设和浪费资源；在推动地区经济发展时，可以挖掘地方文献资源中的特色产业和资源优势，打造地区品牌和特色经济；在解决社会问题时，可以从地方文献资源中寻找历史经验和教训，为现实问题的解决提供借鉴和启示。

（三）地方文献资源的稀缺性与珍贵性

由于历史原因和保存条件的限制，许多地方文献资源已成为稀缺甚至孤本。这些资源往往承载着丰富的历史信息和独特的文化价值，是研究地区历史和文化的重要瑰宝。例如，一些古老的地方志、家谱等纸质文献在漫长的历史长河中幸存下来，成为我们了解古代社会、政治、经济、文化等方面的珍贵资料。一些珍贵的音像资料则记录了地区的历史事件和人物风采，为我们还原历史场景提供了难得的依据。这些稀缺资源非常珍贵，它们的保存和利用对于传承历史文化、推动学术研究具有重要意义。

（四）地方文献资源的开发与利用

为了更好地发挥地方文献资源的价值，需要对其进行有效的开发和利用。这包括数字化处理、建立数据库、编制索引目录等措施。数字化处理可以将纸质文献转化为电子文档，便于存储、检索和传输；建立数据库可以对地方文献资源进行系统整理和分类管理，提高资源的可利用性和共享性；编制索引目录则可以为研究者提供便捷的检索途径和清晰的资源导航。通过这些措施的实施，我们可以更好地保存、检索和利用这些地方文献资源，为学术研究和社会发展提供有力的信息支持。

同时，加强跨地区、跨机构的合作与交流也是推动地方文献资源开发与利用的重要途径。各地区、各机构之间可以开展资源共享和优势互补的合作项目，共同推动地方文献资源的整体开发与利用。通过合作与交流，我们可以实现资源的互通有无、信息共享的目标，促进地方文献资源在更大范围内的传播和利用，此外，还可以借助现代信息技术手段建立地方文献资源共享平台或联合目录等方式，为研究者提供更加便捷、高效的服务和支持。

三、地方文献资源在区域文化中的地位

（一）地方文献资源是区域文化的重要组成部分

区域文化，作为一个地区在长期历史演变中逐渐形成的独特文化体系，承载着该地区深厚的历史底蕴和丰富的文化内涵。在这一体系中，地方文献资源无疑占据着举足轻重的地位。地方文献资源，以其独特的地域性和历史性，成为记录和传播地区文化的重

要媒介。

地方文献资源不仅涵盖了丰富的物质文化遗产信息，如古老的建筑、精美的艺术品、独特的工艺品等，这些都是地区历史和文化的重要见证。同时，它们还承载了大量的非物质文化遗产信息，如民间传说、歌舞艺术、民俗习惯等，这些都是地区文化的精髓和灵魂。通过这些地方文献资源，我们可以更加全面、深入地了解一个地区的文化全貌和历史脉络。

在区域文化的研究和传播中，地方文献资源发挥着不可替代的作用。它们是学者研究地区历史和文化的重要参考依据，也是普通民众了解和传承地区文化的重要途径。因此，保护和利用好地方文献资源，对于传承和发扬区域文化具有十分重要的意义。

进一步来看，地方文献资源不仅仅是历史的记录者，更是文化的传承者。它们将一个地区的历史、文化、社会现象等以文字、图像、音频视频等形式保存下来，使得后人能够通过这些资源了解到前人的生活状态、思想观念和文化创造。这种传承是连续的、不断发展的，它使得区域文化得以在时间的长河中流淌至今，并继续影响着现代社会的各个方面。

（二）地方文献资源对区域文化传承与发扬的作用

地方文献资源在区域文化的传承与发扬中起着至关重要的作用。它们不仅记录了地区的历史文化信息，更是区域文化得以延续和发展的关键要素。

首先，通过对地方文献资源的深入挖掘和整理，我们可以更加全面、系统地了解一个地区的传统文化和历史渊源。这些资源中蕴含的丰富信息，如历史人物、事件、风俗习惯等，都是地区文化的重要组成部分。通过对这些信息的梳理和分析，我们可以更加清晰地把握地区文化的脉络和发展轨迹，为传承和发扬这些优秀文化奠定坚实的基础。

其次，地方文献资源可以为文化创新提供灵感和素材。创新是文化发展的动力源泉，而地方文献资源中蕴含的丰富历史文化信息，正是文化创新的重要素材库。通过对这些资源的深入挖掘和利用，我们可以从中汲取灵感，结合现代社会的需求和审美趋势，创作出具有时代特色和地方特色的文化作品，推动区域文化的创新发展。

最后，地方文献资源的传播和推广有助于提升区域文化的知名度和影响力。在当今的信息化社会，文化的传播和推广对于提升地区文化的知名度和影响力至关重要。地方文献资源作为地区文化的重要载体，通过出版、展览、数字化等多种形式进行传播和推广，可以让更多的人了解和关注地区文化，增强地区文化的凝聚力和向心力，推动区域文化的传承与发扬。

（三）地方文献资源在促进区域经济社会发展中的作用

地方文献资源不仅在文化传承与发扬方面发挥着重要作用，同时也在促进区域经济社会发展中具有不可忽视的价值。它们既是历史的见证者，也是现代社会发展的推动者。

首先，地方文献资源可以为旅游业提供丰富的历史文化资源。旅游业作为现代服务业的重要组成部分，对于推动地区经济社会发展具有重要意义。地方文献资源中蕴含的丰富历史文化信息，如名胜古迹、历史人物、传统工艺等，都是旅游业开发的重要资源。通过对这些资源的深入挖掘和利用，可以打造独具特色的旅游品牌和项目，吸引更多游客前来观光游览，推动地区旅游业的繁荣发展。

其次，地方文献资源可以为文化创意产业提供灵感和创意支持。文化创意产业作为新兴产业的重要代表，具有创新性强、附加值高等特点。地方文献资源中蕴含的丰富历史文化元素和创新性思维，可以为文化创意产业的发展提供源源不断的灵感和创意支持。通过对这些资源的深入挖掘和利用，当地政府可以创作出具有地方特色的文化作品和产品，推动地区文化创意产业的快速发展。

最后，地方文献资源还可以为政府决策、城市规划等提供有价值的历史参考和现实依据。政府决策和城市规划是地区经济社会发展的重要组成部分。地方文献资源中蕴含的丰富历史信息和现实数据，可以为政府决策和城市规划提供有力的参考依据。通过对这些资源的深入挖掘和利用，当地政府可以更加科学、合理地制定地区发展规划和政策措施，推动地区经济社会的可持续发展。

（四）加强地方文献资源保护与利用的必要性

鉴于地方文献资源在区域文化中的重要地位和作用，加强其保护与利用显得尤为重要。这不仅是传承和发扬地区文化的需要，也是促进地区经济社会发展的需要。

首先，需要建立健全的保护机制和管理制度。地方文献资源是不可再生的宝贵财富，一旦遭到破坏或流失，将无法挽回。因此，必须建立健全的保护机制和管理制度，确保这些珍贵资源得到妥善保存和有效利用。这包括完善相关法律法规、制定科学的保护规划和实施方案、加强专业人才培养等措施。

其次，需要加大投入力度支持相关机构和个人开展地方文献资源的整理、出版和研究工作。地方文献资源的整理、出版和研究是一项系统性、长期性的工作，需要大量的人力、物力和财力支持。因此，政府和社会各界应加大投入力度，支持相关机构和个人开展这项工作。这包括提供资金支持、建立合作平台、推动成果转化等措施。

最后，需要加强宣传教育提高公众对地方文献资源的认识和重视程度。地方文献资源是地区文化的重要组成部分，也是地区发展的宝贵财富。因此，当地政府必须加强宣传教育，提高公众对地方文献资源的认识和重视程度。这包括举办展览、开展讲座、制作宣传品等措施，让更多的人了解和关注地方文献资源，共同参与到保护和利用工作中来。只有这样，我们才能确保地方文献资源得以永续传承和利用，为地区经济社会发展注入源源不断的文化动力。

第二节　地方文献资源的收集与整理

一、地方文献资源的收集途径与方法

（一）图书馆馆藏资源

图书馆作为文化与知识的宝库，自然是地方文献资源收藏和流通的重要场所。其丰富的馆藏资源为地方文献的收集提供了得天独厚的条件。图书馆员通过深入钻研各类目录、索引和题录，能够系统地掌握馆内所藏的地方文献资源，这包括珍贵的地方志、详尽的地方年鉴、丰富的地方史料以及地方名人的著述等。这些文献资源不仅记录了地方的历史变迁和文化传承，还为地方的经济社会发展提供了宝贵的参考。

然而，任何一个图书馆的馆藏都是有限的，无法涵盖所有的地方文献资源。因此，图书馆之间的合作与资源共享显得尤为重要。通过馆际互借、文献传递等方式，图书馆可以弥补自身馆藏的不足，为读者提供更加全面、深入的地方文献服务。这种合作不仅扩大了地方文献的收集范围，还促进了图书馆之间的交流与协作，共同推动地方文献资源建设的发展。

（二）民间征集与捐赠

民间征集是地方文献资源的另一个重要来源。民间收藏家、学者和名人手中往往掌握着大量珍贵的地方文献，这些文献可能由于种种原因并未进入图书馆的馆藏体系。因此，图书馆需要通过各种途径向民间广泛征集地方文献资源。

发布公告、举办征集活动等方式是图书馆常用的征集手段。通过这些活动，图书馆可以向社会宣传地方文献的价值和意义，提高公众对地方文献的认识和保护意识。同时，图书馆还可以积极与地方名人、学者和收藏家建立联系，鼓励他们捐赠自己的著述或收藏的地方文献。这些捐赠不仅丰富了图书馆的馆藏，还为后人研究地方历史和文化提供了宝贵的资料。

（三）网络资源采集

随着互联网的普及和发展，网络资源已经成为地方文献收集的重要来源之一。图书馆可以利用搜索引擎、学术网站、论坛博客等途径，广泛采集与地方相关的网络文献资源。这些资源具有更新速度快、内容丰富、形式多样等特点，能够及时反映地方的最新研究成果和动态。

然而，网络资源的真实性和可靠性是一个需要关注的问题。图书馆在采集网络资源时，需要进行严格的筛选和鉴别，确保所采集的文献资源具有较高的学术价值和史料价值。同时，图书馆还需要建立完善的网络资源采集和管理制度，确保网络资源的长期保存和可持续利用。

（四）购买与交换

购买与交换是图书馆获取地方文献资源的传统方式之一。图书馆可以根据自身的需求和预算，通过购买的方式获取所需的地方文献资源。在购买过程中，图书馆需要关注出版社或发行机构的信誉和质量，确保所购买的文献资源具有较高的学术价值和实用性。

此外，图书馆还可以与其他图书馆或文献收藏机构进行交换，实现资源的共享和互利共赢。通过交换，图书馆可以获得自身缺失的文献资源，同时也可以将自身富余的文献资源提供给其他机构使用。这种交换不仅有助于丰富图书馆的馆藏，还促进了不同机构之间的交流与合作。

（五）合作与共享

在地方文献资源收集方面，合作与共享无疑是一种高效且富有成果的方式。图书馆、博物馆、档案馆等机构各自拥有独特的资源和专业优势，通过合作与共享，可以打破资源壁垒，实现优势互补，共同推动地方文献资源事业的发展。

具体而言，图书馆可以与其他机构建立长期稳定的合作关系，共同开展地方文献资源的收集、整理和利用工作。例如，图书馆可以与博物馆合作，将博物馆的藏品信息与图书馆的文献资源相结合，共同打造地方历史文化的展示平台。同时，图书馆还可以与档案馆合作，共同挖掘和整理地方档案中的珍贵史料，为地方历史研究提供更加丰富的素材。

此外，合作与共享还可以促进不同机构之间的交流与合作。通过定期的学术研讨会、业务交流活动等形式，各机构可以分享彼此在地方文献资源收集与整理方面的经验和做法，相互学习、共同进步。这种交流与合作不仅有助于提升各机构的专业水平和服务能力，还为地方文献资源事业的发展注入了新的活力和动力。

二、地方文献资源的分类与编目

（一）分类体系建立

地方文献资源的分类是整理工作的首要任务，它关系到文献资源的组织、存储和检索效率。为了建立科学合理的分类体系，图书馆需要深入分析地方文献资源的特点和实际情况，包括文献的类型、主题、时间跨度等因素。在分类过程中，图书馆应遵循客观性、系统性和实用性等原则，确保分类结果能够准确反映文献资源的本质属性和相互关系。

具体来说，图书馆可以按照文献资源的类型进行划分，如图书、期刊、报纸、照片、音像资料等，也可以按照主题进行划分，如历史、文化、经济、社会等，还可以结合时间跨度进行划分，如古代、近代、现代等。在划分过程中，图书馆需要注意避免交叉和重复，确保每个类别都具有明确的界限和范围。

此外，随着地方文献资源的不断增长和变化，分类体系也需要不断更新和维护。图书馆应定期对分类体系进行评估和调整，以适应新的文献资源和读者需求。同时，图书馆还应积极借鉴其他图书馆或机构的分类经验和方法，不断完善自身的分类体系。

（二）编目规则制定

编目是地方文献资源整理的重要环节之一，它涉及文献资源的著录、标引和组织等方面。为了制定详细的编目规则，图书馆需要对文献资源的基本信息进行全面而准确的描述，编目内容包括题名、著者、出版者、出版日期、页数、定价、ISBN 等。这些信息是读者了解和识别文献资源的重要途径，也是图书馆进行文献管理和服务的基础。

在制定编目规则时，图书馆应遵循标准化和规范化等原则。具体来说，图书馆可以参考国际和国内的相关标准和规范，如《国际标准书目著录》(ISBD)等，确保编目结果的准确性和一致性。同时，图书馆还应根据自身的实际情况和需求，制定符合地方文献资源特点的编目规则。

除了基本信息的著录外，主题词和关键词等标引方式的选择和使用也是编目工作的重要组成部分。通过合理的标引，可以揭示文献资源的主题内容和特征属性，便于读者进行检索和利用。图书馆应根据地方文献资源的实际情况和特点，选择合适的标引方式和工具，确保标引结果的准确性和有效性。

（三）数据质量控制

在地方文献资源的整理过程中，数据质量控制是确保整理成果准确性和可靠性的关键环节。图书馆应采取一系列有效措施对数据质量进行严格的控制和管理。

首先，图书馆应建立严格的数据审核制度。在数据录入前，要对数据进行仔细的校对和审核，确保数据的准确性和完整性。对于存在疑问或错误的数据，要及时进行核实和修正。同时，图书馆还应定期对已录入的数据进行抽查和复检，以确保数据的持续准确性和一致性。

其次，图书馆应建立完善的数据更新机制。随着地方文献资源数量的不断增架或变化，已录入的数据也需要不断更新和维护。图书馆应定期对数据库进行更新和扩充，及时反映地方文献资源的最新情况和发展动态。同时，对于已过时或无效的数据，要及时进行清理和删除，以确保数据库的时效性和准确性。

此外，图书馆还应加强对数据质量的监督和评估。通过定期的数据质量检查和分析，图书馆可以及时发现并解决数据中存在的问题和不足。同时，图书馆还可以借鉴其他图书馆或机构的数据质量控制经验和方法，不断完善自身的数据质量管理体系。

三、地方文献资源的数字化处理与存储

（一）数字化转换方式选择

在数字化浪潮的推动下，地方文献资源的保护与利用方式正经历着变革。数字化处理不仅是保护这些珍贵资源的有效手段，更是实现其广泛传播和高效利用的重要途径。在进行数字化转换时，图书馆等收藏机构面临着多种转换方式的选择。扫描、拍照、录音录像等方式各有优劣，需根据地方文献资源的具体类型和保存状况进行权衡。

扫描是文献数字化的常用方式之一，适用于纸质文献如古籍、档案等。通过高精度扫描仪，可以将纸质文献转化为清晰的数字图像，便于存储和查阅。拍照则适用于一些特殊格式或易损的文献，如碑刻、匾额等。通过专业相机拍摄，图书馆可以捕捉文献的细节特征，并以数字照片的形式进行保存。录音录像则主要用于口述历史、民俗表演等非物质文化遗产的数字化记录。

在选择数字化转换方式时，图书馆需要综合考虑转换效率、质量效果以及成本投入等因素。例如，扫描虽然速度较快，但对于一些大幅面或特殊材质的文献可能效果不佳；拍照虽然能够捕捉更多细节，但处理大量文献时效率较低；录音录像则需要专业的设备和人员支持，成本相对较高。因此，图书馆应根据实际情况和需求，选择最合适的数字化转换方式。

（二）数字化标准制定与实施

数字化标准是确保数字化处理工作规范、高质量进行的基础。在制定数字化标准时，图书馆应参考国内外相关标准和实践经验，结合地方文献资源的特点制订具体要求。这

些标准应涵盖图像分辨率、文件格式、元数据著录等关键因素，以确保数字化结果的准确性和一致性。

图像分辨率是数字化处理中的重要参数，直接影响数字图像的清晰度和可读性。对于不同类型的文献，应根据其特点和保存状况设定合适的分辨率标准。文件格式的选择也应考虑到兼容性、可编辑性以及长期保存的需求。元数据著录则是为了方便用户检索和利用数字化文献而进行的描述性信息记录，应包括文献的标题、作者、出版日期等基本信息，以及数字化过程中的相关参数和说明。

在实施数字化处理过程中，图书馆应严格遵守制定的标准进行操作和管理。这包括定期对数字化设备进行校准和维护，以确保其准确性；对操作人员进行专业培训，以提高其技能水平；建立完善的质量检查机制以确保每份数字化文献都符合标准要求。通过严格执行这些措施，图书馆可以确保数字化结果的准确性和一致性，为后续的存储和利用打下坚实基础。

（三）存储介质与方式选择

在数字化处理完成后，如何妥善存储这些宝贵的数字资源成为图书馆面临的又一重要问题。存储介质和方式的选择直接关系到数字资源的可访问性和安全性。硬盘存储、光盘存储、云存储等方式各有特点，需根据地方文献资源的实际情况进行选择。

硬盘存储具有容量大、读写速度快等优点，适用于存储量大且需要频繁访问的数字资源。然而，硬盘存储也存在一定的风险，如硬件故障、数据丢失等。因此，图书馆需要采取定期备份、冗余配置等措施来提高数据的安全性。

光盘存储则具有成本低、易于保存等优点，适用于长期保存且不需要频繁访问的数字资源。但光盘存储也存在读写速度慢、易受损坏等局限性。在使用光盘存储时，图书馆需要注意选择质量可靠的光盘介质，并定期进行数据迁移和校验以确保数据的可读性。

云存储作为一种新兴的存储方式，具有可扩展性强、易于共享等优点。通过将数字资源存储在云端，图书馆可以实现资源的远程访问和共享，提高资源的利用效率。但云存储也存在一定的安全风险，如数据泄露、服务中断等。因此，在选择云存储时，图书馆需要谨慎选择服务提供商，并签订严格的数据保密协议以确保数据的安全性。

（四）数据安全与备份策略制定

数据安全是数字化处理工作的重要保障之一。为了确保地方文献资源数据的安全性和完整性，图书馆需要采取一系列有效措施。首先，加强网络安全管理是必不可少的。图书馆应建立完善的网络安全防护体系，包括防火墙、入侵检测等安全设施的配置和管理以及定期的安全漏洞扫描和修复工作。其次，设置访问权限也是保障数据安全的重要手段。图书馆应根据用户的身份和需求设定不同的访问权限级别，确保只有授权用户才能访问敏感数据。

除了加强安全管理外，制定完善的数据备份策略也是确保数据安全的重要措施之一。图书馆应定期对重要数据进行备份并妥善保管备份介质以防止意外丢失或损坏，同时，还需要进行定期的恢复测试以确保备份数据的可用性和完整性。通过制定并执行严格的数据安全与备份策略，图书馆可以最大限度地保障地方文献资源数据的安全性和可靠性，为长期保存和广泛利用这些资源提供有力保障。

四、地方文献资源收集与整理的挑战与对策

地方文献资源作为记录地区历史文化的重要载体，其收集与整理工作对于传承和发扬地方文化具有重要意义。然而，在实际工作中，图书馆等收藏机构面临着诸多挑战，如资金与人力不足、版权与知识产权问题以及资源分散难以整合等。为了克服这些挑战，需要采取相应的对策和措施。

（一）资金与人力不足的挑战

地方文献资源的收集与整理是一项长期而艰巨的任务，需要大量的资金和人力投入。然而，在实际工作中，很多图书馆等收藏机构都面临着资金短缺和人力不足的问题。这导致收集工作难以全面展开，整理工作进展缓慢，无法满足广大用户对地方文献资源的需求。

为了克服这一挑战，图书馆等收藏机构需要积极争取政府和社会各界的支持和资助，可以向政府申请专项资金用于地方文献资源的收集与整理工作，也可以与企事业单位、社会团体等合作，共同筹集资金和人力支持。此外，图书馆还可以通过开展有偿服务、接受社会捐赠等方式拓宽资金来源渠道。在人力方面，图书馆可以加强自身队伍建设和人才培养工作，提高员工的专业素养和工作能力，还可以吸引志愿者参与收集与整理工作，扩大人力资源规模。

（二）版权与知识产权问题的挑战

在地方文献资源的收集与整理过程中，版权和知识产权问题是一个不可忽视的挑战。一些珍贵的地方文献资源可能涉及原作者的权益和利益，如未经授权使用，将可能引发法律纠纷和侵权风险。这不仅会给图书馆等收藏机构带来经济损失和声誉损害，还会影响地方文献资源的正常利用和传播。

为了应对这一挑战，图书馆等收藏机构应严格遵守国家法律法规和相关政策规定，尊重原作者的权益和利益。在收集与整理过程中，应认真审查每份文献的来源和授权情

况，确保使用的合法性和正当性。对于涉及版权和知识产权的地方文献资源，图书馆应积极与原作者或相关机构进行沟通和协商，寻求合理的解决方案，可以通过购买版权、签订授权协议等方式获得使用权；对于无法获得使用权的文献资源，应尊重原作者的意愿并予以标注说明。同时，图书馆还需要建立完善的版权保护机制和管理制度以防止侵权行为的发生。

（三）资源分散与难以整合的挑战

地方文献资源往往分散在不同的机构和个人手中，给收集与整理工作带来了一定的难度。不同机构和个人之间缺乏有效的沟通和协作机制，导致资源难以整合和共享。这不仅影响了地方文献资源的完整性和系统性，也制约了其利用价值的发挥和传播范围的扩大。

为了克服这一挑战，图书馆等收藏机构需要积极与其他机构和个人建立合作关系，实现资源共享和互利共赢。可以通过开展联合编目、馆际互借等方式，加强机构之间的合作与交流，同时，图书馆也可以鼓励个人捐赠或寄存其收藏的地方文献资源，以丰富图书馆的馆藏内容。此外，还需要利用现代信息技术手段对分散的资源进行整合和集成，提高资源的利用效率和价值。可以建立统一的地方文献资源数据库或平台，将不同来源的文献资源进行数字化处理和整合；可以利用数据挖掘、关联分析等技术手段，挖掘文献资源之间的内在联系和价值信息，为用户提供更加便捷和深入的服务。

（四）加强宣传与推广力度

提高地方文献资源的知名度和影响力，是促进其收集与整理工作的重要手段之一。通过加强宣传与推广力度，可以让更多的人了解和关注地方文献资源，并参与到收集与整理工作中来。图书馆等收藏机构可以利用各种渠道和方式进行宣传与推广，如举办展览、讲座、研讨会等活动，向社会广泛介绍地方文献资源的价值和意义；利用网络平台和社交媒体等新兴渠道进行线上宣传和推广工作，吸引更多年轻用户的关注和参与；与其他文化机构合作，共同开展宣传活动等措施来扩大影响力，提高地方文献资源的知名度和美誉度。通过加强宣传与推广力度，图书馆可以激发社会各界对地方文献资源的兴趣和热情，为其收集与整理工作提供有力支持和保障。

第三节 地方文献资源的开发与利用

一、地方文献资源的开发利用模式

（一）传统开发利用模式

传统的地方文献资源开发利用模式主要依赖于图书馆、档案馆等实体机构的收藏、整理与服务。这些机构通过专业人员对地方文献进行细致的收集、分类、编目等工作，确保文献的完整性和系统性。研究者可以通过到馆查阅或借阅的方式，获取所需的地方文献资源。这种模式的优点在于其稳定性和可靠性，经过长期实践已形成一套完善的管理和服务体系。然而，受限于物理空间和人力资源，传统模式在服务范围和效率方面存在一定的局限性。例如，研究者可能需要花费大量时间和精力在多个机构之间奔波，以寻找所需的文献资源。

为了克服这些局限性，一些图书馆和档案馆开始尝试改进传统模式。例如，通过馆际互借和文献传递等方式，实现资源共享和互补；通过编制联合目录和建立合作网络，提高文献的可见性和可获取性。这些举措在一定程度上提升了传统模式的服务效能，但仍然无法完全满足日益增长的信息需求。

（二）数字化开发利用模式

随着信息技术的发展和应用，数字化已成为地方文献资源开发利用的新趋势。数字化技术可以将纸质文献转化为电子文档，实现信息的快速检索、远程访问和无限复制。数字化模式不仅提高了文献的利用率和传播速度，还降低了保存和管理的成本。同时，数字化技术还可以对文献进行增强处理，如添加注释、链接相关资源等，为研究者提供更加便捷和丰富的信息体验。

在数字化开发利用模式中，图书馆、档案馆等机构扮演着重要角色。它们需要投入大量的人力、物力和财力资源，进行文献的数字化加工、存储和管理等工作，同时，还需要与信息技术企业合作，共同研发适合地方文献特点的数字化技术和工具。通过这些努力，地方文献资源的数字化进程不断加快，为学术研究和文化传承提供了有力支持。

（三）合作开发利用模式

合作开发是指多个机构或个体共同参与地方文献资源的开发利用工作。这种模式可以汇聚各方力量和资源，实现优势互补和协同发展。例如，图书馆可以与博物馆、文化馆等机构合作，共同开展地方文献的收集、整理和研究工作。通过资源共享和联合开发，各机构可以形成更加完整和系统的地方文献资源体系。同时，图书馆还可以与高校、科研机构等合作，推动地方文献资源的深入研究和创新应用。通过与专业研究人员的合作，图书馆可以挖掘地方文献中的深层价值和潜在信息，为学术研究和社会发展提供新的思路和启示。

合作开发利用模式的成功实施需要建立有效的合作机制和管理体系。各参与方需要明确各自的责任和义务，共同制订合作计划和实施方案，同时，还需要建立信息共享和沟通平台，确保信息的及时传递和有效沟通。通过这些举措，可以促进合作开发的顺利进行，实现地方文献资源的最大化利用和共享。

（四）公众参与开发利用模式

公众参与是指引导社会大众积极参与地方文献资源的开发利用工作。这种模式有助于增强公众的文化认同感和归属感，促进地方文化的传承和发展。为了实现公众参与的目标，图书馆、档案馆等机构需要积极开展宣传和推广工作，提高公众对地方文献的认知和兴趣，例如，可以通过举办讲座、展览、征文比赛等活动，向公众介绍地方文献的历史背景、文化价值和研究意义；通过开设网上论坛、社交媒体账号等平台，与公众进行互动交流，收集反馈意见和建议，不断完善和优化开发利用工作。

此外，图书馆还可以鼓励公众以个人或团体的形式参与地方文献的收集、整理和研究工作，例如，可以设立志愿者项目或众包任务，让公众在参与过程中获得成就感和荣誉感；可以建立激励机制和奖励制度，对在地方文献开发利用工作中做出突出贡献的个人或团体进行表彰和奖励。这些举措有助于激发公众的参与热情和创造力，推动地方文献资源开发利用工作的深入发展。

二、地方文献资源在学术研究中的应用

地方文献资源作为学术研究的重要素材之一，在历史、文学、社会学和艺术学等多个学科领域中都发挥着不可替代的作用。对地方文献的深入挖掘和分析可以揭示当地历史的发展脉络和变迁过程、文学艺术的风格和内涵以及社会的历史演变和现实状况等重要信息。以下将分别阐述地方文献资源在各个学科领域中的应用情况。

（一）地方文献资源在历史研究中的应用

历史研究是对过去事件和人类社会发展历程的探究和分析。地方文献资源作为历史研究的重要素材之一，可以为研究者提供详实可靠的资料依据。通过对地方志、家谱、碑刻等文献的深入挖掘和分析，我们可以了解当地的历史沿革、政治经济制度、社会文

化传统以及重大事件和人物传记等信息。这些信息对于还原历史场景、揭示历史规律和理解当地历史文化具有重要意义。同时，地方文献中的民间传说、风俗习惯等内容也可以为历史研究提供独特的视角和补充，使研究者能够更全面地了解当地的历史文化面貌。

（二）地方文献资源在文学研究中的应用

文学研究是对文学作品和文学现象的探究和分析。地方文献资源在文学研究中具有重要地位，因为它们保存了大量的民间文学资料和文人墨客的作品信息。对这些资料的深入挖掘和分析，可以揭示当地文学的发展和特点以及文学作品的风格和内涵。例如，在地方文献中，我们可以找到许多歌谣、戏曲、小说等民间文学作品，这些作品反映了当地人民的生活情趣和审美追求。同时，地方文献中还保存了许多文人墨客的生平事迹和创作背景等信息，通过对这些信息的了解和分析，人们可以更深入地理解当地文学的内涵和价值。此外，地方文献资源还可以为文学研究提供丰富的实例和证据支持使研究结论更加有说服力和可信度。

（三）地方文献资源在社会学研究中的应用

社会学研究是对社会结构、社会关系和社会变迁的探究和分析。地方文献资源在社会学研究中同样具有不可替代的作用。对地方文献中的社会结构、人口变迁、经济发展等方面的资料进行分析和研究可以揭示当地社会的历史演变和现实状况。例如，在地方文献中可以找到关于当地人口数量、分布和迁移的信息，以及关于当地经济发展水平和产业结构的信息，这些信息对于理解当地社会的历史演变和现实状况具有重要意义。同时，地方文献中的民俗风情等内容也可以为社会学研究提供独特的文化视角和解释框架，使研究者能够更深入地理解当地社会的文化内涵和价值观念。

（四）地方文献资源在艺术学研究中的应用

艺术学研究是对艺术作品和艺术现象的探究和分析。地方文献资源在艺术学研究中同样具有重要意义，因为它们保存了大量的民间艺术资料和艺术家及其作品的信息。对这些资料的深入挖掘和分析，可以揭示当地艺术的发展和特点以及艺术作品的风格和内涵。例如，在地方文献中，我们可以找到许多绘画、雕塑、剪纸等民间艺术作品，这些作品反映了当地人民的审美情趣和艺术创造力；同时，地方文献还保存了许多艺术家的生平事迹和创作背景等信息，通过对这些信息的了解和分析，我们可以更全面地把握当地艺术的风格和内涵。此外，地方文献资源还可以为艺术学研究提供丰富的实例和证据支持，使研究结论更加有说服力和可信度。

（五）跨学科综合研究中的应用

除了在以上各个学科领域的应用外，地方文献资源还可以为跨学科综合研究提供有力的支持。跨学科综合研究是指将不同学科领域的知识和方法相结合,对某一问题或现象进行多角度、多层次的综合分析和研究。在这种研究中,地方文献资源可以发挥桥梁和纽带的作用,将不同学科领域的知识和方法连接起来,形成一个完整的研究体系,例如,可以将历史学、文学、社会学和艺术学等多个学科领域的知识和方法相结合,对地方文献资源进行深入的挖掘和分析,从而得出更加全面、深入的结论和成果。这种跨学科综合研究的方法有助于推动地方文献资源开发利用工作的创新和发展,为学术研究和文化传承提供新的思路和启示。

三、地方文献资源在文化产业中的创新利用

地方文献资源,作为记录地区历史与文化的重要载体,不仅承载着深厚的文化底蕴,还蕴含着丰富的创新元素。在文化产业高速发展的今天,如何将这些宝贵的地方文献资源进行创新利用,为文化产业注入新的活力,成为了一个值得深入探讨的课题。

(一)文化旅游产品开发

地方文献资源中蕴含着丰富的历史、民俗、艺术等信息,这些信息是文化旅游产品开发的重要素材。通过对地方文献的深入挖掘和整理,我们可以提炼出具有代表性和吸引力的文化元素,如历史人物、名胜古迹、风土人情等,进而开发出独具特色的文化旅游产品。

例如,可以依托地方文献中的历史记载和民间传说,打造主题景区或文化体验活动。通过复原历史场景、展示传统工艺、举办民俗表演等方式,让游客在游览过程中感受到浓郁的地方文化氛围,增强文化旅游的吸引力和竞争力。同时,这些文化旅游产品还能带动当地相关产业的发展,如餐饮、住宿、交通等,为地区经济注入新的活力。

(二)影视剧创作与拍摄

地方文献资源中的历史故事、传奇人物传记等具有极高的艺术价值和观赏性,是影视剧创作与拍摄的重要灵感来源。通过对这些地方文献的深入挖掘和改编,我们可以创作出具有地域特色和文化内涵的影视剧作品。

这些影视剧作品不仅可以展现当地的历史风貌和人文特色,还能通过艺术化的手法将传统文化与现代审美相结合,吸引更多观众的关注和喜爱。同时,优秀的影视剧作品还能提升当地的文化品牌影响力和市场竞争力,推动文化产业的发展壮大。

(三)文化创意产品设计

地方文献资源中的图案、符号、色彩等元素具有丰富的创意价值和设计灵感。通过对这些地方文献元素的提取和再创作,我们可以设计出具有独特风格和地域特色的文化

创意产品。

这些文化创意产品可以涵盖多个领域，如文具、服饰、家居用品等。它们不仅具有实用功能，还能满足消费者对美的追求和对文化的尊重。同时，这些文化创意产品还能作为地方特色礼品或纪念品，促进地区间的文化交流与传播。

（四）线上线下融合推广

在信息化时代背景下，线上线下融合推广成为地方文献资源在文化产业中创新利用的新趋势。通过搭建线上平台或利用社交媒体等渠道进行宣传推广，我们可以让更多的人了解和关注地方文献资源及其相关文化产品。

线上平台可以包括官方网站、社交媒体账号、电商平台等。通过这些平台，我们可以发布地方文献资源的介绍、展示相关文化产品、提供购买渠道等。同时，我们还可以利用大数据分析技术，了解消费者的需求和喜好，为他们提供更加精准的产品推荐和服务。

线下推广方面，我们可以结合实体展览、体验活动等形式进行互动和交流，通过举办主题展览、文化讲座、手工艺体验等活动，让消费者亲身感受到地方文献资源的魅力和价值。这种线上线下融合推广的方式不仅可以增强消费者的参与感和体验感，还能提升文化产业的吸引力和影响力。

四、提升地方文献资源开发与利用效果的策略

为了更好地开发和利用地方文献资源，推动文化产业的发展和创新，我们需要采取一系列有效的策略来提升其开发与利用效果。

（一）加强收集与整理工作

首先，我们要加强地方文献资源的收集与整理工作，通过广泛征集民间藏书、深入挖掘历史档案、系统整理现有文献等方式，建立起完善的地方文献收藏体系和数据库系统。这样可以为后续的开发利用工作提供坚实的基础和保障。

在收集过程中，我们要注重文献的真实性和完整性，确保所收集的文献能够真实反映地区的历史和文化面貌。在整理过程中，我们要对文献进行分类、编目、数字化等处理，方便后续的检索和利用。

（二）推动数字化与信息化建设

其次，我们要推动地方文献资源的数字化与信息化建设，通过采用先进的数字化技术和信息化管理手段，将纸质文献转化为电子文档并实现信息化管理和服务。这样可以提高检索效率、降低保存成本并扩大服务范围。

在数字化过程中，我们要注重数据的准确性和可读性，确保所转化的电子文档能够真实反映原文献的内容和形式。在信息化建设过程中，我们要建立完善的数据库系统和信息服务平台，提供便捷的检索、浏览、下载等服务功能。

（三）加强合作与交流机制建设

此外，我们还要加强合作与交流机制建设。通过与其他机构或个体的合作与交流，我们可以汇聚各方力量和资源实现优势互补和协同发展。这样可以借鉴他人的成功经验和做法，不断完善自身的开发利用工作并提高整体水平。

在合作过程中，我们要注重平等互利和共同发展的原则，建立良好的合作关系和沟通机制。在交流过程中，我们要积极参与各种学术研讨会、文化交流活动等，了解最新的研究成果和行业动态。

（四）注重人才培养与队伍建设

最后，我们要注重人才培养与队伍建设。通过加强专业人才的培养和引进，优化队伍结构和管理机制等措施，我们要打造一支高素质、专业化的地方文献资源开发利用团队。这样可以为相关工作提供有力的人才保障和支持。

在人才培养方面，我们可以通过学历教育、职业培训等方式提高从业人员的专业素质和技能水平。在人才引进方面，我们可以通过招聘、兼职等方式吸引更多优秀人才加入到地方文献资源开发利用工作中来。在队伍建设和管理方面，我们要建立完善的激励机制和考核机制，激发从业人员的积极性和创造性。

综上所述，通过加强收集与整理工作、推动数字化与信息化建设、加强合作与交流机制建设，以及注重人才培养与队伍建设等策略的实施，我们可以有效提升地方文献资源的开发与利用效果，为文化产业的发展和创新注入新的活力。

第九章　图书馆读者服务工作

第一节　图书馆读者服务工作的特点与要求

一、读者服务工作的基本特点

（一）服务性

服务性是图书馆读者服务工作的根本特点，也是图书馆存在的核心价值所在。作为知识与信息的集散地，图书馆承担着为广大读者提供优质服务的使命。这种服务性不仅体现在基本的借阅、查询等功能上，还体现在为读者创造一个良好的学习环境、提供个性化的信息咨询、推广阅读文化等更深层次的服务上。

图书馆员作为服务工作的主体，应始终将读者的需求放在首位，以优质的服务赢得读者的信赖和满意。他们需要具备高度的服务意识和专业素养，能够主动了解读者的需求，提供精准、及时的服务。同时，图书馆还需要不断完善服务设施，优化服务流程，提高服务效率，为读者提供更加便捷、高效的服务体验。

服务性的特点还要求图书馆员具备良好的沟通能力和人际交往能力。他们需要与读者建立良好的互动关系，了解读者的反馈意见，及时调整服务策略，不断提升服务质量。通过与读者的沟通交流，图书馆员可以更好地了解读者的需求，提供更加个性化的服务，使读者感受到图书馆的温暖和关怀。

（二）主动性

主动性是图书馆读者服务工作的重要特点。在传统的图书馆服务中，图书馆员往往处于被动地位，等待读者上门咨询或借阅。然而，在现代图书馆服务中，这种被动等待的方式已经无法满足读者的需求。图书馆员需要更加主动地与读者沟通交流，了解他们的需求和期望，为他们提供更加精准、个性化的服务。

主动性的特点要求图书馆员具备积极主动的工作态度和创新精神。他们需要主动关注读者的需求变化，及时调整服务策略，创新服务方式，以满足读者的多样化需求。例如，图书馆员可以主动开展读者调查，了解读者的阅读偏好和需求，为他们推荐相关的图书和期刊；可以主动与读者建立联系，提供定制化的信息咨询服务，帮助读者解决在学术研究、工作生活中遇到的问题。

此外，主动性的特点还要求图书馆员关注读者的反馈意见，将其作为改进工作的重要依据。他们需要认真倾听读者的声音，了解他们对服务工作的评价和期望，及时调整服务策略，提升服务质量。通过与读者的互动交流，图书馆员可以不断完善服务工作，提高读者的满意度和忠诚度。

（三）多样性

多样性是图书馆读者服务工作的另一显著特点。随着社会的不断发展和进步，读者的需求也日益多样化。他们不再满足于简单的借阅和查询服务，而是希望图书馆能够提供更加丰富多彩的服务内容。因此，图书馆需要在服务方式、服务内容和服务手段等方面进行不断创新和拓展，以满足不同读者的多样化需求。

多样性的特点要求图书馆员具备创新思维和开放视野。他们需要关注社会发展动态和读者需求变化，不断探索新的服务方式和服务内容。例如，图书馆可以开展多种形式的阅读推广活动，如读书会、朗诵比赛、书评分享等，激发读者的阅读热情和兴趣，还可以提供多元化的信息咨询服务，如学科导航、科技查新、定题服务等，满足读者在学术研究、工作生活中的不同需求。

此外，多样性的特点还要求图书馆加强与其他机构和人员的合作与交流。通过合作与共享资源，图书馆可以拓展服务范围和内容，为读者提供更加全面、深入的服务体验。例如，图书馆可以与博物馆、档案馆等机构合作开展联合展览和教育活动，还可以邀请专家学者举办讲座和研讨会等活动，为读者提供更加专业、前沿的学术信息。

二、现代图书馆读者服务的新要求

（一）数字化服务

随着信息技术的快速发展和普及应用，数字化已经成为现代图书馆服务的重要趋势之一。数字化服务不仅可以提高图书馆资源的利用效率和便捷性，还可以为读者提供更加个性化、精准的服务体验。因此，现代图书馆需要加强数字化建设，提供电子图书、电子期刊、数据库等数字化资源，并优化数字化服务流程。

具体来说，图书馆需要建立完善的数字化资源体系和服务平台。通过采购和自建等方式获取丰富的电子图书、电子期刊等数字化资源，并将其整合到一个统一的平台上进行管理和服务。同时，图书馆还需要优化数字化服务流程，使读者能够更加方便快捷地获取所需信息，例如，建立完善的检索系统和导航系统，提供多种检索方式和浏览方式，还可以利用数据挖掘和推荐算法等技术手段为读者提供更加精准的信息推荐服务。

此外，数字化服务还要求图书馆员具备数字化素养和技能。他们需要熟练掌握数字化技术和工具的使用方法，能够处理数字化资源和服务过程中出现的问题。同时，图书馆还需要加强对读者的数字化教育和培训，提高他们的数字化素养和技能水平，使其能够更好地利用图书馆的数字化资源和服务。

（二）个性化服务

个性化服务是现代图书馆服务的又一重要方向。每个读者都有自己的信息需求和偏好，因此，图书馆需要通过数据挖掘、用户画像等技术手段深入了解读者的需求和兴趣，为他们提供更加精准、个性化的服务。这种个性化服务不仅可以提高读者的满意度和忠诚度，还可以促进图书馆资源的有效利用和传播。

具体来说，图书馆需要建立完善的读者信息管理系统和数据挖掘分析系统。图书馆通过收集和分析读者的借阅记录、检索记录、浏览记录等数据信息来了解他们的阅读偏好、研究领域等信息需求特点，并利用数据挖掘和机器学习等技术手段对读者进行分类和聚类处理，形成用户画像和标签体系，最终可根据用户画像和标签体系为读者提供更加精准的信息推荐、定制化咨询服务等个性化服务内容。

此外，个性化服务还要求图书馆员具备良好的沟通能力和人际交往能力。他们需要与读者建立良好的互动关系，了解他们的个性化需求和期望，并根据读者的反馈意见及时调整服务策略和内容，以满足他们的不同需求。通过与读者的沟通交流和互动合作，图书馆员可以不断完善个性化服务工作，提高读者的满意度和忠诚度。

（三）智能化服务

智能化服务是现代图书馆服务的又一重要趋势。通过引入人工智能、大数据等先进技术，图书馆可以实现智能化管理、智能化检索和智能化推荐等功能，为读者提供更加便捷、高效的服务体验。这种智能化服务不仅可以提高图书馆的管理效率和服务水平，还可以为读者带来更加智能化、个性化的阅读体验。

具体来说，图书馆需要建立完善的智能化管理系统和服务平台，通过引入自动化管理系统和智能化设备等技术手段实现图书馆资源的自动化管理、智能化借阅和归还等功能，并利用语义分析、自然语言处理等技术手段实现智能化检索和问答服务等功能，最终利用机器学习和深度学习等算法实现智能化推荐和信息过滤等功能，为读者提供更加精准、个性化的信息推荐服务。

此外，智能化服务还要求图书馆员具备创新意识和学习能力。他们需要关注人工智能、大数据等前沿技术的发展动态和应用场景，并积极学习新技术和新知识，掌握相关技能和方法，最终将新技术和新知识应用到实际工作中去，提高工作效率和服务质量。

通过与技术人员的紧密合作和持续学习培训，图书馆员可以不断完善智能化服务工作，为读者带来更加便捷高效的阅读体验。

（四）协作式服务

协作式服务是现代图书馆服务的新要求之一。在传统的图书馆服务中，图书馆员往往独立工作，缺乏与其他机构和人员的协作交流。然而，在现代社会背景下，图书馆需要与其他机构、企业、社区等建立紧密的合作关系，共同开展读者服务工作。这种协作式服务不仅可以拓宽图书馆的服务范围和影响力，还可以促进资源共享和优势互补，提高整体服务效率和质量。

具体来说，图书馆需要积极寻求与其他机构的合作机会并建立长期稳定的合作关系。例如，图书馆与公共图书馆、学校图书馆等建立资源共享机制，实现资源的互通有无和共同利用，还可以与企业合作开展信息素养培训项目，提高企业员工的信息素养和技能水平，与社区合作开展阅读推广活动等提高社区居民的阅读兴趣和文化素养。

此外，协作式服务还要求图书馆员具备良好的团队协作和沟通能力。他们需要与其他机构和人员建立良好的合作关系，共同制订服务计划和方案，并在合作过程中积极沟通交流及时解决问题和困难，保证合作项目的顺利进行。通过与其他机构和人员的紧密合作，图书馆可以形成更加强大的服务合力，为读者提供更加全面、深入的服务体验。

（五）国际化服务

国际化服务是对现代图书馆服务提出的又一新要求。随着全球化进程的不断加速，国际交流与合作已经成为图书馆发展的重要方向之一。图书馆需要积极参与国际交流与合作项目，引进国外先进的图书馆管理理念和服务模式，提高图书馆在国际舞台上的影响力和竞争力。同时，图书馆还需要加强多语种服务能力建设，为不同国家和地区的读者提供更加便捷、高效的服务体验。

具体来说，图书馆需要积极参与国际图书馆界的交流与合作活动，如参加国际会议、加入国际组织等，了解国际图书馆界的发展动态和先进经验，并引进国外先进的图书馆管理理念和服务模式，结合本馆的实际情况进行创新和发展，形成具有本馆特色的服务模式，最终将本馆的服务模式推向国际舞台，展示本馆的实力和风采。

此外，国际化服务还要求图书馆员具备国际视野和跨文化沟通能力。他们需要了解不同国家和地区的文化背景和阅读习惯，能够处理跨文化交流中的问题和困难，并熟练掌握至少一门外语，能够进行跨语言的检索、咨询和服务工作。通过加强国际化服务能力建设，图书馆可以为更多国家和地区的读者提供更加便捷、高效的服务体验促进国际文化交流与合作。

三、图书馆员在读者服务中的角色与职责

（一）信息咨询专家

图书馆员，作为信息咨询专家，在图书馆的宏伟殿堂中占据着举足轻重的地位。他们不仅仅是图书的管理者，更是知识的导航者和信息的传递者。面对浩如烟海的文献资料，图书馆员需具备深厚的专业背景，包括但不限于图书馆学、信息科学以及相关领域的广泛知识。这要求他们有系统的专业训练，并拥有丰富的实践经验，从而能够针对读者的多样化需求和复杂问题，提供精准、全面的解答与建议。

在日常工作中，图书馆员需要不断学习和更新自己的知识体系，以应对信息时代的快速变化。他们通过参加专业培训、阅读最新文献、参与学术交流等方式，不断吸收新知识，提升自我。这样的努力，使得他们能够在读者面前展现出广博的知识储备和敏锐的信息洞察力，为读者提供高质量的信息咨询服务。

（二）阅读推广者

图书馆员还扮演着阅读推广者的重要角色。他们深知阅读对于个人成长和社会进步的重要性，因此致力于在广大读者中推广阅读文化，培育良好的阅读习惯和兴趣。为了达到这一目的，图书馆员通过精心策划和组织各种阅读活动，如读书会、讲座、展览等，吸引读者走进图书馆，感受阅读的魅力。

此外，图书馆员还善于利用自身的专业知识和对图书的深厚了解，为读者推荐优秀的图书和期刊。他们根据读者的年龄、兴趣、需求等因素，精心挑选适合的读物，引导读者在阅读中发现乐趣、获取知识、提升自我。同时，他们还提供个性化的阅读指导服务，帮助读者解决在阅读过程中遇到的问题和困难。

（三）信息技术应用者

在信息技术迅猛发展的今天，图书馆员作为信息技术应用者的角色愈发突显。他们需要熟练运用各种先进的信息技术工具和平台，如数字化图书馆系统、在线检索工具、数据分析软件等，以便为读者提供更加便捷、高效的服务体验。这要求图书馆员不仅具备扎实的信息技术基础知识，还要具备将信息技术与图书馆服务相结合的创新思维和实践能力。

图书馆员通过运用信息技术手段，可以实现对馆藏资源的数字化管理和在线检索功能，极大地方便了读者的使用。同时，他们还可以利用数据分析技术，对读者的借阅记录、阅读习惯等进行分析和挖掘，为改进服务提供数据支持。此外，随着移动互联网和智能终端的普及，图书馆员还积极探索将图书馆服务延伸到手机、平板电脑等移动终端

上，使读者能够随时随地享受图书馆的资源和服务。

（四）团队合作与沟通者

图书馆员在读者服务中还需要扮演团队合作与沟通者的角色。图书馆作为一个复杂的组织机构，需要各部门之间的紧密协作和高效沟通才能为读者提供优质的服务。因此，图书馆员需要具备出色的团队合作能力和沟通技巧。

在工作中，图书馆员需要与其他图书馆员、技术部门、行政部门等保持密切的联系和合作与他们共同制订服务策略、解决工作问题、推进项目进度等。此外，在与读者的沟通中，图书馆员也需要展现出良好的职业素养和服务意识。他们应以热情、耐心、友善的态度接待每一位读者，认真倾听读者的需求和意见，并及时给予回应和解决方案。通过有效的沟通和协作，图书馆员能够为读者提供更加优质、高效的服务体验。

四、提升读者满意度的关键因素

在图书馆服务中，提升读者满意度是至关重要的目标。为了实现这一目标，以下关键因素不容忽视。

（一）优质的服务态度

优质的服务态度是提升读者满意度的基石。图书馆员应以热情、友好、耐心的态度对待每一位读者，让他们感受到图书馆的温暖和关怀。无论读者提出何种问题或需求，图书馆员都应给予积极的回应和专业的解答。同时，尊重读者的权益和隐私也是图书馆员必备的职业素养之一。通过良好的服务态度，图书馆员能够赢得读者的信任和尊重，为提升服务满意度奠定坚实的基础。

（二）高效的服务流程

高效的服务流程对于提升读者满意度同样至关重要。烦琐、低效的服务流程往往会让读者感到不满和失望。因此，图书馆应致力于优化服务流程设计，简化手续和环节，提高服务效率和质量。例如，引入自助借还系统、智能检索系统等先进技术手段可以极大地提高借阅和查询的效率和准确性；设置咨询台、在线客服等渠道可以方便读者随时获得帮助和解答；合理安排开放时间、增加服务窗口等措施也可以有效缓解读者等待时间过长的问题。通过高效的服务流程，图书馆能够为读者提供更加便捷、高效的服务体验。

（三）丰富的服务内容

为了满足读者的多样化和个性化需求，图书馆需要提供丰富的服务内容。除了传统的借阅服务外，图书馆还可以开展各种主题阅读活动、学术讲座和研讨会等文化交流活动，为读者提供更加广阔的知识视野和交流平台；信息素养培训、职业规划指导等深层次的信息咨询服务可以帮助读者提升自我能力和解决实际问题。此外，图书馆还可以根据读者的兴趣和需求定制个性化的服务内容，如推荐阅读书单、定制学习计划等。通过丰富的服务内容，图书馆能够满足不同读者的需求和期望，提升他们的满意度和忠诚度。

（四）良好的阅读环境

良好的阅读环境对于提升读者满意度同样具有重要意义。一个安静、舒适、温馨的阅读环境可以让读者更好地沉浸在知识的海洋中，享受阅读的乐趣。因此，图书馆应注重阅读环境的营造和改善工作，例如，提供宽敞明亮的阅览室、舒适的座椅和灯光等设施设备；加强环境卫生和安全管理工作确保读者能够在安全健康的环境中阅读；通过绿化植物、艺术品装饰等手段打造宜人的阅读氛围。通过良好的阅读环境图书馆能够为读者提供更加愉悦、舒适的阅读体验。

（五）持续的改进与创新

最后但同样重要的是，图书馆需要持续的改进与创新以提升读者满意度。在快速变化的信息时代读者的需求和期望也在不断变化和升级。因此，图书馆需要保持敏锐的市场洞察力和创新精神，及时关注读者反馈意见和市场动态变化；调整服务策略和改进服务方式以满足读者的新需求和新期望；加强与其他机构、人员的交流与合作，引进先进的管理理念和服务模式；鼓励员工积极参与培训和学习活动，提高专业素养和服务能力水平等。通过这些措施的实施，图书馆可以不断提升自身的服务质量和竞争力，赢得更多读者的青睐和认可。在持续改进与创新的过程中，图书馆还应注重收集和分析读者的反馈意见以便及时发现问题并进行针对性的改进。此外，图书馆还可以建立读者满意度调查机制，定期评估服务效果并根据评估结果进行调整和优化，从而实现服务质量的持续提升和读者满意度的不断提高。

第二节　图书馆读者服务工作的创新举措

一、数字化服务在读者服务中的应用

（一）电子图书与期刊的在线借阅

随着数字技术的日新月异，图书馆已经不再是传统意义上的藏书楼，而逐渐成为向数字化、网络化方向迅速发展的信息中心。在这一背景下，电子图书与期刊的在线借阅功能显得尤为重要。图书馆应当积极采购和整合各类电子资源，包括电子图书、电子期刊、学位论文、会议论文等，以形成一个庞大而丰富的数字化资源库。

通过图书馆网站或移动应用，读者可以轻松访问这些资源，并实现在线借阅功能。无论是在家中、在办公室还是在路上，读者都可以随时随地阅读自己感兴趣的图书和期刊，这极大提高了借阅的便捷性和灵活性。此外，图书馆还可以根据读者的借阅历史和阅读习惯，为他们推送个性化的图书和期刊推荐，进一步提高读者的阅读体验和满意度。

（二）数字化参考咨询服务

参考咨询是图书馆读者服务的重要组成部分，旨在为读者提供及时、准确的信息解答和帮助。在数字化时代，图书馆可以利用各种数字化手段，如实时在线聊天工具、电子邮件、社交媒体等，为读者提供全方位的参考咨询服务。

通过实时在线聊天工具，读者可以随时与图书馆员进行在线交流，咨询各种问题和疑难。图书馆员可以利用专业知识和技能，为读者提供及时、准确的解答和帮助。同时，图书馆还可以建立常见问题解答（FAQ）数据库，将读者经常咨询的问题和答案进行整理和分类，方便读者随时查询和获取。

此外，图书馆还可以通过电子邮件、社交媒体等渠道，为读者提供更加个性化的参考咨询服务。例如，针对读者的特定问题或需求，图书馆员可以进行深入的研究和分析，为读者提供更加专业、深入的解答和建议。

（三）虚拟现实（VR）与增强现实（AR）技术的应用

虚拟现实与增强现实技术是近年来迅速发展的新兴技术，它们在图书馆读者服务中也有着广泛的应用前景。通过引入 VR 和 AR 技术，图书馆可以为读者提供更加沉浸式的阅读体验和互动方式。

例如，图书馆可以利用 VR 技术，为读者打造一个虚拟的图书馆空间。在这个空间中，读者可以身临其境地参观图书馆的各个角落，浏览书架上的图书和期刊，甚至与其他读者进行交流和互动。这种沉浸式的阅读体验可以让读者更加深入地感受到图书的魅力和乐趣。

同时，图书馆还可以利用 AR 技术，将图书内容与现实世界进行融合和互动。例如，读者可以通过手机或平板电脑上的 AR 应用，扫描图书中的二维码或图片，然后在屏幕上看到与图书内容相关的虚拟场景或动画效果。这种互动方式可以让读者更加直观地理解图书内容，提高阅读效果和兴趣。

（四）智能推荐系统

在大数据和人工智能技术的支持下，图书馆可以建立智能推荐系统，为读者提供更加精准、个性化的图书和期刊推荐服务。这个系统可以根据读者的借阅历史、阅读习惯、兴趣爱好等信息，进行深度学习和分析，然后为读者推荐最合适的图书和期刊。

通过智能推荐系统，读者可以更加轻松地发现自己感兴趣的图书和期刊，提高阅读效率和满意度。同时，这个系统还可以帮助图书馆发掘潜在的资源和服务模式，进一步优化读者服务和资源配置。

二、个性化与定制化服务策略

在现代社会，读者的信息需求和阅读习惯越来越个性化和多样化。为了满足读者的不同需求，图书馆需要采取个性化与定制化的服务策略，为读者提供更加贴心、高效的服务。

（一）个性化借阅服务

个性化借阅服务是图书馆个性化服务的重要组成部分。通过为每位读者建立个性化的借阅档案，记录他们的借阅历史、喜好、阅读习惯等信息，图书馆可以为读者提供更加精准和个性化的借阅服务。例如，根据读者的借阅历史和喜好，图书馆可以推荐相似主题的图书或同一作者的其他作品；当有新书上架时，图书馆也可以第一时间通知感兴趣的读者前来借阅。这种个性化借阅服务不仅可以提高读者的借阅体验和满意度，还可以帮助图书馆更好地了解读者的需求和偏好，为进一步优化读者服务提供有力支持。

（二）定制化阅读计划

针对不同读者群体，如学生、教师、研究人员等，图书馆可以提供定制化的阅读计划服务。这些计划可以根据读者的学科背景、研究方向、时间安排等因素进行量身定制，为他们推荐合适的阅读材料和进度安排。例如，对于学生读者来说，图书馆可以根据他们的课程安排和学习目标，为他们制订针对性的阅读计划；对研究人员，图书馆可以根据他们的研究领域和进展需求，为他们提供前沿性的学术资源推荐和阅读指导。这种定制化阅读计划服务可以帮助读者更加高效地进行阅读和学习，提升他们的学术素养和研究能力。

（三）个性化学习空间

为了满足读者多样化的学习需求和环境偏好，图书馆可以提供个性化的学习空间服务。这些空间可以根据读者的需求进行预约和配置，包括安静的自习室、小组讨论室、多媒体教室等不同类型的学习空间。例如，对于需要独立学习和思考的读者，图书馆可以提供安静的自习室环境；对于需要进行小组讨论和协作交流的读者，图书馆可以提供配备有白板、投影仪等设备的小组讨论室；对于需要进行多媒体学习和展示的读者，图书馆还可以提供配备有电脑、音响等设备的多媒体教室。这种个性化学习空间服务可以为读者提供更加舒适和高效的学习环境，满足他们多样化的学习需求和环境偏好。

（四）定制化信息推送服务

在信息爆炸的时代背景下，读者往往难以从海量信息中筛选出对自己有用的信息。为了解决这一问题，图书馆可以提供定制化的信息推送服务。通过收集和分析读者的信息需求、学科背景、研究方向等信息，图书馆可以为读者定制化地推送最新的学术动态、相关领域的研究成果、图书馆的新资源等信息。这些信息可以通过电子邮件、短信、移动应用等方式及时推送给读者，帮助他们随时掌握最新的学术动态和资源信息。这种定制化信息推送服务不仅可以节省读者筛选信息的时间和精力，还可以确保他们及时获取到对自己有用的信息资源。

（五）个性化图书推荐与导购服务

面对琳琅满目的图书资源，读者往往难以做出选择。为了帮助读者发现更多感兴趣的图书并提高图书馆的图书流通率和利用率，图书馆员可以提供个性化的图书推荐和导购服务。通过深入了解读者的兴趣爱好、阅读历史和需求等信息，图书馆员可以为他们推荐合适的图书和作者，并引导他们更好地利用图书馆的资源和服务。此外，图书馆还可以设置专门的导购区域或展示架，将新书、热门书或特定主题的图书进行集中展示和推广，方便读者浏览和选择。这种个性化图书推荐与导购服务不仅可以提高读者的阅读体验和满意度，还可以促进图书馆的图书流通和利用效率。

三、读者参与及互动式服务模式的探索

随着时代的进步和信息技术的快速发展，图书馆不再仅仅是藏书和借阅的场所，而是向多元化、互动式的服务模式转变。在这种背景下，探索读者参与及互动式服务模式成为图书馆创新发展的重要方向。

（一）读者参与图书馆管理

传统上，图书馆管理往往由图书馆员主导，但现代图书馆管理正逐渐认识到读者参与的重要性。图书馆可以积极邀请读者参与到图书馆的管理中来，如担任志愿者、参与图书采购和分类等。这种参与不仅可以增强读者的归属感和责任感，使他们更加珍惜图书馆的资源和服务，还可以提高图书馆的管理效率和服务质量。通过读者的参与，图书馆可以更加准确地了解读者的需求和期望，从而提供更加贴心的服务。

实施这一模式的具体措施可以包括建立志愿者招募机制，明确志愿者的职责和权益，提供必要的培训和支持。同时，图书馆还可以设立读者建议箱或在线反馈平台，鼓励读

者对图书馆的采购、分类等工作提出意见和建议。通过这些措施，图书馆可以建立起与读者的紧密联系，共同推动图书馆的发展。

（二）互动式阅读活动

为了激发读者的阅读热情，促进读者之间的交流和互动，图书馆可以定期举办互动式阅读活动。这些活动可以包括读书会、朗诵比赛、书评分享等多种形式。通过这些活动，读者可以分享自己的阅读心得和感受，交流对书籍的理解和看法，从而加深对书籍的理解和认识。同时，这些活动还可以为读者提供一个展示自己的平台，提高他们的自信心和表达能力。

在实施互动式阅读活动时，图书馆需要做好充分的准备工作，包括选择合适的书籍、确定活动的时间和地点、设计活动的流程等。同时，图书馆还需要积极宣传和推广这些活动，吸引更多的读者参与进来。在活动过程中，图书馆可以提供必要的指导和支持，确保活动的顺利进行。

（三）读者反馈机制

建立有效的读者反馈机制是图书馆改进和优化服务的重要手段。图书馆应该鼓励读者对图书馆的服务提出意见和建议，无论是关于图书馆的环境、设施还是关于图书馆员的服务态度和专业素养。为了收集读者的反馈意见，图书馆可以设立意见箱、在线调查问卷或定期举办座谈会等。在收到反馈后，图书馆应当及时回应和处理读者的意见和建议，对存在的问题进行改进和优化。这种互动式的服务模式不仅可以提高读者的满意度和忠诚度，还可以促进图书馆服务质量的持续提升。

（四）合作式学术项目

为了促进学术交流和合作，图书馆可以与学术机构或教师合作，开展合作式学术项目。这些项目可以邀请读者参与研究、撰写论文等工作，为读者提供一个更加广阔的学术视野和交流平台。通过参与这些项目，读者可以深入了解学科的前沿动态和发展趋势，提高自己的学术素养和研究能力。同时，这些项目还可以促进图书馆与学术机构之间的紧密联系和合作，共同推动学术进步和发展。

四、利用社交媒体和移动应用拓展服务渠道

随着信息技术和移动互联网的快速发展，社交媒体和移动应用已经成为人们获取信息、交流互动的重要渠道。图书馆应该积极利用这些新兴技术拓展服务渠道，为读者提供更加便捷、高效的服务。

（一）社交媒体平台的应用

图书馆可以利用微博、微信等社交媒体平台发布图书馆的最新动态、资源更新等信息。通过这些平台，图书馆可以及时向读者传递最新的资讯和活动信息，吸引更多的读者关注和参与。同时，图书馆还可以在社交媒体平台上与读者进行互动和交流，回答读者的问题、解决读者的困难，提高图书馆的知名度和影响力。为了充分发挥社交媒体平台的作用，图书馆需要制定明确的信息发布策略和交流机制，确保信息的准确性和及时性。同时，图书馆还需要积极回应读者的反馈和意见，不断改进和优化服务。

（二）移动应用的开发与推广

为了满足读者随时随地的信息需求，图书馆可以开发移动应用为读者提供更加便捷的服务渠道。这些应用可以实现在线借阅、查询、参考咨询等功能，使读者可以随时随地访问图书馆的资源和服务。通过移动应用，读者可以更加方便快捷地获取所需的信息和资源，提高借阅流程的便捷性和效率性。同时，移动应用还可以为图书馆提供一个更加广阔的服务平台和宣传渠道，吸引更多的读者使用和关注。为了推广移动应用的使用率，图书馆可以采取多种措施进行宣传和推广，如制作宣传海报、开展推广活动、提供优惠政策等。

（三）移动支付与结算服务

在移动应用中，集成移动支付和结算功能可以方便读者进行借阅、费用支付和结算操作。通过移动支付和结算服务，读者可以更加方便快捷地完成借阅费用的支付和结算工作，提高借阅流程的便捷性和效率性。这不仅可以为读者提供更加便捷的服务体验还可以降低图书馆的管理成本，提高工作效率。为了实现移动支付和结算服务的安全性和可靠性，图书馆需要采取多种措施进行保障，如加强支付系统的安全防护、建立完善的支付流程和结算机制等。

五、读者培训与信息素养提升的创新方法

在信息爆炸的时代背景下，信息素养已经成为人们必备的基本素养之一。图书馆作为信息素养教育的重要场所之一应该积极创新培训方法和提升读者的信息素养水平。

（一）信息素养教育课程

为了帮助读者提高信息检索、评价和利用的能力，图书馆可以开设信息素养教育课程。这些课程可以包括图书馆资源介绍、信息检索技巧、学术规范等内容，使读者可以更加系统地学习和掌握信息素养相关的知识和技能。在开设信息素养教育课程时，图书馆需要根据读者的需求和特点制订针对性的课程内容和教学方案，确保课程的有效性和

实用性。同时，图书馆还可以邀请专业人士或教师授课，提供高质量的教学资源和指导。

（二）嵌入式学科服务

将信息素养教育嵌入到学科课程中是一种有效的创新方法。图书馆可以与教师合作共同设计课程内容和教学方案，使读者在学习学科知识的同时提高信息素养。通过这种方式，读者可以更加深入地了解学科领域中的信息资源和检索技巧，提高自己的学术素养和研究能力。同时，嵌入式学科服务还可以促进图书馆与学科教师之间的紧密联系和合作，共同推动信息素养教育的普及和发展。

（三）在线培训与学习资源

利用在线平台提供培训和学习资源是图书馆满足读者多样化学习需求的重要途径。图书馆可以利用在线课程、教学视频、学习指南等多种形式为读者提供丰富的在线学习资源。这些资源可以随时随地访问和学习，使读者可以更加灵活地安排自己的学习时间和地点。同时，在线培训和学习资源还可以为图书馆节省大量的人力和物力成本，提高服务效率和质量。

（四）实践项目与竞赛活动

组织实践项目和竞赛活动是激发读者学习兴趣和实践能力的重要手段。图书馆可以组织信息检索大赛、数字创意设计等实践项目和竞赛活动，使读者可以将所学知识应用于实际情境中，提高自己的信息素养和创新能力。这些活动不仅可以为读者提供一个展示自己才华的平台，还可以促进读者之间的交流和合作，共同推动信息素养的提升和发展。同时，图书馆还可以为获奖者提供奖励和荣誉证书等激励措施，鼓励更多的读者积极参与进来。

（五）合作式学习与社群建设

鼓励读者之间进行合作式学习和社群建设是促进读者之间交流和合作的有效途径。图书馆可以积极倡导读者建立学习小组、参与在线讨论等合作式学习方式，共同学习和探讨信息素养相关的知识和技能。通过这种方式，读者可以相互帮助、相互启发，共同提高自己的信息素养水平。同时，图书馆还可以为这些社群提供必要的支持和资源，如提供学习空间、设备支持、专业指导等推动其健康发展。通过这些社群的建设和发展，图书馆可以更加深入地了解读者的需求和反馈，不断改进和优化服务内容和方式。

第三节　图书馆读者服务工作的评价与改进

一、读者服务工作的评价标准与方法

（一）服务质量标准

服务质量是评价图书馆读者服务工作的基石，它涵盖了多个维度，共同构成了读者对图书馆服务的整体印象。首先，准确性是服务质量的根本要求。图书馆必须确保所提供的信息资源准确无误，这不仅包括书籍、期刊等纸质资源，还包括电子资源、数据库等数字化信息。只有准确的信息才能满足读者的实际需求，帮助他们解决问题或获取知识。其次，及时性也是服务质量的重要体现。现代社会节奏快速，读者对信息的需求往往具有时效性。图书馆应在最短时间内响应读者的需求，无论是借阅图书、查询资料还是提供参考咨询，都应迅速而高效地完成。此外，有效性是衡量服务质量的另一关键指标。图书馆的服务不仅要快速准确，更要能够帮助读者解决实际问题或满足他们的需求。这要求图书馆员具备专业的知识和技能，能够针对读者的不同需求提供个性化的服务方案。最后，友好性是提升服务质量的重要因素。图书馆员应以热情、耐心的态度对待每一位读者，无论他们的问题多么简单或复杂，都应给予耐心细致的解答和帮助。一个友好、温馨的服务环境能够让读者感受到图书馆的温暖和关怀。

为了达到这些服务质量的标准，图书馆需要采取一系列措施：首先应加强信息资源的建设和管理，确保信息的准确性和时效性；提高图书馆员的专业素养和服务意识，通过定期培训和考核，提升他们的服务能力和水平；引入先进的技术手段和设备，如自动化借还系统、智能检索工具等，提高服务效率和质量；注重与读者的沟通和互动，及时了解他们的需求和反馈，不断改进和优化服务方式。

（二）读者满意度调查

读者满意度调查是评价图书馆读者服务工作的重要手段之一。通过定期或不定期的读者满意度调查，图书馆可以了解读者对服务的整体评价、存在的问题以及改进的建议。这些调查结果不仅可以帮助图书馆发现服务中的不足和问题，还可以为改进服务提供有针对性的建议和方向。

在进行读者满意度调查时，图书馆需要设计科学合理的调查问卷，明确调查的目的和内容。问卷应涵盖服务的各个方面，包括信息资源、服务环境、服务态度、服务效率等。同时，问卷的设计应简洁明了，易于理解和填写，以便吸引更多的读者参与调查。此外，图书馆还需要选择合适的调查方式和渠道，如在线调查、纸质问卷、面对面访谈等，以便更好地收集读者的意见和建议。

在收集到读者的反馈后，图书馆需要认真分析和整理这些数据。通过统计分析方法，图书馆可以了解读者对服务的整体满意度、不同服务项目的评价以及存在的问题和原因。这些分析结果可以为改进服务提供有力的数据支持。同时，图书馆还需要及时将调查结果反馈给相关部门和人员，以便他们针对存在的问题进行改进和优化。

（三）服务效率评估

服务效率是评价图书馆读者服务工作的另一重要标准。在快节奏的社会环境中，读者对图书馆的服务效率有着越来越高的期望。因此，图书馆需要关注借还书速度、检索效率、咨询响应时间等方面，确保读者能够在最短时间内获得所需的服务。

为了提高服务效率，图书馆可以采取多种措施。首先，引入自动化、智能化等技术手段是关键。例如，通过自动化借还系统，读者可以自助完成图书的借阅和归还操作，大大减少了排队等待的时间。同时，智能检索工具可以帮助读者快速准确地找到所需的图书或资料，提高了检索效率。其次，加强图书馆员的培训和管理也是提高服务效率的重要途径。图书馆应定期为图书馆员提供专业培训和技能提升的机会，确保他们具备扎实的专业知识和高效的服务能力。此外，通过建立合理的激励机制和考核机制，图书馆可以激发图书馆员的工作积极性和创新精神，进一步提高服务效率和质量。

（四）专家评价与同行评审

专家评价与同行评审是评价图书馆读者服务工作的专业方法。这些评价通常来自图书馆学专家、学者或具有丰富经验的同行从业者。他们可以从专业的角度对图书馆的服务进行全面深入的评价和分析，发现存在的问题和不足，并提出宝贵的改进建议和意见。

专家评价与同行评审的重要性在于其专业性和客观性。由于评价者具备深厚的专业知识和丰富的实践经验，他们能够准确地识别出图书馆服务中的优点和缺点，为改进服务提供有针对性的指导。同时，他们的评价通常不受图书馆内部利益的影响，因此更加客观公正。

图书馆应高度重视专家评价和同行评审的结果，认真对待每一条建议和意见。对于提出的问题和不足，图书馆应进行深入分析并制定相应的改进措施。这些改进措施可能包括优化服务流程、提升图书馆员的专业素养、引入新的技术手段等。通过持续改进和优化，图书馆可以不断提升读者服务工作的质量和水平。

二、收集和分析读者反馈的机制

为了更好地满足读者的需求和期望，图书馆需要建立有效的收集和分析读者反馈的机制。这一机制可以帮助图书馆及时了解读者的意见和建议，发现服务中存在的问题和不足，为改进服务提供有力的支持。

（一）设置读者反馈渠道

为了方便读者随时随地提出意见和建议，图书馆应设置多种读者反馈渠道。这些渠道可以包括意见箱、电子邮箱、在线调查、社交媒体平台等。意见箱可以设置在图书馆的显眼位置，方便读者投递纸质意见和建议。电子邮箱和在线调查则可以让读者通过电脑或手机等设备随时随地提交反馈。同时，图书馆还可以利用微博、微信等社交媒体平台发布服务动态、征求读者意见，与读者进行实时互动。为了确保这些反馈渠道的有效性，图书馆需要定期查看和整理收集到的反馈信息，及时发现问题并采取相应的改进措施。

（二）定期开展读者座谈会

除了设置固定的反馈渠道外，图书馆还应定期开展读者座谈会等活动。这些活动可以为图书馆和读者提供一个面对面交流的机会，让图书馆更直接地了解读者的需求和期望。在座谈会上，图书馆可以就一些热点问题或难点问题与读者进行深入探讨，共同寻找解决方案。同时，图书馆还可以邀请一些具有代表性的读者参加座谈会，以便更好地了解不同读者群体的需求和关注点。为了确保座谈会的效果，图书馆需要提前做好准备工作，包括确定会议主题、邀请参会人员、准备会议材料等。在座谈会结束后，图书馆还需要对收集到的意见和建议进行整理和分析，为改进服务提供参考。

（三）利用社交媒体收集反馈

在信息化时代，社交媒体已经成为人们获取信息、交流意见的重要平台。图书馆可以利用这些社交媒体平台来收集读者的反馈和建议。通过在平台上发布服务动态、征求读者意见等方式，图书馆可以及时了解读者的需求和关注点。同时，图书馆还可以利用社交媒体平台上的数据分析工具对读者的反馈进行深度挖掘和分析，发现服务中存在的问题和不足。为了确保社交媒体平台的有效性，图书馆需要指定专人负责管理和维护这些平台，以及时回复读者的留言和评论，与读者保持良好的互动关系。

（四）数据分析与挖掘

为了更好地了解读者的信息需求和行为偏好，图书馆可以利用数据分析与挖掘技术对读者的借阅记录、检索历史、访问日志等数据进行深入分析。这些数据可以帮助图书馆发现读者的阅读偏好、信息需求趋势以及服务中存在的问题和不足。通过数据分析与挖掘，图书馆可以更加精准地满足读者的需求，提高服务的针对性和有效性。同时，这些数据还可以为图书馆的资源建设和服务创新提供有力的数据支持。为了确保数据分析与挖掘的准确性和有效性，图书馆需要建立完善的数据收集和存储机制，并引入先进的数据分析技术和工具进行深度挖掘和分析。

三、持续改进读者服务的策略与措施

（一）制订服务改进计划

图书馆作为一个服务读者的机构，必须时刻关注读者需求的变化和服务质量的提升。为了持续改进读者服务，图书馆首先需要制订一个详细的服务改进计划。这个计划应该明确改进的目标、措施和时间表，确保计划的实施具有可操作性和可评估性。

改进目标应该围绕提高读者满意度、提升服务效率和质量等方面来设定。为了实现这些目标，图书馆可以采取多种措施，如优化服务流程、加强图书馆员培训、引入新技术和新设备等。同时，图书馆还需要制订一个合理的时间表，确保计划的实施能够按时完成并取得预期效果。

在实施服务改进计划的过程中，图书馆需要不断收集和分析读者反馈，了解改进措施的实际效果。通过定期评估和改进，图书馆可以不断完善服务方式，提高服务质量，满足读者的不断变化的需求。

（二）加强图书馆员培训

图书馆员是图书馆服务的重要组成部分，他们的素质和能力直接影响着读者服务的质量。因此，加强图书馆员的培训和管理是持续改进读者服务的重要策略之一。

图书馆应该定期组织各种形式的培训活动，如专题讲座、研讨会、工作交流等，提高图书馆员的专业素养和服务能力。培训内容可以包括图书馆学基础知识、信息技术应用、沟通技巧等方面。通过培训，图书馆员可以掌握更多的专业知识和技能，更好地为读者提供服务。

此外，图书馆还需要加强对图书馆员的管理和考核。通过建立合理的考核机制和激励机制，图书馆可以激发图书馆员的工作积极性和创新精神，推动他们不断提升自己的专业素养和服务能力。同时，图书馆还需要注重引进优秀人才，为图书馆的发展提供人才保障。

（三）引入新技术和新设备

随着科技的不断发展，新技术和新设备为图书馆读者服务提供了更多的可能性。为

了持续改进读者服务，图书馆需要积极引入新技术和新设备，提高服务效率和质量。

例如，图书馆可以引入自动化、智能化等技术手段，实现自助借还书、智能检索等功能，提高服务效率，同时加强数字化建设，提供更加丰富的数字化资源和服务，满足读者的多样化需求。此外，图书馆还可以利用虚拟现实、增强现实等技术手段，创新服务方式和体验，如建立虚拟阅览室、举办互动展览等。

引入新技术和新设备不仅可以提高服务效率和质量，还可以增强图书馆的吸引力和竞争力。因此，图书馆需要密切关注科技发展动态，及时引入适合自身发展的新技术和新设备。

（四）优化服务流程和环境

优化服务流程和环境是提高读者满意度的有效途径之一。图书馆应该通过简化借阅手续、缩短等待时间、提供个性化服务等方式优化服务流程，同时，通过加强阅览室管理、改善阅读环境、提供舒适的学习空间等方式优化服务环境。

具体来说，图书馆可以通过以下措施来优化服务流程和环境：一是完善借阅制度，简化借阅手续和流程，减少读者的等待时间；二是提供个性化服务，如根据读者的兴趣和需求推荐合适的图书或资源；三是加强阅览室管理，保持阅览室的安静和整洁，为读者提供一个良好的阅读环境；四是改善图书馆的设施设备，如增加座椅、照明和空调等，为读者提供更加舒适的学习空间。

通过优化服务流程和环境，图书馆可以让读者感受到更加便捷、舒适的服务体验，提高读者的满意度和忠诚度。

（五）建立持续改进机制

持续改进是提升图书馆读者服务质量的重要保障。为了确保读者服务的持续改进，图书馆需要建立一个完善的改进机制。这个机制应该包括定期自查、读者反馈收集与处理、专家评价与同行评审等环节。

定期自查是图书馆自我检查和改进的重要方式。图书馆应该定期对各项服务进行自查，发现问题并及时进行整改。同时，图书馆还需要积极收集和处理读者的反馈意见，了解读者的需求和期望，为改进服务提供参考。此外，图书馆还可以邀请专家或同行进行评价和评审，从专业角度发现存在的问题和不足，提出改进的建议和意见。

通过建立持续改进机制，图书馆可以不断完善服务方式、提高服务质量，满足读者的不断变化的需求。同时，这也可以增强图书馆的竞争力和吸引力，推动图书馆的持续发展。

四、应对挑战与未来发展趋势的准备工作

随着社会的不断发展和进步，图书馆面临着许多新的挑战和机遇。为了应对这些挑战并把握未来发展趋势，图书馆需要做好以下准备工作。

（一）关注读者需求变化

读者的需求是图书馆发展的根本动力。随着社会的不断发展和进步，读者的需求也在不断变化。为了应对这些变化，图书馆需要密切关注读者需求的变化趋势，及时调整服务策略和改进服务方式。例如，由于信息素养日益变得重要，图书馆可以加强信息素养培训服务；随着阅读文化的兴起，图书馆可以积极推广阅读文化等。通过关注读者需求的变化并及时调整服务策略，图书馆可以更好地满足读者的需求并推动自身的发展。

（二）加强与其他机构的合作与交流

合作与交流是提升图书馆服务水平的重要途径之一。图书馆应该加强与其他机构、企业、社区等的合作与交流，共同开展读者服务工作。通过合作与交流，图书馆可以引进先进的管理理念和服务模式、共享资源、降低成本、提高效率等。例如，图书馆可以与学校合作开展信息素养教育课程，与社区合作开展阅读推广活动等。通过加强合作与交流，图书馆可以不断拓展自身的服务领域并提高服务水平。

（三）注重信息技术应用与创新

信息技术是图书馆发展的重要支撑和驱动力之一。随着科技的不断发展，信息技术在图书馆中的应用也越来越广泛。为了应对未来发展趋势并把握机遇，图书馆需要注重信息技术的应用与创新。具体来说，图书馆可以利用大数据、人工智能等先进技术提升服务质量；利用语义分析技术实现自然语言检索；利用机器学习算法优化图书推荐系统等。通过信息技术的应用与创新，图书馆可以提供更加智能化、个性化的服务方式并满足读者的多样化需求。

（四）培养具备创新精神和实践能力的图书馆员队伍

具备创新精神和实践能力的图书馆员队伍是图书馆应对挑战与未来发展趋势的关键之一。为了培养这样一支队伍，图书馆需要加强图书馆员的培训和管理；注重引进优秀人才，为图书馆的发展提供人才保障。同时，图书馆还需要建立良好的激励机制和考核机制，激发图书馆员的工作积极性和创新精神。通过培养具备创新精神和实践能力的图书馆员队伍，图书馆可以推动服务的不断创新和发展并适应未来社会的变化需求。

第十章 图书馆参考咨询服务

第一节 图书馆参考咨询服务的定义与重要性

一、图书馆参考咨询服务的定义

（一）基本定义

图书馆参考咨询服务，顾名思义，是图书馆为读者提供的一种以解答疑问、提供指导和帮助为主要内容的服务。这种服务以图书馆丰富的信息资源为基础，借助专业的参考咨询馆员以及先进的技术手段，针对读者在利用图书馆过程中产生的各种疑问和问题，进行详尽的解答和有效的指导。它是图书馆信息服务体系中不可或缺的一部分，对于提高读者信息获取效率、满足读者个性化信息需求具有重要意义。

在现代图书馆中，参考咨询服务已经超越了传统的面对面咨询模式，逐渐向电话咨询、在线咨询、合作式咨询等多种模式扩展。这些模式相互补充，共同构成了图书馆参考咨询服务的完整体系，为读者提供了更加便捷、高效的信息服务体验。

（二）服务特点

图书馆参考咨询服务的特点显著，首先体现在其针对性上。每位读者在利用图书馆时都可能遇到不同的问题和困惑，参考咨询服务能够针对读者的具体需求，提供个性化的解答和指导。这种一对一的服务模式确保了读者问题能够得到精准有效的解决。

其次，参考咨询服务具有较强的专业性。图书馆作为知识和信息的集散地，拥有丰富的学科资源和专业的参考咨询馆员。这些馆员通常具备深厚的学科背景和扎实的信息检索技能，能够为读者提供高质量的专业解答。他们的专业素养和丰富经验是图书馆参考咨询服务的重要支撑。

此外，实时性也是参考咨询服务应具备的一大特点。无论是面对面咨询还是在线咨询，图书馆都力求在第一时间对读者的问题做出响应。这种实时互动的服务方式不仅提高了问题解决的效率，还增强了读者对图书馆的信任和满意度。

随着信息技术的快速发展，图书馆参考咨询服务的形式也在不断创新。虚拟参考咨询、在线实时咨询等新型服务方式应运而生，为读者提供了更加便捷的信息服务渠道。

这些创新不仅丰富了参考咨询服务的内涵，也推动了图书馆信息服务体系的不断完善和发展。

二、图书馆参考咨询服务的目标与功能

（一）目标

图书馆参考咨询服务的首要目标是帮助读者解决在利用图书馆过程中遇到的各种问题。这些问题可能涉及资源检索、借阅流程、馆际互借、文献传递等方面，也可能涉及学科专业知识或研究方法的咨询。通过提供参考咨询服务，图书馆旨在消除读者在信息获取过程中的障碍，提高他们的信息素养和信息获取能力。

同时，图书馆参考咨询服务还致力于加强与读者的互动和交流。通过面对面的咨询、电话沟通、在线交流等方式，图书馆能够及时了解读者的需求和反馈，从而更加精准地满足他们的信息需求。这种互动和交流不仅有助于建立图书馆与读者之间的良好关系，还为图书馆的资源建设和服务改进提供了宝贵的依据。

（二）功能

图书馆参考咨询服务的功能多样且全面。首先，它能够为读者解答各种疑问和问题。无论是关于图书馆资源的基本问题，还是涉及专业领域的深层次问题，参考咨询馆员都会尽力给出准确、全面的解答。这种解答不仅有助于读者及时解决问题，还能够提高他们的信息素养和自主解决问题的能力。

其次，参考咨询服务还能够为读者提供信息检索和使用的指导。对于不熟悉图书馆资源或检索工具的读者来说，这种指导尤为重要。参考咨询馆员可以帮助读者了解并掌握各种检索工具的使用方法，提高他们的信息检索效率。同时，他们还可以根据读者的需求，提供个性化的信息推荐和定制服务，帮助读者更加高效地获取所需信息。

此外，随着新技术的不断涌现和应用，图书馆参考咨询服务还承担着帮助读者了解和掌握新技术、新工具使用方法的职责。例如，当图书馆引入新的数字化资源或在线服务平台时，参考咨询馆员需要及时了解并掌握这些新技术和新工具的使用方法，并通过培训、讲座等方式向读者进行推广和普及。

最后，收集和分析读者的需求和反馈也是图书馆参考咨询服务的重要功能之一。通过定期收集和分析读者的反馈意见和使用数据，图书馆可以更加准确地了解读者的信息需求和偏好，从而有针对性地进行资源建设和服务改进。这种以读者为中心的服务理念不仅有助于提升图书馆的服务质量，还能够增强图书馆的吸引力和竞争力。

三、图书馆参考咨询服务的重要性

（一）提高信息获取效率

图书馆拥有丰富的信息资源和专业的参考咨询馆员，这些资源不仅包括传统的纸质文献，还有数字化的电子资源、多媒体资源等。在这个信息爆炸的时代，如何快速、准确地从海量信息中筛选出有价值的内容，是每个人都需要面对的挑战。图书馆参考咨询服务正是为了帮助读者解决这一问题而存在的。通过提供参考咨询服务，图书馆能够帮助读者更加快速、准确地找到所需信息，避免在浩瀚的信息海洋中迷失方向。这不仅能够节省读者的时间和精力，还能够提高他们的工作和学习效率。对于科研、教学、学习等领域来说，图书馆参考咨询服务的重要性不言而喻。它能够为科研人员提供最新的研究成果和资料，为教师提供丰富的教学素材和案例，为学生提供学习资料和辅导。可以说，图书馆参考咨询服务是提高信息获取效率的重要途径。

（二）促进知识传播与利用

图书馆作为知识传播的重要场所，肩负着传承人类文明、推动社会进步的重要使命。而参考咨询服务正是图书馆实现这一使命的重要手段之一。通过提供参考咨询服务，图书馆能够促进知识的传播和利用，让更多的人了解和掌握新知识、新技术。参考咨询馆员在为读者提供服务的过程中，不仅会解答他们的问题，还会主动向他们推荐相关的书籍、文章和资源，引导他们深入学习和探索。这种互动和交流的过程，不仅能够增进读者对知识的理解和掌握，还能够激发他们的创新思维和学习兴趣。此外，图书馆还可以通过开展各种形式的参考咨询活动，如专题讲座、研讨会、展览等，进一步推动知识的传播和利用。这些活动能够吸引更多的人走进图书馆、使用图书馆的资源和服务，从而促进整个社会的知识水平和文化素养的提升。

（三）提升图书馆服务质量

图书馆作为一个服务机构，其服务质量直接关系到读者的满意度和忠诚度。参考咨询服务作为图书馆服务的重要组成部分，对于提升图书馆的整体服务质量具有重要作用。通过提供优质的参考咨询服务，图书馆能够增强读者的满意度和忠诚度，进而吸引更多的人使用图书馆的资源和服务。为了提升参考咨询服务的质量，图书馆需要不断加强馆员的培训和学习，提高他们的专业素养和服务意识。同时，图书馆还需要不断完善服务设施和服务流程，为读者提供更加便捷、高效的服务体验。此外，图书馆还可以通过开展读者满意度调查等活动，及时了解读者的需求和反馈，不断改进和优化服务内容和方式。通过这些措施的实施，图书馆能够不断提升参考咨询服务的质量水平，为读者提供更加优质、高效的服务体验。

（四）培养读者信息素养

信息素养是现代社会公民必备的基本素质之一。它是指人们在信息时代所具备的信息意识、信息能力和信息道德等方面的素养。图书馆作为信息素养教育的重要场所之一，通过提供参考咨询服务能够帮助读者提高信息素养水平。首先，图书馆拥有丰富的信息资源和专业的参考咨询馆员，能够为读者提供全面、准确的信息资源和指导服务。这有助于培养读者的信息意识和信息能力，让他们能够更加敏锐地捕捉信息、更加准确地判断信息的质量和价值。其次，图书馆还可以通过开展信息素养教育课程和活动，帮助读者系统地学习和掌握信息素养的相关知识和技能。这些课程和活动可以包括信息检索课程、数据分析课程、网络安全教育等，旨在提高读者的信息素养水平和综合能力。最后，图书馆还可以通过制定信息素养标准和评价体系等方式，引导读者树立正确的信息道德观念和行为规范。这有助于培养读者的社会责任感和公民意识，促进整个社会的信息化水平和文明程度的提升。

四、图书馆参考咨询服务在信息服务体系中的位置

（一）信息服务体系的重要组成部分

在当今社会，信息已成为一种重要的战略资源，如何快速、准确地获取和利用信息成为个人和组织成功的关键。信息服务体系作为提供信息资源和服务的综合系统，在满足人们信息需求方面发挥着重要作用。图书馆参考咨询服务作为信息服务体系的重要组成部分，以其独特的优势和功能，为读者提供高质量的信息服务和支持。图书馆拥有丰富的馆藏资源和专业的参考咨询馆员队伍，这些资源为参考咨询服务提供了坚实的基础。通过参考咨询服务，读者可以更加便捷地获取所需信息、解决问题和获取知识，从而提高工作和学习效率。因此，图书馆参考咨询服务在信息服务体系中占据重要地位，为满足人们日益增长的信息需求提供重要保障。

（二）与其他信息服务的关联与互补

图书馆参考咨询服务与其他信息服务如馆藏查询、文献传递、定题服务等相互关联、互为补充，共同构成了图书馆完整的信息体系。这些信息服务各具特色和功能，但又有密切的联系和互动。馆藏查询服务可以帮助读者了解图书馆的藏书情况和资源分布，为他们提供检索和借阅的便利；文献传递服务则可以实现馆际互借和文献资源共享，满足读者对特定文献的需求；定题服务则是针对特定主题或领域提供的信息服务，具有针对性和深度；参考咨询服务则在这些信息服务中发挥着桥梁和纽带的作用，它可以帮助

读者解决在利用其他信息服务过程中遇到的问题和困难，为他们提供更加全面、深入的信息支持和帮助。同时，参考咨询服务还可以根据读者的需求和反馈，不断完善和优化其他信息服务的内容和功能，提高整个信息服务体系的质量和效率。

（三）在信息服务体系中的独特作用

图书馆参考咨询服务在信息服务体系中具有独特的作用。与其他信息服务相比，它更加注重与读者的互动和交流。参考咨询馆员通过与读者的面对面交流、在线咨询等方式，了解他们的具体需求和问题，为他们提供个性化的解答和指导。这种互动和交流的过程不仅能够满足读者的信息需求，还能够增进彼此之间的了解和信任。同时，参考咨询馆员还可以利用自己的专业知识和经验为读者提供更加深入、全面的信息分析和建议。他们可以帮助读者从海量的信息中筛选出有价值的内容、分析信息的来源和质量、预测信息的发展趋势等，为读者提供更加全面、准确的信息支持和决策依据。这种独特的作用使得图书馆参考咨询服务在信息服务体系中占据了不可替代的地位。

（四）对信息服务体系发展的推动作用

随着信息技术的不断发展和读者需求的不断变化，图书馆参考咨询服务也在不断创新和发展。它不仅推动了信息服务体系的技术进步和服务创新，还为整个信息服务体系的发展注入了新的动力和活力。例如，虚拟参考咨询、在线实时咨询等新型服务形式的出现就是图书馆参考咨询服务创新的重要成果之一。这些新型服务形式借助互联网和信息技术的优势，打破了时间和空间的限制，为读者提供更加便捷、高效的信息服务体验。它们不仅能够及时解答读者的问题和提供所需信息，还能够实现多人同时在线交流和协作，提高服务效率和质量。同时，这些新型服务形式也推动了整个信息服务体系向数字化、网络化、智能化方向发展。图书馆可以利用大数据、人工智能等技术对读者的信息需求和行为进行分析和预测，为他们提供更加精准、个性化的信息服务。同时，图书馆还可以与其他信息机构和服务商进行合作和共享资源，实现信息服务的互联互通和协同发展。这些创新和发展不仅提升了图书馆参考咨询服务的水平和质量，也为整个信息服务体系的发展带来了新的机遇和挑战。

第二节　图书馆参考咨询服务的模式与流程

一、图书馆参考咨询服务的主要模式详解

图书馆参考咨询服务，作为图书馆为读者提供的核心服务之一，旨在为读者在利用图书馆资源时遇到的种种问题提供解答和帮助。随着科技的发展，参考咨询服务的模式也在不断创新和丰富。以下将详细探讨几种主要的图书馆参考咨询服务模式。

（一）面对面咨询模式

面对面咨询模式是图书馆参考咨询服务中最古老且最基础的形式。在这种模式下，读者可以直接来到图书馆的咨询台或专门的参考阅览室，与咨询馆员进行面对面的交流和沟通。这种方式的最大优势在于其即时性和个性化。咨询馆员可以根据读者的具体需求和问题，提供针对性的解答和建议，帮助读者迅速找到所需信息或解决遇到的问题。此外，面对面咨询还能为读者提供一种亲切和人性化的服务体验，增强读者对图书馆的归属感和满意度。

然而，面对面咨询模式也存在一定的局限性。首先，它受到时间和空间的严格限制。读者必须在图书馆开放的时间内来到现场进行咨询，这对于距离较远或时间不便的读者来说可能是一个挑战。其次，面对面咨询的效率也受到咨询馆员数量和能力的限制。在高峰期或复杂问题较多的情况下，可能会出现排队等待或无法得到满意解答的情况。

（二）电话咨询模式

为了弥补面对面咨询模式在时间和空间上的不足，图书馆逐渐引入了电话咨询模式。通过设立专门的咨询电话热线，读者可以随时随地拨打电话向咨询馆员提出问题并获得解答。这种方式不仅突破了时间和空间的限制，为读者提供了更加灵活和便捷的服务体验，还能在一定程度上缓解图书馆现场咨询的压力。

然而，电话咨询模式也存在一些潜在的问题。首先，通讯质量的不稳定可能会影响咨询的效果。电话线路中断、信号不佳或噪音干扰等问题都可能导致咨询无法顺利进行。其次，语言沟通障碍也是一个需要注意的问题。对于非母语读者或口语表达困难的读者来说，电话咨询可能会带来一定的挑战。此外，电话咨询还需要图书馆配备专门的电话设备和咨询馆员来接听和处理读者的来电，这在一定程度上增加了图书馆的运营成本和人力投入。

（三）在线咨询模式

随着互联网技术的飞速发展，在线咨询模式逐渐成为图书馆参考咨询服务的重要组成部分。通过建立在线咨询平台或使用即时通讯工具（如 QQ、微信、在线聊天窗口等），图书馆可以为读者提供实时在线的咨询服务。读者可以通过这些平台随时向咨询馆员提问并获得即时的解答和指导。这种方式不仅提供了 24 小时不间断的服务，满足了读者的即时需求，还能通过文字、图片、视频等多种形式的交流方式提供更加丰富和直观的信息展示和解答方式。

在线咨询模式的优势在于其高度的灵活性和便捷性。读者无需来到图书馆现场或拨打电话，只需通过互联网即可享受到专业的咨询服务。此外，在线咨询还能实现一对一或多对一的服务模式，为读者提供更加个性化和针对性的服务体验。然而，在线咨询也存在一些潜在的风险和挑战。例如，网络延迟或信息安全问题可能会影响咨询的效果和读者的隐私保护，同时在线咨询也需要图书馆配备专业的在线咨询团队和技术支持来保障服务的顺利进行。

（四）合作式咨询模式

合作式咨询模式是近年来图书馆参考咨询服务创新的重要方向之一。在这种模式下，图书馆会与其他机构或专家建立合作关系，共同为读者提供更加专业、深入的咨询服务。这些合作机构可以包括学术机构、企业、行业协会等具有专业知识和资源的组织或个人。通过共享资源、知识和经验，图书馆能够扩大咨询服务的范围和深度，提高服务质量和满足读者的多样化需求。

合作式咨询模式的优势在于其能够整合各方资源和优势，为读者提供更加全面和专业的服务体验。然而，这种模式也需要图书馆建立稳定的合作关系和有效的沟通机制来保障服务的顺利进行，还需要注意合作过程中可能出现的知识产权、利益分配等问题。

二、图书馆参考咨询服务的流程设计详解

为了确保图书馆参考咨询服务的顺利进行和高效运作，一个合理且完善的服务流程设计是必不可少的。以下将详细探讨图书馆参考咨询服务的基本流程及其各个环节的注意事项。

（一）问题接收与分类环节

问题接收与分类是图书馆参考咨询服务的首要环节。在这个环节中，图书馆需要通过多种渠道接收读者的问题并进行分类处理。这些渠道可以包括面对面咨询台、电话咨询热线、在线咨询平台等多种形式。为了确保问题能够得到准确及时的解答，图书馆需

要对接收到的问题进行细致的分类和归纳。分类可以根据问题的性质、主题、难度等因素进行划分,还需要对问题进行优先级排序以确保重要或紧急的问题能够得到优先处理。

在问题接收与分类环节中,图书馆需要注意以下几点:要确保接收渠道的畅通和多样性,以满足不同读者的需求;要对问题进行准确细致的分类和归纳,以便于后续的解答和处理工作;最后是要建立合理的问题优先级排序机制,以确保服务的高效性和满意度。

（二）解答与指导环节

在问题接收与分类环节后,接下来就是解答与指导环节。在这个环节中,咨询馆员需要根据问题的类型和难度采取不同的解答方式。对于简单明了的问题,图书馆员可以直接给出答案或引用相关资料进行解答;对于复杂或深奥的问题,则需要进行深入分析和研究并给出详细全面的解答方案。在解答过程中,咨询馆员需要保持耐心细致的态度并注重与读者的沟通交流,以确保读者能够理解并满意解答结果。同时,还需要根据读者的需求和兴趣提供相关阅读推荐和指导建议,以帮助读者更好地利用图书馆资源。

在解答与指导环节中,图书馆需要注意以下几点:要确保咨询馆员具备专业素质和能力,以提供高质量的解答服务;要注重与读者的沟通交流,以建立良好的互动关系;要关注读者的需求和兴趣,以提供更加个性化的服务体验。

（三）记录与跟踪环节

为了提高图书馆参考咨询服务的效率和质量,记录与跟踪环节也是必不可少的。在这个环节中,图书馆需要建立咨询服务记录系统,对服务过程进行详细记录并跟踪处理结果。记录内容可以包括读者的问题描述、解答内容、处理结果以及读者的反馈意见等信息。通过记录和跟踪,可以及时发现服务中存在的问题和不足,并进行改进优化,还可以为图书馆的统计分析提供数据支持,帮助图书馆更好地了解读者的需求和偏好。

在记录与跟踪环节中,图书馆需要注意以下几点:要建立完善的记录系统,并确保数据的准确性和完整性;要定期对记录数据进行统计分析和挖掘,以发现潜在问题和改进方向;要关注读者的反馈意见并及时进行处理和回应,以提高服务质量和满意度。

（四）反馈与评估环节

最后一个环节是反馈与评估环节。这个环节的主要目的是收集读者对服务的意见和建议,并进行评估审计,以不断提高服务质量。图书馆可以通过设置读者满意度调查问卷或在线反馈平台等方式收集读者的反馈意见,还可以邀请专家或第三方机构对图书馆的参考咨询服务进行评估审计。通过反馈与评估,图书馆可以及时发现服务中存在的问题和不足,并进行改进提高,还可以激励咨询馆员不断提高自身的专业素质和服务能力,以提供更加优质的服务体验。

在反馈与评估环节中，图书馆需要注意以下几点：要建立有效的反馈渠道，并确保读者的意见和建议能够得到及时回应和处理；要注重评估结果的客观性和公正性，以确保评估结果的可信度和有效性；要将评估结果作为改进服务的重要依据，并进行持续改进和创新发展，以满足读者的多样化需求和提高服务质量。

三、图书馆参考咨询服务的实施步骤

（一）明确服务目标和定位

在实施图书馆参考咨询服务之前，首要任务是明确服务的目标和定位。这涉及对图书馆自身特点、读者需求以及服务环境的深入分析和理解。图书馆应该根据自身的馆藏资源、技术条件、人员配置等实际情况，结合读者的学科背景、信息需求、使用习惯等因素，确定参考咨询服务的目标群体。同时，服务内容和服务方式也需要根据目标群体的具体需求进行细化和定位。例如，针对学术研究人员，图书馆可以提供深入的学科咨询和定制化的信息检索服务；针对普通读者，图书馆可以提供基础的资源介绍和使用指导。通过明确服务目标和定位，图书馆可以确保参考咨询服务能够满足不同读者的实际需求，并发挥出自身的特色和优势。

（二）建立服务团队和管理制度

专业的服务团队和完善的管理制度是图书馆参考咨询服务得以顺利实施和高效运作的关键。在团队建设方面，图书馆应该选拔具有扎实专业知识、丰富实践经验和良好沟通技巧的咨询馆员组成服务团队。这些咨询馆员不仅需要具备解答读者问题的能力，还需要具备主动的服务意识和创新精神，能够不断学习和更新自己的知识体系以适应不断变化的服务环境。同时，图书馆还需要为服务团队提供必要的培训和支持，包括定期的业务培训、技能提升、团队建设等活动，以确保团队成员能够不断提升自己的专业素养和服务能力。

在管理制度方面，图书馆需要建立一套完善的工作流程和服务规范来确保参考咨询服务的规范化、标准化和高效化。这些制度应该包括服务响应时间、问题解答标准、服务质量评估等方面的内容，以确保读者的问题能够得到及时、准确和专业的解答。此外，图书馆还需要建立一套有效的激励机制和考核机制来激发服务团队的工作积极性和创新精神，确保他们能够始终保持良好的工作状态并为读者提供优质的服务。

（三）开展宣传和推广活动

宣传和推广是提高图书馆参考咨询服务知名度和影响力的重要手段。图书馆可以通

过多种渠道和方式向读者宣传和推广参考咨询服务，例如，在图书馆内设置醒目的宣传海报和标语来吸引读者的注意力；制作精美的宣传册和资料来介绍服务的特点和优势；通过官方网站、社交媒体等在线平台发布服务动态和信息来扩大服务的影响力。此外，图书馆还可以定期举办推广活动如读者培训、专题讲座、互动问答等来增强读者对参考咨询服务的了解和认同。通过这些宣传和推广活动，图书馆可以吸引更多的读者关注并使用参考咨询服务，以不断提高图书馆的知名度和影响力。

（四）持续优化和改进服务

图书馆参考咨询服务需要持续优化和改进。在实施过程中，图书馆需要不断关注读者的反馈和需求变化，对服务进行及时的调整和改进。为了获取改进信息，图书馆可以通过多种途径进行收集和分析，如定期发放读者满意度调查问卷、设置在线反馈系统、关注社交媒体上的读者评论等。通过这些方式图书馆可以及时了解读者对服务的评价和建议，发现服务中存在的问题和不足。

针对收集到的反馈意见和问题，图书馆需要制定具体的改进措施并实施。改进措施可以包括优化服务流程、提高服务效率、改进服务态度等方面。例如，针对读者反映的响应速度慢的问题，图书馆可以优化工作流程提高处理效率；针对读者反映的解答不准确的问题，图书馆可以增加咨询馆员的培训，提高解答质量。在实施改进措施时，图书馆需要明确责任人和时间节点，确保改进措施能够得到有效落实并取得实际效果。

同时，图书馆还需要保持对新技术和新方法的关注和应用。随着信息技术的不断发展和创新，图书馆可以利用新技术来优化和提升参考咨询服务的质量和效率。例如，图书馆利用人工智能和机器学习技术来改进自动问答系统的性能和准确性；利用大数据和数据分析技术来挖掘读者的信息需求和行为模式，为个性化服务提供支持等。通过不断引入新技术和方法，图书馆可以保持参考咨询服务的创新性和竞争力，以满足读者日益增长的信息需求。

四、图书馆参考咨询服务的反馈与改进

为了不断提高图书馆参考咨询服务的质量，满足读者的需求和期望，图书馆必须高度重视读者的反馈意见，并据此进行相应的改进。

（一）多渠道收集读者反馈意见

图书馆应该通过多种渠道积极收集读者对参考咨询服务的反馈意见。除了设置专门的反馈意见箱和在线调查问卷外，还可以通过社交媒体平台、读者座谈会、个别访谈等方式广泛收集读者的意见和建议。这些反馈意见可以为图书馆提供宝贵的改进建议和方

向，帮助图书馆更好地了解读者的需求和期望，及时发现服务中存在的问题和不足。

为了鼓励读者提供反馈意见，图书馆可以采取一些激励措施，如设立奖励机制或提供小礼品等。同时，图书馆还需要确保反馈渠道的畅通和便捷性，方便读者随时随地提供反馈意见。对于收集到的反馈意见，图书馆应该认真记录、整理和分析，为后续的改进措施提供依据。

（二）深入分析反馈意见并找出问题根源

收集到读者的反馈意见后，图书馆需要对其进行认真分析和归纳整理。通过数据分析、关键词提取等方法，图书馆可以找出服务中存在的问题和不足，如服务态度不佳、解答不准确、响应速度慢等。针对这些问题，图书馆需要进一步深入分析问题产生的根源和原因，以便制定出更加有效的改进措施。

在分析问题时，图书馆需要从多个角度进行考虑，问题包括服务流程、人员素质、资源配置等方面。通过深入分析问题的根源和原因，图书馆可以更加准确地把握问题的本质和关键点，为后续的改进措施提供有力的支持。

（三）制定针对性改进措施并实施

针对分析出的问题和不足，图书馆需要制定相应的改进措施并实施。改进措施应该具有针对性和可操作性，能够直接解决读者反馈的问题并提高服务质量。例如，针对服务态度不佳的问题，图书馆可以加强咨询馆员的培训和管理，提高他们的服务意识和沟通能力；针对解答不准确的问题，图书馆可以优化信息检索策略和工具，提高解答的准确性和可靠性。

在实施改进措施时，图书馆需要明确责任人和时间节点，确保改进措施能够得到有效落实。同时，图书馆还需要建立监督机制，对改进措施的实施过程进行监督和评估，确保改进措施能够取得实际效果。对于实施过程中遇到的困难和问题，图书馆需要及时调整和优化改进，以确保其能够顺利推进并取得预期效果。

（四）持续跟踪评估改进效果并不断完善

在改进措施实施后，图书馆需要持续跟踪和评估其效果，以确保改进措施能够真正提高服务质量并满足读者的需求和期望。图书馆可以通过再次收集读者反馈意见，对比改进前后的服务数据，进行服务质量评估等方式，对改进效果进行评估。评估结果可以为图书馆提供客观的数据支持，帮助图书馆了解改进措施的实际效果以及是否存在需要进一步改进的地方。

如果改进措施取得了良好的效果，图书馆应该继续保持并加以推广，将成功的经验应用到其他服务领域中；如果效果不理想，图书馆则需要进一步调整和优化改进措施，以确保其能够更加有效地解决问题并提高服务质量。通过持续跟踪和评估，图书馆可以不断完善参考咨询服务体系，提高服务质量和效率，为读者提供更加优质、高效、便捷的参考咨询服务。同时，这种持续改进的理念也可以应用到图书馆的其他服务领域中，推动图书馆整体服务水平的提升和发展。

第三节　图书馆参考咨询服务的技能与要求

一、图书馆参考咨询服务的基本技能要求

图书馆参考咨询服务，作为图书馆与读者之间的重要桥梁，对图书馆员提出了一系列严格的基本技能要求。这些技能不仅关乎服务效率，还直接影响读者的满意度和图书馆的整体形象。

（一）信息检索技能

在信息化时代，信息检索技能已成为图书馆员不可或缺的核心能力。图书馆员必须熟练掌握各种检索工具和方法，包括但不限于图书馆目录、数据库、搜索引擎等。他们需要能够迅速而准确地定位到读者所需的信息资源，无论是传统的纸质文献还是数字化的电子资源。此外，面对浩如烟海的信息资源，图书馆员还需要具备对不同类型信息资源的深刻理解和高效利用能力。他们需要了解各种信息资源的特点、优势和使用技巧，以便为读者提供更加精准和个性化的服务。

（二）技术应用能力

随着信息技术的飞速发展，图书馆参考咨询服务也日益呈现出技术化的趋势。图书馆员需要具备扎实的技术应用能力，以适应这一变化。他们需要熟悉并掌握图书馆管理系统，能够高效地进行图书的编目、借阅、归还等日常操作。同时，他们还需要掌握数字化技术，能够将纸质文献转化为电子资源，并进行有效的存储和管理。此外，网络通信技术的运用也是现代图书馆员必备的技能之一。他们需要借助各种网络通信工具，如电子邮件、在线聊天软件等，与读者进行实时互动和交流，以提供更加便捷和高效的服务。

（三）分析与综合问题能力

参考咨询服务往往涉及各种各样的问题和需求，从简单的资源查找到复杂的学术研究，图书馆员都有可能遇到。因此，图书馆员需要具备出色的分析与综合问题能力。他

们需要能够从读者的描述中准确捕捉到问题的核心和关键信息，然后运用自己的知识和技能进行深入的分析和研究。在这个过程中，图书馆员需要善于运用各种思维方法和工具，如逻辑思维、批判性思维、创新思维等，以便更好地理解和解决问题。同时，他们还需要具备将复杂问题分解为简单问题的能力，以便为读者提供更加清晰和易于理解的解答。

二、图书馆参考咨询服务的专业知识要求

专业知识是图书馆员从事参考咨询服务的基础和保障。只有具备扎实的专业知识，图书馆员才能够在面对各种问题和挑战时游刃有余、从容不迫。

（一）图书馆学基础知识

图书馆学是研究图书馆的发生发展、组织管理以及图书馆工作规律的科学。作为图书馆员，首先需要掌握图书馆学的基本概念和基础理论。这包括了解图书馆的发展历程、职能和作用，熟悉图书馆的组织结构和管理体系等。这些知识能够帮助图书馆员更好地理解图书馆工作的本质和要求，为他们在实际工作中提供指导和支持。同时，通过对图书馆学基础知识的学习和应用，图书馆员还能够不断提升自己的专业素养和服务能力，为读者提供更加优质、高效的服务。

（二）信息科学知识

信息科学知识是图书馆员从事信息工作的基础。在信息爆炸的时代背景下，如何有效地获取、组织、检索和利用信息成为图书馆员必须面对的重要课题。图书馆员需要了解信息的概念、特征、类型和传递过程等基本理论知识，掌握信息组织、检索、分析和利用的基本方法和技术。这些知识不仅能够帮助图书馆员更好地理解和处理各种信息问题，还能够提高他们在实际工作中的信息敏感度和信息处理能力。通过对信息科学知识的深入学习和应用，图书馆员可以更加高效地为读者提供准确、全面的信息服务。

（三）学科专业知识

图书馆作为一个综合性的知识库，涵盖了文学、历史、哲学、社会科学、自然科学等各个领域的文献资源。因此，图书馆员在从事参考咨询服务时，往往需要具备一定的学科专业知识。这些知识不仅能够帮助图书馆员更好地理解读者的需求和问题，还能够为他们提供更加准确、更有针对性的解答和帮助。同时，通过对不同学科领域的学习和了解，图书馆员还可以不断拓展自己的知识视野和认知结构，提高自己的综合素质和服务能力。

（四）法律法规知识

在提供参考咨询服务的过程中，图书馆员需要遵守相关的法律法规和规章制度。这包括版权法、知识产权法、信息法等相关法律法规以及图书馆内部的规章制度等。这些知识不仅能够帮助图书馆员更好地保护知识产权和信息安全，避免在服务过程中出现违法违规行为，还能够提高他们的法律意识和职业素养。通过对法律法规知识的学习和应用，图书馆员可以更加规范地开展工作，为读者提供更加安全、可靠的信息服务。同时，他们还可以在工作中积极宣传和推广法律知识，提高读者的法律意识和素养。

三、图书馆参考咨询服务的沟通与表达能力

沟通与表达能力是图书馆员在参考咨询服务中展现其专业素养的重要方面。无论是面对读者的咨询，还是与同事间的协作，图书馆员能与人清晰、准确的沟通都是不可或缺的。以下是对图书馆员在沟通与表达能力方面的详细要求。

（一）良好的口头表达能力

图书馆员在与读者交流时，首先需要具备良好的口头表达能力。这意味着他们应能够用清晰、流畅的语言准确地传递信息，无论是解答读者的疑问，还是介绍图书馆的资源和服务。良好的口头表达能力不仅有助于建立图书馆员与读者之间的信任关系，还能提高服务效率，确保读者能够快速、准确地获取所需信息。

为了实现这一目标，图书馆员需要注重日常的语言训练，包括提高发音的清晰度、语速的适中性以及语言的条理性。此外，他们还应关注行业动态，及时更新专业词汇和表达方式，以确保在与读者交流时能够使用恰当、专业的语言。

（二）有效的倾听能力

除了口头表达能力外，图书馆员还需要具备出色的倾听能力。在与读者交流时，他们应能够耐心倾听读者的需求和问题，准确捕捉关键信息。这不仅有助于图书馆员更好地理解读者的需求，还能为他们提供更有针对性的解答和帮助。

为了实现有效倾听，图书馆员需要保持专注和耐心，避免在倾听过程中分心或打断读者。同时，他们还应学会从读者的语气、表情和体态中捕捉非语言信息，以更全面地理解读者的需求和情感状态。

（三）书面表达能力

书面表达能力也是图书馆员不可或缺的一项技能。在参考咨询服务中，图书馆员可能需要撰写各种文字材料，如参考咨询报告、读者指南等。这些文字材料不仅要求内容准确、清晰，还要求语言简洁、易懂。

为了提高书面表达能力，图书馆员需要注重写作训练，包括提高文章的逻辑性、条理性以及语言的精炼性。此外，他们还应关注读者的阅读习惯和需求，确保所撰写的文字材料能够符合读者的期望和要求。

（四）跨文化沟通能力

随着图书馆国际化程度的提高，图书馆员面临着越来越多的跨文化沟通挑战。在与来自不同文化背景的读者交流时，他们需要了解并尊重读者的文化差异和多样性，采用恰当的沟通方式和策略。

为了提升跨文化沟通能力，图书馆员需要关注多元文化知识的学习，了解不同文化背景下的沟通习惯和方式。同时，他们还应积极参加跨文化沟通培训，提高自己在多元文化环境下的沟通能力和适应性。

（五）沟通技巧的运用

最后，图书馆员需要掌握一定的沟通技巧和方法。这些技巧包括积极倾听、开放式提问、反馈技巧等，有助于图书馆员更好地与读者进行沟通和交流，建立良好的互动关系。通过运用这些技巧，图书馆员可以更加深入地了解读者的需求，提供更加精准、个性化的服务。

四、图书馆参考咨询服务的团队协作与问题解决能力

在图书馆参考咨询服务中，团队协作与问题解决能力是图书馆员展现其专业素养水平的又一重要方面。无论是与同事间的紧密协作，还是面对各种问题和挑战时的迅速应对，都需要图书馆员具备出色的团队协作与问题解决能力。以下是对图书馆员在这方面的详细要求。

（一）团队意识与合作精神

图书馆员需要具备强烈的团队意识和合作精神，这是实现团队协作的基础。他们应认识到自己的工作是团队工作的一部分，积极与同事沟通、协调，共同完成任务。在团队中，图书馆员需要发挥自己的专业优势，为团队目标的实现贡献自己的力量。同时，他们还应关注团队的整体发展，积极参与团队建设和改进活动。

（二）沟通与协调能力

在团队协作中，沟通与协调能力是至关重要的。图书馆员需要具备良好的沟通与协调能力，才能与团队成员有效沟通、协调资源、解决问题。他们应能够清晰、准确地传达自己的想法和观点，同时倾听他人的意见和建议。在沟通协调过程中，图书馆员需要保持开放、包容的心态，尊重他人的观点和差异，寻求共识和解决方案。

（三）问题解决能力

图书馆员在参考咨询服务中经常会遇到各种问题和挑战，如读者的复杂咨询、系统故障等。面对这些问题，图书馆员需要具备较强的问题解决能力。他们应能够迅速、准确地识别问题的性质和根源，提出切实可行的解决方案和措施。在解决问题过程中，图书馆员需要保持冷静、客观的态度，不受情绪影响。同时，他们还应具备创新思维和灵活应变能力，能够尝试不同的方法和策略来解决问题。

（四）创新思维能力

创新思维能力是图书馆员在团队协作与问题解决中应具备的重要素质。在快速发展的信息时代，图书馆员需要不断创新服务模式和方法，以满足读者的多样化需求。他们应具备敏锐的观察力和洞察力，以能够发现工作中的新问题和新机会，提出创新性的思路和建议。同时，图书馆员还应勇于尝试新事物和新方法，不断探索和改进工作方式和服务模式。通过创新思维能力的提升，图书馆员可以为团队带来更多的创意和价值。

五、图书馆参考咨询服务的持续学习与自我提升要求

持续学习与自我提升是图书馆员从事参考咨询服务的重要保障。在知识爆炸式增长和信息技术快速发展的背景下，图书馆员需要不断更新知识结构和提升技能水平，以适应读者需求的变化和服务模式的创新。以下是对图书馆员在持续学习与自我提升方面的详细要求。

（一）学习意识与学习能力

图书馆员需要具备强烈的学习意识和学习能力。他们应认识到学习是职业发展的基础，始终保持对新知识、新技能的好奇心和求知欲。图书馆员需要关注图书馆学和相关领域的最新动态和趋势，了解新技术和新方法的应用和发展前景。为了提高学习能力，他们还应掌握有效的学习技巧和方法，如自主学习、在线学习等。通过持续学习和知识更新，图书馆员可以不断提升自己的专业素养和服务能力。

（二）自我评估与反思能力

自我评估与反思能力是图书馆员在持续学习与自我提升中应具备的重要素质。他们需要定期对自己的工作表现和服务质量进行评估和反思，总结经验教训，发现自己的优点和不足。通过自我评估与反思，图书馆员可以更加清晰地认识自己的职业定位和发展方向，制订针对性的改进计划和措施。这种自我提升的过程有助于图书馆员不断完善自己的知识结构和服务技能，提高读者满意度和服务质量。

（三）职业发展规划与实施能力

职业发展规划与实施能力是图书馆员在持续学习与自我提升的过程中应具备的重要能力。他们需要制订明确的职业发展规划和目标，了解自己的职业发展方向和发展路径。职业发展规划不仅包括短期和长期的目标设定，还包括实现这些目标所需的行动计划和资源准备。

图书馆员应具备实施职业发展计划的能力，包括制订学习计划、参加培训课程、积累工作经验等。通过职业发展规划与实施能力的提升，图书馆员可以更加系统地规划自己的职业发展道路，不断追求自我价值的实现和职业成长。同时，这也有助于图书馆员在职业生涯中保持积极性和动力，增强自我信心和满足感。

第十一章　图书馆信息素养教育

第一节　信息素养教育的概念与目标

一、信息素养教育的定义与内涵

（一）信息素养教育的定义

信息素养教育，又称信息教育，是指为培养和提高个体的信息素养而进行的教育活动。信息素养是指个体在信息时代所具备的信息意识、信息知识、信息能力和信息道德等方面的综合素质。因此，信息素养教育旨在培养个体有效获取、评价、利用和创新信息的能力，使个体能够适应信息社会的发展需求。

信息素养教育的内涵十分丰富，包括信息意识教育、信息知识教育、信息能力教育和信息道德教育四个方面。信息意识教育主要培养个体对信息的敏感度和需求意识；信息知识教育传授给个体有关信息的基本概念、原理和方法；信息能力教育则着重培养个体的信息获取、处理、利用和创新的能力；信息道德教育则注重对个体在信息活动中的道德规范和法律意识的培养。

（二）信息素养教育的内涵

信息素养教育的内涵可以从多个维度进行理解。首先，它是一种终身教育，贯穿于个体的整个生命周期，随着信息技术的发展和信息社会的变化不断更新。其次，信息素养教育是一种通识教育，面向所有个体，无论其年龄、性别、职业和背景如何，都需要具备一定的信息素养以应对日常生活和工作中的信息挑战。最后，信息素养教育还是一种能力教育，注重培养个体的实际操作能力和问题解决能力，使个体能够将所学知识应用于实际情境中。

在信息素养教育的实施过程中，需要关注个体的差异性，根据不同的需求和特点制订个性化的教育方案。同时，还需要注重实践性和创新性，鼓励个体通过实践活动和创新思维来提升自己的信息素养水平。此外，信息素养教育还需要与其他学科领域进行融合，形成跨学科的综合素养教育模式，以更好地适应信息社会的发展需求。

二、信息素养教育的目标与意义

（一）信息素养教育的目标

信息素养教育的目标是培养和提高个体的信息素养水平，使其能够更好地适应信息社会的发展需求。具体来说，信息素养教育的目标包括以下几个方面。

培养个体的信息意识。通过信息素养教育，个体能意识到信息的重要性，养成主动获取信息的习惯，能对信息保持敏锐的洞察力。

传授信息知识的目的是使个体掌握信息的基本概念、原理和方法，了解信息技术的发展动态和应用前景，为后续的信息能力培养奠定基础。

提升信息能力的目的是着重培养个体的信息获取、处理、利用和创新的能力，使其能够熟练运用各种信息技术工具解决实际问题，提高工作效率和生活质量。

强化信息道德的目的是教育个体在信息活动中遵守道德规范和法律法规，尊重他人的知识产权和隐私权，自觉抵制不良信息的侵蚀和影响。

（二）信息素养教育的意义

信息素养教育在信息时代具有重要的意义和价值。首先，它是适应信息社会发展的必然要求。随着信息技术的飞速发展和广泛应用，信息已经成为社会发展的重要资源和动力。个体要想在激烈的竞争中立于不败之地，必须具备一定的信息素养来应对各种信息挑战。

其次，信息素养教育有助于提升个体的综合素质和竞争力。信息素养是个体综合素质的重要组成部分之一，它与其他素质如创新素质、批判性思维等紧密相连。信息素养教育可以培养个体的自主学习能力、创新思维能力和解决问题能力等多方面的素质和能力，从而提升其整体竞争力和发展潜力。

最后，信息素养教育对于推动社会信息化进程和促进社会经济发展也具有积极的作用。提高全民的信息素养水平可以加速信息技术的普及和应用推广，推动产业结构升级和经济增长方式转变，实现经济社会的可持续发展。同时，信息素养教育还有助于构建和谐社会、提高全民文化素养水平，为社会的全面进步和发展奠定坚实的基础。

综上所述，信息素养教育在信息时代具有重要的意义和价值。我们应该高度重视信息素养教育工作，加强相关研究和实践探索，不断完善信息素养教育体系和内容设置，为培养高素质的信息时代人才做出积极的贡献。

第二节　图书馆信息素养教育的实施策略

一、制订信息素养教育规划与方案

（一）明确信息素养教育目标

在信息化社会的浪潮中，信息素养已成为每个公民必备的素质。图书馆，作为知识与信息的集散地，肩负着培养读者信息素养的重要使命。因此，明确信息素养教育目标，是图书馆开展信息素养教育的首要任务。

信息素养教育的总体目标，是培养读者的信息意识、信息能力和信息道德。信息意识是指读者对信息的敏感度和对信息价值的判断力；信息能力则涵盖了读者获取、处理、利用和评价信息的能力；信息道德则要求读者在获取和利用信息时遵守相关法律法规，尊重知识产权，维护信息安全。

除了总体目标外，信息素养教育还需要根据读者的具体需求和实际情况，制订更为具体的目标，例如，提高读者的信息检索技能，使他们能够迅速准确地找到所需信息；培养读者的批判性思维，使他们在面对海量信息时能够保持清醒的头脑，做出明智的选择。这些具体目标的制定，有助于为信息素养教育提供更加明确的方向和更加具体的指导。

（二）分析读者信息素养需求

读者是信息素养教育的主体，他们的需求是制订信息素养教育规划与方案的重要依据。因此，在制订信息素养教育规划与方案时，图书馆需要深入分析读者的信息素养需求。

这首先要求图书馆了解读者的信息获取习惯。不同的读者可能有不同的信息获取方式和偏好，例如，有的读者习惯于通过搜索引擎获取信息，而有的读者则更喜欢通过专业数据库或学术网站获取信息。了解这些信息有助于图书馆为不同的读者群体提供个性化的信息素养教育服务。

其次，图书馆需要了解读者的信息利用需求。不同的读者可能有不同的信息利用目的和要求，例如，有的读者需要利用信息进行学术研究，而有的读者则可能需要利用信息做商业决策或解决日常生活问题。了解这些信息利用需求，有助于图书馆为不同的读者群体提供有针对性的信息素养教育内容和方法。

最后，图书馆还需要了解读者的信息技能水平。不同的读者可能在信息技能方面存在较大的差异，例如，有的读者可能已经具备了较高的信息检索和处理能力，而有的读者则可能需要从零开始学习这些技能。了解这些信息技能水平，有助于图书馆为不同的读者群体提供适宜的信息素养教育。

（三）制定信息素养教育内容与课程体系

根据信息素养教育的目标和读者的需求，图书馆需要制定详细的教育内容与课程体系。这些内容应该涵盖信息素养的基础知识、基本技能和高级应用等方面，形成一个完整的信息素养教育体系。

在基础课程方面，图书馆可以开设信息检索与利用、数字图书馆使用等课程，帮助读者掌握基本的信息获取和利用技能。在拓展课程方面，图书馆可以开设数据分析与可视化、学术规范与论文写作等课程，以提升读者的信息处理能力和学术素养。在实践课程方面，图书馆可以组织信息素养实践项目或竞赛活动，让读者在实践中锻炼和提高自己的信息素养能力。

此外，图书馆还需要关注信息素养教育与其他课程的整合与渗透。例如，图书馆可以与专业课程教师合作，将信息素养教育内容融入专业课程中，也可以与通识教育课程教师合作，共同开发跨学科的信息素养教育课程。这种协同育人的模式有助于形成全方位、多层次的信息素养教育体系。

（四）建立信息素养教育评估与反馈机制

为确保信息素养教育的质量和效果，图书馆需要建立评估与反馈机制。这包括对信息素养教育过程进行定期检查和评估，收集读者的反馈意见和建议，以及根据评估结果进行课程调整和优化等。

具体而言，图书馆可以通过问卷调查、访谈等方式收集读者对信息素养教育的满意度、意见和建议等信息，同时，还可以邀请专家或第三方机构对信息素养教育进行专业评估和指导。这些评估结果可以为图书馆提供宝贵的反馈和建议，帮助图书馆及时发现和解决信息素养教育中存在的问题和不足。

此外，图书馆还需要根据评估结果对信息素养教育课程进行调整和优化。例如，针对读者反映的课程内容过于复杂或过于简单的问题，图书馆可以及时调整课程难度和进度；针对读者反映的实践环节不足的问题，图书馆可以增加实践课程或实践项目等。这种动态调整和优化有助于使信息素养教育更加符合读者的需求和期望。

二、整合信息素养教育资源与内容

（一）挖掘图书馆自身资源

图书馆作为知识和信息的集散地，拥有丰富的信息资源。这些资源包括纸质图书、期刊、报纸等传统文献资源以及电子图书、电子期刊、数据库等数字化资源。这些资源是开展信息素养教育的重要基础。因此，图书馆需要充分挖掘和利用这些资源，为信息素养教育提供有力支持。

具体而言，图书馆可以通过开设信息检索课程的方式帮助读者了解图书馆的资源类型和检索方法；通过举办数据库使用讲座的方式，向读者介绍各种数据库的特点和使用技巧；通过编制信息素养教育教材或手册的方式，为读者提供系统的信息素养教育内容和指导等。此外，图书馆还可以利用自身的场地和设施优势为读者提供信息素养教育实践场所和机会。

（二）整合外部资源

除了图书馆自身的资源外，还有许多外部资源可以用于信息素养教育。例如，在线教育平台、开放课程网站等提供了大量的信息素养教育相关课程和资源；各类学术机构、行业协会等也会定期举办信息素养教育相关的研讨会、培训班等活动。这些外部资源是图书馆开展信息素养教育的重要补充和拓展。

因此，图书馆需要积极与这些平台或机构合作引入优质外部资源，以丰富信息素养教育内容和方法。具体而言，图书馆可以与在线教育平台合作，引入其优质的信息素养教育课程供读者在线学习；可以与开放课程网站合作共享其丰富的信息素养教育资源，以供读者免费使用；可以与各类学术机构或行业协会合作共同举办信息素养教育相关的研讨会或培训班等活动，以提升读者的信息素养水平和能力。

（三）优化资源配置

在整合信息素养教育资源时，图书馆需要根据读者的需求和课程的特点来合理配置资源。纸质资源图书馆，需要根据读者的阅读习惯和课程的需求来调整纸质资源的种类和数量，确保读者能够方便地获取到所需的纸质文献；电子资源图书馆则需要根据读者的使用习惯和课程的需求来调整电子资源的类型和访问方式，确保读者能够高效地利用电子资源进行学习。

此外，图书馆还需要对空间布局进行调整，以适应信息素养教育的需求，例如，可以设置专门的信息素养教育教室或实验室供读者进行实践学习；可以设置信息素养教育咨询台或导师工作站为读者提供个性化的指导和帮助等。优化资源配置图书馆可以使信息素养教育资源更加符合读者的学习需求和习惯，提高资源的利用率和教育效果。

（四）持续更新与维护资源

信息素养教育资源需要持续更新与维护才能保持其时效性和吸引力。因此，图书馆需要定期检查和评估现有资源的可用性和适用性，及时淘汰过时或不再适用的资源并引入新的、高质量的资源来替换它们。具体而言，图书馆可以通过定期采购新书、更新数据库内容、优化网站功能等方式来保持资源的更新与维护，还需要关注信息素养教育领域的新动态和新趋势，及时调整和更新教育内容和方法，以适应时代的发展和读者的需求变化。

三、创新信息素养教育方法与手段

（一）采用线上线下相结合的教育模式

随着信息技术的迅猛发展和广泛应用，线上线下相结合的教育模式已经逐渐崭露头角，成为教育领域的一大趋势。对于图书馆而言，积极拥抱这一变革，将信息素养教育课程有机地划分为线上和线下两个部分，是一种极具前瞻性的举措。

线上部分的教育，可以依托先进的在线教育平台、图书馆官方网站等数字化渠道进行。通过这些平台，读者可以随时随地访问丰富的信息素养教育资源，进行自主学习和互动交流。图书馆可以设计一系列精彩的在线课程，涵盖信息检索、数字素养、网络安全等关键主题，为读者提供系统、全面的学习体验。同时，借助在线作业提交、实时讨论区等功能，读者还可以与教师进行即时的学习反馈，与同学进行深度交流，从而更加深入地掌握相关知识和技能。

线下部分的教育，则可以通过传统的课堂教学、实践操作等方式进行。图书馆可以定期举办信息素养教育讲座、工作坊等活动，邀请专家学者进行现场授课和实操指导。这些面对面的教学活动，不仅可以让读者在真实的场景中学习和实践信息素养技能，还可以为他们提供一个与同行交流、分享经验的宝贵机会。

这种线上线下相结合的教育模式，既充分利用了信息技术的便捷性和高效性，又保留了传统教育的互动性和深度性。通过这种模式，图书馆可以为读者提供更加灵活、多样的学习方式和途径，满足不同人群的学习需求和期望。

（二）引入游戏化学习等新型教育方法

游戏化学习是一种充满趣味性和创新性的教育方法，它通过将学习内容与游戏元素巧妙结合，让学习者在轻松愉快的氛围中掌握知识和技能。对于信息素养教育而言，引入游戏化学习等新型教育方法，无疑是一种极具吸引力的尝试。

图书馆可以设计一系列富有趣味性和挑战性的信息素养教育游戏或活动。这些游戏或活动可以围绕信息检索、数据分析、网络安全等主题展开，通过设定明确的游戏目标、丰富的游戏内容和有趣的游戏机制，激发读者的学习兴趣和积极性。例如，图书馆可以开发一款以信息检索为主题的角色扮演游戏，让读者在游戏中扮演一名侦探，通过搜集线索、分析数据来解开一个个谜题。这样的游戏不仅可以让读者在娱乐中学习和掌握信息素养技能，还可以培养他们的逻辑思维能力和问题解决能力。

除了自主研发游戏外，图书馆还可以与专业的教育游戏开发商合作，引入一些成熟的游戏化学习产品和解决方案。这些产品和解决方案通常具有完善的游戏机制和丰富的教育资源，可以为读者提供更加专业、系统的学习体验。

通过引入游戏化学习等新型教育方法，图书馆可以打破传统教育的束缚和限制，为读者带来更加新颖、有趣的学习体验。这种方法不仅可以提高读者的学习参与度和学习效果，还可以帮助图书馆吸引更多年轻人群的关注和参与。

（三）利用社交媒体等网络平台拓展教育渠道

在数字化时代，社交媒体等网络平台已经成为人们获取信息、交流思想的重要渠道。对于图书馆而言，利用这些平台拓展信息素养教育渠道是一种顺应时代潮流的必然选择。

图书馆可以通过微博、微信等社交媒体平台发布信息素养教育相关的资讯、资源和活动信息。这些信息可以包括最新的信息素养教育理念、方法、案例等，也可以包括图书馆举办的各种信息素养教育活动、讲座、比赛等。通过定期更新和发布这些内容，图书馆可以吸引更多关注者，扩大其信息素养教育的影响力和覆盖面。

除了发布信息外，图书馆还可以在这些社交媒体平台上开设在线课程、组织线上讨论等互动活动。例如，图书馆可以定期在微博上开展信息素养教育微话题讨论，邀请专家学者和广大读者就某一热点问题进行深入交流和探讨。这样的活动不仅可以激发读者的学习热情和参与度，还可以为他们提供一个与同行交流、分享经验的宝贵机会。

通过利用社交媒体等网络平台拓展教育渠道，图书馆可以打破时间和空间的限制，为读者提供更加便捷、灵活的学习方式和交流平台。这种方式不仅可以增强图书馆与读者之间的互动和联系，还可以帮助图书馆更好地履行其社会教育职能和使命。

（四）开展多样化的信息素养教育实践活动

实践活动是巩固和应用信息素养知识和技能的重要环节。对于图书馆而言，开展多样化的信息素养教育实践活动是一种提升教育质量、增强读者体验的有效途径。

图书馆可以结合自身资源和特色，开展一系列丰富多彩的信息素养教育实践活动。这些活动可以包括信息检索大赛、数字素养挑战赛、网络安全知识竞赛等竞技性活动，也可以包括信息素养教育夏令营、工作坊等体验式活动。通过这些活动，读者可以在实践中学习和应用信息素养知识和技能，提高他们的实际操作能力和问题解决能力。

此外，图书馆还可以积极与企业、学校等机构合作，共同开展信息素养教育实践活动。例如，图书馆可以与当地的企业合作，组织读者参观企业的信息中心或数据中心，了解企业在实际工作中如何应用信息素养技能，也可以与学校合作，共同开设信息素养教育课程或实践项目，培养学生的信息素养和创新能力。

通过开展多样化的信息素养教育实践活动，图书馆可以为读者提供更加生动、实用的学习体验和机会。这些活动不仅可以激发读者的学习兴趣和积极性，还可以帮助他们更好地理解和应用所学知识，提升他们的综合信息素养水平。

四、加强信息素养教育师资队伍建设

（一）明确师资队伍建设目标与要求

在加强信息素养教育师资队伍建设的过程中，首先需要明确目标与要求，这是确保师资队伍建设工作有针对性、有计划性的重要前提。

具体来说，图书馆需要确定师资队伍的规模、结构、素质等方面的要求。这包括明确师资队伍的数量需求、专业背景、实践经验等方面的要求，以及制定具体的招聘、选拔、培训、考核等管理制度和流程，同时，还需要根据信息素养教育的发展趋势和实际需求，不断调整和优化师资队伍建设的目标和要求。

此外，图书馆还需要制订具体的建设规划和实施方案。这包括制订师资队伍建设的时间表、路线图、任务书等详细计划，以及明确各项任务的责任人、完成时间和考核标准等。通过制订详细的规划和方案，图书馆可以确保师资队伍建设工作有序进行，并取得预期成效。

（二）优化师资队伍结构

优化师资队伍结构是提高信息素养教育质量的关键环节。合理、优化的师资队伍结构应该具备多样性、专业性和实践性等特点。

为了优化师资队伍结构，图书馆需要注重引进和培养具有信息素养教育背景和实践经验的优秀人才。这包括招聘具有相关学科背景和实践经验的专任教师、邀请行业专家和企业高管担任客座教授或实践导师等。通过这些措施，图书馆可以引入新的教育理念和方法，增强师资队伍的活力和创新力。

同时，图书馆还需要加强对现有教师的培训和提高。这包括定期组织教师参加信息素养教育培训课程、研讨会等活动，以提高他们的专业素养和教育能力；鼓励教师积极参与信息素养教育实践和研究活动，以积累更多的实践经验和教育成果；为教师提供良好的工作环境和发展空间，以激励他们不断追求卓越和创新。

通过优化师资队伍结构，图书馆可以形成一支高素质、专业化的信息素养教育师资队伍。这样的队伍不仅可以为信息素养教育提供坚实的人才保障和支持，还可以推动信息素养教育的不断创新和发展。

（三）提升教师信息素养教育能力

提升教师信息素养教育能力是加强师资队伍建设的重要任务之一。教师的信息素养教育能力直接关系到学生的学习效果和成长发展，因此必须予以高度重视。

为了提升教师的信息素养教育能力，图书馆需要为教师提供系统的信息素养教育培训和学习机会。这可以包括组织定期或不定期的培训班、研讨会、工作坊等活动，邀请专家学者进行授课和指导；为教师提供在线课程、教学视频等自主学习资源，让他们能够随时随地进行学习和提高。

培训内容方应该注重理论与实践相结合，涵盖信息素养教育的理念、方法、技能等多个方面，同时，还需要关注新兴技术的发展和应用趋势，及时更新和拓展教师的知识储备和视野。通过全面、系统的培训和学习，教师可以更加深入地理解信息素养教育的内涵和要求，掌握有效的教学方法和手段。

此外，图书馆还需要鼓励教师积极参与信息素养教育实践和研究活动。这可以包括组织教师开展信息素养教育课题研究、案例分析等活动；鼓励教师参与校际或国际间的交流与合作项目；为教师提供展示和分享教育成果的平台和机会。通过这些实践和研究活动，教师可以不断积累教育经验、提升教育能力、拓展教育视野。

（四）建立激励机制与评价体系

为了激发教师参与信息素养教育的积极性和创造性，图书馆需要建立激励机制与评价体系。这是确保师资队伍建设工作持续有效、形成良性循环的重要保障。

在激励机制方面，图书馆可以采取多种措施来激励教师积极参与信息素养教育工作。例如，设立信息素养教育优秀成果奖、优秀教师奖等荣誉奖项；将信息素养教育成果纳入教师考核和晋升体系；为教师提供进修学习、访问交流等职业发展机会；为教师创造良好的工作环境和氛围等。这些措施可以有效地激发教师的内在动力和工作热情，推动他们不断追求卓越和创新。

在评价体系方面，图书馆需要建立一套科学、合理的信息素养教育评价体系。这个体系应该包括明确的评价标准、多元化的评价方法、客观公正的评价过程等要素。评价标准应该涵盖教师的教学质量、科研成果、社会服务等多个方面；评价方法可以采取学生评价、同行评价、专家评价等多种方式；评价过程应该公开透明、客观公正，确保评价结果的可信度和有效性。通过这样的评价体系，图书馆可以对教师的信息素养教育工作进行全面、客观、科学的评估，为教师的职业发展和信息素养教育的持续改进提供有力支持。

第三节　图书馆信息素养教育的效果评估

一、建立信息素养教育评估指标体系

（一）确定评估指标与维度

为了全面、深入地评估图书馆信息素养教育的实施效果，我们首先需要构建一个科学、系统且具备可操作性的评估指标体系。这个体系不仅应涵盖教育的核心内容，还应反映教育的多元化特点，从而确保评估的全面性和准确性。

在构建这一体系时，我们需要考虑多个关键维度，这些维度共同构成了评估的框架。首先，教育内容是核心，它涉及信息素养教育的课程设置、教材选择以及知识点的覆盖等，直接关系到教育的质量和深度。其次，教学方法也是不可忽视的，包括教师的教学方式、教学手段的运用以及教学环境的营造等，这些都直接影响着学生的学习兴趣和效果。此外，教师素质、学生参与度以及教育成果等也是重要的评估维度。教师素质关系到教学的专业性和引导能力，学生参与度则反映了学生的学习积极性和投入程度，教育成果则是衡量教育效果最直接的指标。

在每个维度下，我们还需要进一步细化具体的评估指标。例如，在教育内容维度下，我们可以设置时效性和实用性两个指标，以评估教育内容是否紧跟时代步伐、满足实际需求。在教学方法维度下，创新性和有效性是两个关键指标，它们可以衡量教学方法是否能够激发学生的学习兴趣、提高学习效果。通过这样细致入微的指标设置，我们可以确保评估工作更加具体、有针对性。

（二）明确评估标准与权重

在确定了评估指标后，接下来我们需要为每个指标设定明确的评估标准。这些标准应该是具体、可衡量的，以便在评估过程中进行准确判断。例如，对于教育内容的时效性指标，我们可以设定标准包括如"课程内容应包含最新的信息技术发展趋势和应用案例"等内容；对于教学方法的创新性指标，标准可以包括"教师应采用多样化的教学手段和互动方式，激发学生的学习兴趣和创造力"等。

同时，权重的设定也是评估指标体系中不可或缺的一部分。权重反映了不同指标在整体评估中的重要性程度，对于关键指标应赋予较高的权重，以确保评估结果的合理性和公正性。权重的确定可以采用专家咨询、德尔菲法等方法进行科学计算，确保权重的合理性和有效性。

（三）采用多元化评估方法

为了全面、客观地反映信息素养教育的实施效果，我们需要采用多元化的评估方法。这些方法应相互补充、各有侧重，从而形成一个完整、立体的评估体系。

问卷调查是一种常用的评估方法，通过向教师和学生发放问卷，收集他们对教育内容、教学方法、教师素质等方面的意见和建议。这种方法可以覆盖大范围的受众群体，收集到较为全面的反馈信息。访谈法则更加深入和具体，通过与教师、学生以及管理人员进行面对面交流，可以了解他们对信息素养教育的看法和感受。这种方法可以获得更加真实、详细的信息，有助于发现潜在的问题和改进方向。

此外，观察法和测试法也是重要的评估方法。观察法是指评估人员深入教学现场进行实地观察，记录教师的教学行为、学生的学习状态以及教学环境的实际情况等。这种方法可以获得第一手的教学资料，有助于发现教学过程中的亮点和不足。测试法则是通过对学生进行知识测试、技能测试等方式来评估学生的学习成果和教学效果。这种方法可以量化学生的学习进步程度，为改进教学提供有力依据。

（四）定期更新与调整评估指标

信息素养教育是一个动态发展的过程，随着信息技术的不断更新和教育理念的不断进步，评估指标体系也需要随之更新和调整。图书馆作为信息素养教育的主要承担者之一，需要定期回顾和审视现有的评估指标，确保它们能够跟上时代的步伐、满足读者的需求。

在更新和调整评估指标时，图书馆需要关注教育发展的新趋势和读者需求的变化。例如，随着人工智能、大数据等技术的快速发展和应用普及，信息素养教育的内容和方法也需要相应地进行调整和创新。图书馆可以通过参加专业研讨会、关注行业动态、与读者保持紧密沟通等方式了解最新的教育理念和技术发展趋势，并将这些信息及时反映到评估指标体系中。

同时，图书馆还需要根据评估结果和反馈意见对现有指标进行修订和完善，对于已经过时或不再适用的指标，应及时进行删除或替换；对于新出现的问题和需求，应及时添加新的评估指标进行补充；对于权重设置不合理的指标，应重新进行调整和优化。通过这样不断地更新和调整评估体系，可以确保图书馆的信息素养教育工作始终保持先进性和有效性。

二、实施信息素养教育过程评估与监控

（一）制订评估计划与流程

在实施信息素养教育过程评估之前，首先需要制订一份详细的评估计划与流程。这份计划应该明确评估的时间节点、参与人员以及所使用的评估工具和方法等具体细节，以确保整个评估过程的有序进行。

评估计划的制订需要充分考虑信息素养教育的特点和目标，结合实际情况制定切实可行的评估方案。例如，图书馆可以确定在每个学期结束后进行一次全面的评估工作，以了解该学期的教育效果和改进方向。同时，图书馆也可以根据需要安排中期评估或专项评估等不同类型的评估活动，以便更加灵活地应对教育过程中的各种变化和挑战。

在评估流程方面，图书馆需要明确各个环节的具体内容和要求。例如，图书馆在数据收集环节需要确定数据来源和收集方式、制订数据收集表格和问卷等；在数据分析环节需要选择合适的数据分析方法、制作数据分析报告等；在结果反馈环节需要向相关人员传达评估结果、提出改进建议等。制订详细的评估计划与流程可以确保整个评估过程的规范性和有效性。

（二）收集与分析评估数据

评估过程中需要收集大量的数据来全面反映信息素养教育的实施效果。这些数据可以来自于多个方面，包括读者的反馈意见、教师的教学记录以及学生的学习成果等。为了确保数据的准确性和有效性，图书馆需要采用科学、合理的方法来收集和分析这些数据。

在数据收集方面，图书馆可以通过问卷调查、访谈、观察以及测试等多种方式来获取所需的信息。问卷调查可以覆盖大范围的受众群体，收集到较为全面的反馈信息；访谈则可以更加深入地了解特定群体的看法和感受；观察和测试则可以获得更加真实、客观的教学和学习数据。在收集数据时，图书馆还需要注意保护受访者的隐私和权益，确保数据的合法性和伦理性。

在数据分析方面，图书馆可以采用定量和定性相结合的方法来处理所收集到的数据。定量分析可以通过统计软件对数据进行整理、分类和计算，从而得出各项指标的数值结果；定性分析则可以通过对文本资料进行深入挖掘和解读，揭示出数据背后的深层次含义和关联。通过将这两种方法的结合运用，图书馆可以更加全面、深入地了解信息素养

教育的实施效果及存在的问题和挑战。

（三）及时反馈与调整教育策略

评估的目的不仅仅是为了了解教育效果，更重要的是为了改进和提升教育质量。因此，在得出评估结果后，图书馆需要及时向教师和读者反馈相关信息，并根据反馈意见调整教育策略。这一过程需要保持沟通的顺畅和有效性，确保反馈能够及时传达并被认真对待。

对于教育效果不佳的部分，图书馆需要深入分析原因并采取相应的改进措施。这可能涉及课程内容的调整、教学方法的改进或者教师素质的提升等方面。图书馆需要根据具体情况制订切实可行的改进方案，并明确责任人和时间节点，以确保改进工作的落实和执行。

对于教育效果良好的部分，也需要总结经验并继续优化和提升。这可以通过表彰优秀教师、推广成功案例或者开展经验交流活动等方式来实现。同时，图书馆还需要保持对新技术和新理念的关注和学习，以便及时将最新的教育资源和成果引入到信息素养教育中。

（四）建立持续监控机制

除了定期的评估工作外，图书馆还需要建立持续监控机制来实时关注信息素养教育的进展和效果。这一机制可以通过定期的教学检查、学生的学习进度跟踪以及读者满意度调查等方式来实现。通过持续监控，图书馆可以及时发现并解决教育过程中出现的问题和挑战，确保信息素养教育的顺利进行和持续改进。

同时，持续监控机制还可以为图书馆提供宝贵的数据支持和参考依据。通过对监控数据的收集和分析，图书馆可以更加准确地掌握教育发展的趋势和读者需求的变化，从而为未来的教育规划和决策提供有力支持。因此，建立持续监控机制是实施信息素养教育过程评估与监控中不可或缺的一环。

三、开展信息素养教育成果展示与交流

信息素养教育作为当今教育领域的重要组成部分，对于培养学生的综合素质和终身学习能力具有至关重要的意义。图书馆作为学校的信息中心和教育阵地，肩负着推广信息素养教育、提升学生信息素养水平的重要使命。为了充分展示信息素养教育的成果，加强教师之间的交流与合作，图书馆可以积极开展信息素养教育成果的展示与交流活动。

（一）组织信息素养教育成果展览

为了直观、生动地展示信息素养教育的丰硕成果，图书馆可以定期组织信息素养教

育成果展览。展览内容可以包括学生在信息素养课程中的优秀作品，如研究报告、创意设计、多媒体作品等，以及教师在教学实践中的典型案例和教学成果。通过展览的形式，可以让更多的人直观地感受到信息素养教育的魅力和价值，增强对信息素养教育的认同感和支持度。

在展览的策划和组织过程中，图书馆可以积极与学校其他部门、学生社团等合作，共同筹备展览活动。同时，图书馆还可以利用自身优势，为展览提供场地、设备和宣传等方面的支持，确保展览的顺利进行和良好效果。此外，为了扩大展览的影响力和覆盖面，图书馆还可以邀请校内外专家、学者、教师等参观指导，为展览提供专业的意见和建议。

（二）举办信息素养教育研讨会

除了展览外，图书馆还可以举办信息素养教育研讨会，为教师们提供一个深入交流、共同探讨的平台。研讨会可以围绕信息素养教育的理念、方法、趋势等主题展开，邀请校内外相关领域的专家学者、一线教师等分享他们的研究成果和实践经验。通过研讨会的交流和讨论，教师们可以相互启发、取长补短，共同推动信息素养教育的创新和发展。

在研讨会的组织和实施过程中，图书馆需要提前做好充分的准备工作，包括确定研讨主题、邀请嘉宾、安排会议日程等。同时，为了确保研讨会的顺利进行和良好效果，图书馆还可以提供必要的场地、设备和人员支持。此外，在研讨会后，图书馆还可以对会议内容进行总结和整理，形成有价值的学术成果或教学资源，供教师们参考和借鉴。

（三）鼓励教师发表研究成果

信息素养教育是一个不断发展的领域，需要教师们不断进行探索和研究。为了鼓励教师们积极参与信息素养教育的研究工作并发表相关的研究成果，图书馆可以采取多种措施进行激励和支持。例如，图书馆可以设立信息素养教育研究基金或奖励计划，为教师们的研究提供经费支持和成果奖励；可以定期举办信息素养教育论文大赛或优秀成果评选活动，展示和推广教师们的优秀研究成果；可以积极推荐教师们项目参加国内外相关学术会议或期刊发表等。

这些措施不仅可以激发教师们的研究热情和创新精神，提升他们的学术水平和影响力，同时也可以为信息素养教育领域贡献新的知识和观点，推动该领域的不断发展和进步。在此过程中，图书馆需要充分发挥自身的信息资源和学术优势，为教师们的研究提供有力的支持和保障。

（四）建立信息素养教育资源共享平台

为了方便教师之间的资源共享和交流合作，图书馆可以积极建立一个信息素养教育资源共享平台。这个平台可以汇集各种优质的教育资源如教学课件、案例库、研究论文、数字图书资源以及在线课程视频等，还可以提供资源上传、下载、评论、推荐等功能，方便教师们进行资源的共享和交流。共享平台的建设和运营，不仅可以有效整合和利用现有的教育资源、避免资源的浪费和重复建设，还可以促进教师之间的相互借鉴和学习共同提高信息素养教育的质量和水平。

在共享平台的建设过程中，图书馆需要充分考虑平台的功能设计、用户体验、数据安全等方面的问题，同时还需要制定完善的资源审核和管理机制，确保平台资源的优质性和安全性。此外，为了吸引更多的教师参与共享平台的建设和使用图书馆还可以采取一定的激励措施如设立积分奖励制度、优秀资源评选活动等激发教师们的参与热情和贡献精神。

四、总结信息素养教育经验与教训

在信息素养教育的实践过程中，图书馆会积累大量的经验和教训。这些经验和教训对于指导未来的信息素养教育工作、提高教育质量具有重要的参考价值。因此，图书馆需要认真总结这些经验和教训，为今后的信息素养教育工作提供有益的借鉴和指导。

（一）梳理教育过程中的成功经验

在信息素养教育过程中，图书馆会取得许多宝贵的成功经验。这些经验可能涉及教育内容的选择与设计、教学方法的创新与实践、教师团队的协作与建设等方面。为了充分利用这些成功经验，图书馆需要认真梳理它们并进行系统的总结和归纳，例如，可以总结出一套行之有效的信息素养教育课程体系或教学方法，也可以提炼出一些成功的教师团队建设和管理模式等。这些总结出来的成功经验可以为今后的信息素养教育工作提供有力的支撑和借鉴。

（二）分析教育过程中存在的问题与不足

除了成功经验外，图书馆还需要正视教育过程中存在的问题和不足。这些问题可能涉及教育资源的分配与利用、学生的参与度与积极性、教学效果的评估与反馈等方面。对于这些问题和不足，图书馆需要进行深入的分析和反思，找出背后的原因并寻求解决方案。例如可以针对教育资源分配不均的问题提出优化资源配置的策略，也可以针对学生参与度低的问题设计更加吸引学生的教学活动等。分析问题和不足并采取相应的改进措施可以不断完善信息素养教育体系，提高教育质量。

（三）提炼教育理念与原则

在总结经验和教训的基础上，图书馆还需要进一步提炼出信息素养教育的理念和原则。这些理念和原则应该贯穿于整个教育过程中，指导教师的教学行为和学生的学习行为。例如，图书馆可以提出"以学生为中心""注重实践应用""培养创新精神"等教育理念，也可以强调"因材施教""循序渐进""寓教于乐"等教学原则。明确的教育理念和原则可以确保信息素养教育的正确方向和持续发展，也可以为教师们的教学实践提供有益的指导和参考。在此过程中，图书馆需要充分发挥自身的学术优势和研究能力为信息素养教育理念与原则的提炼和发展贡献智慧和力量。

五、持续改进信息素养教育质量与效果

（一）根据评估结果调整教育策略

图书馆作为信息素养教育的重要阵地，其教育策略的制定和实施直接影响着教育效果。因此，图书馆需要定期对其信息素养教育策略进行评估，并根据评估结果及时调整。对于效果不佳的部分，图书馆需要深入分析原因，可能是教育内容不够贴近读者需求，或者教学方法不够灵活多样等。针对这些问题，图书馆需要采取相应的改进措施，如优化教育内容、引入新的教学方法等。而对于效果良好的部分，图书馆也需要继续优化和提升，以保持其领先地位和吸引力。

在调整教育策略的过程中，图书馆需要充分考虑读者的需求和期望。通过读者调研、问卷调查等方式，图书馆可以了解读者对信息素养教育的期望和建议，从而更加精准地制定教育策略。同时，图书馆还需要关注教育领域的最新动态和趋势，及时引入新的教育理念和技术手段，以确保信息素养教育始终与时俱进。

此外，图书馆还需要建立一套科学、全面的评估体系，对教育策略的实施效果进行客观、准确的评估。通过定期收集读者的反馈信息、对比改进前后的教学效果等方式，图书馆对教育策略的实际效果进行评估。评估结果可以为图书馆提供客观的数据支持，帮助其了解教育策略的优点和不足，从而为进一步调整和优化提供依据。

（二）引入新的教育理念与技术手段

随着信息技术的迅猛发展和教育理念的不断创新，图书馆在信息素养教育方面也需要与时俱进，以积极引入新的教育理念和技术手段。这些新的元素不仅可以丰富教育内容，提升教育质量，还能更好地满足读者的多元化需求，激发他们的学习兴趣和动力。

在教育理念方面，图书馆可以借鉴建构主义、连通主义等现代教育理念，强调读者的主体地位和主动性，鼓励他们通过自主学习、协作学习等方式来建构知识和提升信息素养。同时，图书馆还可以关注教育领域的最新研究成果和趋势，如个性化学习、终身学习等，将这些理念融入到信息素养教育中，为读者提供更加前沿、更加贴心的教

育服务。

在技术手段方面，图书馆可以充分利用大数据、人工智能等先进技术来优化信息素养教育。例如，通过大数据分析读者的学习行为、兴趣偏好等信息，图书馆可以为他们推荐更加精准、更加个性化的教育内容；利用人工智能技术构建智能辅导系统，为读者提供实时、个性化的学习支持和反馈；可以采用虚拟现实、增强现实等新型技术来创设更加生动、更加真实的学习情境，提升读者的学习体验和效果。

此外，图书馆还可以积极探索在线协作、社交媒体等新型教学方式在信息素养教育中的应用。这些方式不仅可以打破时间和空间的限制，让读者随时随地都能进行学习，还能促进读者之间的交流和合作，培养他们的团队协作能力和创新精神。同时，图书馆还可以利用社交媒体等平台来宣传和推广信息素养教育，扩大其影响力和覆盖面。

（三）加强与其他机构的合作与交流

在信息素养教育领域，图书馆不仅需要依靠自身的资源和力量来开展工作，还需要积极寻求与其他机构的合作与交流。这种合作与交流不仅可以为图书馆带来更多的优质资源和先进经验，还能促进信息素养教育的整体发展和提升。

首先，图书馆可以加强与其他高校图书馆、公共图书馆等同行机构的合作与交流。通过定期举办研讨会、互访学习等方式，分享各自在信息素养教育方面的成功经验和创新做法，共同探讨和解决面临的问题和挑战。这种同行间的合作与交流不仅可以提升图书馆自身的业务水平和服务能力，还能推动信息素养教育领域的整体进步和发展。

其次，图书馆还可以积极与教育机构、科研机构等合作，共同开展信息素养教育研究和项目实践。通过这些合作，图书馆可以引入更多的专业力量和资源支持，推动信息素养教育的深入研究和创新实践。同时，这种跨界合作还能为图书馆带来更多的发展机会和空间，提升其在社会上的影响力和地位。

此外，图书馆还可以利用现代信息技术手段来加强与其他机构的远程合作与交流。例如，通过在线会议、远程协作等方式，实现跨地域、跨时空的合作与交流。这种方式不仅可以节省时间和成本，还能让更多的机构和人员参与到信息素养教育中来，共同推动其发展和进步。

在加强与其他机构的合作与交流的过程中，图书馆还需要注重合作的实效性和可持续性。通过制定明确的合作目标、建立稳定的合作机制、加强沟通与协调等方式，图书馆可以确保合作能够取得实质性的成果，并为信息素养教育的长期发展奠定坚实的基础。

（四）建立持续改进机制与文化氛围

为了确保信息素养教育的持续发展与创新，图书馆需要建立一种持续改进的机制和文化氛围。这种机制和文化氛围将鼓励图书馆员工积极参与改进工作，为信息素养教育的不断提升提供源源不断的动力。

首先，图书馆需要建立一套完善的持续改进机制。这个机制应该包括定期的评估与反馈、明确的改进目标和计划，以及为改进工作提供必要的支持和资源。通过定期的评估，图书馆可以了解当前信息素养教育的优势和不足，从而明确改进的方向和重点，同时，制定具体的改进目标和计划，可以确保改进工作有的放矢，取得实效。

其次，图书馆还需要营造一种积极向上的文化氛围，鼓励员工勇于尝试、敢于创新。在这种氛围中，员工会更加愿意参与改进工作，积极提出自己的意见和建议。图书馆可以通过举办创新竞赛、设立创新奖励等方式，激发员工的创新热情，让他们在信息素养教育改进工作中发挥更大的作用。

此外，图书馆还需要注重员工培训和知识更新。随着信息技术和教育理念的不断发展，图书馆员工也需要不断提升自己的专业素养和创新能力。通过定期的培训和学习，员工可以掌握最新的教育理念和技术手段，为信息素养教育的改进和创新提供有力的支持。

第十二章　图书馆合作与共享机制

第一节　图书馆合作与共享的意义与价值

一、图书馆合作与共享的概念及背景

（一）概念阐述

图书馆合作与共享是指图书馆之间通过建立稳固的合作关系，共同开发和利用各自的资源优势，实现信息资源的互通有无和优势互补。这种合作不仅限于同一地区或同一类型的图书馆，还可以跨越地域和类型的界限，形成更为广泛的合作网络。通过合作与共享，图书馆可以更加高效地满足读者的信息需求，提升服务质量，同时也有助于推动学术交流和知识创新。这一概念的核心在于资源共享和互利共赢，旨在提高图书馆的整体服务水平和资源利用效率。

在图书馆合作与共享的过程中，各图书馆之间通过协作、协调、协同的方式，共同开展信息资源建设、信息服务提供、信息技术应用、人员培训与交流等多方面的合作。这种合作模式不仅有助于提升图书馆的服务能力，还能够促进图书馆之间的资源互补和优势整合，为读者提供更加全面、高效、便捷的信息服务。

（二）背景分析

随着信息技术的飞速发展和广泛应用，图书馆面临着前所未有的挑战和机遇。一方面，读者的信息需求日益多样化、个性化，对图书馆的服务质量和效率提出了更高的要求；另一方面，图书馆在资源建设、信息服务等方面也面临着诸多困难和挑战，如资源重复建设、服务效率低下等问题。因此，图书馆需要寻求新的发展模式和服务方式，以适应信息时代的需求。

在这一背景下，图书馆合作与共享应运而生。通过合作与共享，图书馆可以充分利用各自的资源优势，实现信息资源的互通有无和优势互补。同时，合作与共享也有助于提升图书馆的服务水平和整体效益，推动图书馆事业的可持续发展。此外，随着数字化和网络化技术的不断发展，图书馆之间的合作与共享也变得更加便捷和高效。通过建立合作关系，图书馆可以相互借鉴和学习彼此的成功经验，共同应对行业挑战和发展机遇。

（三）发展趋势

随着全球化和信息化的不断深入发展，图书馆之间的合作与共享呈现出以下趋势。

合作范围不断扩大，从最初的地区性合作逐渐发展到全国性、国际性合作。图书馆之间的合作不再局限于某一地区或某一类型，而是跨越地域和类型的界限，形成更为广泛的合作网络。这种趋势有助于实现全球范围内的资源共享和优势互补，提高图书馆的整体服务水平和国际竞争力。

合作内容日益丰富，从最初的文献资源共享逐渐发展到联合编目、联合采购、联合咨询等深层次合作。图书馆之间的合作内容越来越丰富多样，涉及信息资源建设的各个方面。这种趋势有助于提升图书馆的服务质量和效率，满足读者日益多样化的信息需求。

合作方式不断创新，从传统的馆际互借、文献传递逐渐发展到数字化合作、云服务共享等新型合作方式。随着信息技术的不断进步和应用，图书馆之间的合作方式也在不断创新和变革。这种趋势有助于提升图书馆的信息化水平和服务能力，为读者提供更加便捷、高效的信息服务。

二、提升资源利用效率与效益

图书馆合作与共享在提升资源利用效率与效益方面发挥着重要作用。以下是具体表现。

（一）避免资源重复建设

通过合作与共享，图书馆可以避免在资源建设上的重复投入和浪费。各馆可以根据自身的馆藏特色和优势，分工合作，共同构建和完善文献信息资源保障体系。这样不仅可以节省大量的人力、物力和财力资源，还可以提高资源的整体质量和利用效率。例如，在联合采购方面，各图书馆可以共同制订采购计划，避免重复购买相同的文献资源；在联合编目方面，各图书馆可以共享编目数据，减少重复劳动和提高编目质量。

（二）实现资源互补与优化配置

图书馆之间的合作与共享可以实现资源的互补和优化配置。每个图书馆都有自己的馆藏特色和优势资源，通过合作与共享，可以将这些分散在不同图书馆的资源整合起来，形成一个更加完整、更加丰富的信息资源库。这样不仅可以满足读者更加多样化的信息需求，还可以提高资源的整体利用效益。例如，在馆际互借方面，读者可以通过合作图书馆之间的互借系统获取到其他图书馆的文献资源；在文献传递方面，图书馆之间可以通过共享网络平台实现文献资源的快速传递和共享。

（三）提高信息服务效率与质量

合作与共享可以提高图书馆的信息服务效率和质量。通过馆际互借、文献传递等合作方式，读者可以更加便捷地获取所需的信息资源。同时，图书馆之间还可以开展联合咨询、联合编目等服务项目，为读者提供更加全面、深入的信息服务。这些服务项目的开展不仅可以提升读者的满意度和忠诚度，还可以提高图书馆的社会声誉和影响力。例如，在联合咨询方面，图书馆可以共同组建咨询团队，为读者提供更加专业、深入的咨询服务；在云服务共享方面，图书馆可以利用云计算技术实现信息资源的共享和协同服务，提高信息服务的效率和质量。

（四）推动图书馆事业发展与创新

合作与共享是推动图书馆事业发展与创新的重要途径之一。通过合作与共享，图书馆可以相互借鉴和学习彼此的成功经验和管理模式，共同探索新的发展道路和创新方向。同时，合作与共享还可以促进图书馆之间的交流和合作，形成更加紧密的行业联系和合作网络。这对于推动图书馆事业的整体发展和进步具有重要意义。例如，在图书馆管理模式方面，各图书馆可以通过交流和合作共同探索新的管理模式和服务方式；在图书馆技术创新方面，各图书馆可以共同研发新的信息技术和应用平台，提高图书馆的信息化水平和服务能力。

三、促进知识交流与学术创新

（一）拓宽知识传播渠道

图书馆，作为知识的宝库和文化的殿堂，一直以来都承担着知识传播和文化传承的重要使命。然而，在信息化、网络化的时代背景下，传统的图书馆服务模式已经难以满足读者日益多样化的需求。因此，图书馆需要不断创新服务方式，拓宽知识传播的渠道和范围。

通过合作与共享，图书馆可以打破地域和资源的限制，实现馆藏资源的互通有无和优势互补。各馆之间可以通过互换馆藏、联合举办展览、共同开展阅读推广活动等方式，将更多的知识和信息传播给更广泛的读者群体。这种合作模式不仅可以提高知识的普及率和利用率，还可以促进不同地区、不同文化之间的交流和融合。

例如，图书馆可以与其他地区的图书馆建立合作关系，共同开展"图书漂流"活动。互换馆藏和读者互访等活动让读者有机会接触到更多不同主题、不同领域的书籍和知识。这种活动不仅可以激发读者的阅读兴趣和求知欲，还可以促进不同地区之间的文化交流和了解。

此外，图书馆还可以积极利用现代信息技术手段，如数字化、网络化等，将馆藏资源转化为数字资源，并通过网络平台进行传播。这样可以让更多的读者随时随地访问图书馆的资源，享受便捷、高效的知识服务。同时，图书馆还可以与其他机构合作，共同开发移动应用程序、微信公众号等新型服务平台，为读者提供更加多元化的知识获取渠道。

（二）推动学术交流与合作

除了拓宽知识传播渠道外，合作与共享还可以推动学术交流与合作的发展。图书馆作为学术研究的重要支撑机构之一，拥有丰富的学术资源和专业的学术服务团队。通过邀请其他馆的专家学者进行学术交流、合作研究等活动，可以共同探讨学术前沿问题和热点难点问题，推动学术思想的碰撞和融合。

这种交流与合作不仅可以促进学术成果的转化和应用，还可以为广大学者提供一个更加广阔的学术交流平台。在这个平台上，学者们可以分享自己的研究成果和经验教训，相互学习、相互启发，共同推动学术研究的进步和发展。同时，图书馆之间还可以共同举办学术会议、研讨会等活动，邀请国内外知名专家学者进行讲座和交流，为广大学者提供更加前沿、更加深入的学术信息和知识。

通过合作与共享，图书馆还可以建立跨地区、跨学科的学术合作网络。在这个网络中，各馆可以共享彼此的学术资源和研究成果，开展联合研究、共同攻关等项目合作。这种合作模式不仅可以集思广益、优势互补，还可以加快学术研究的创新速度和应用进程。同时，图书馆之间还可以建立学术成果共享机制，将各自的研究成果进行汇总和整理，形成更加丰富、更加全面的学术资源库，为广大学者提供更加便捷、高效的学术服务。

（三）促进知识创新与发展

在知识经济的时代背景下，知识创新已经成为推动社会进步和发展的重要动力之一。图书馆作为知识传播和学术研究的重要场所之一，也需要积极参与知识创新的过程。通过合作与共享，图书馆可以促进知识的创新与发展。

各馆之间可以共同开展课题研究、项目开发等活动，探索新的知识和技术领域。在这个过程中，图书馆可以充分利用自身的馆藏资源和专业优势，为合作研究提供有力的支持和保障。同时，图书馆还可以积极引入外部的创新资源和创新力量，如高校、科研机构、企业等，共同开展跨学科、跨领域的创新合作。这种合作模式不仅可以集思广益、优势互补，还可以加快知识的创新速度和应用进程。

此外，图书馆之间还可以建立知识创新共享机制，将各自的创新成果和经验教训进行汇总和整理，形成更加丰富、更加全面的知识创新资源库。这个资源库可以为未来的知识创新提供有益的借鉴和参考，促进知识的持续创新和发展。同时，图书馆还可以积极推广和应用创新成果，将其转化为实际的生产力和社会效益，为社会的经济发展和文化进步做出更大的贡献。

四、强化图书馆在信息服务体系中的地位

（一）提升图书馆核心竞争力

在当今信息化社会，信息服务已经渗透到各行各业和人们生活的方方面面。图书馆作为传统的信息服务机构之一，面临着来自数字化、网络化等新型技术挑战和发展机遇。为了保持行业的领先地位和优势地位，图书馆需要不断提升自身的核心竞争力，而合作与共享正是提升图书馆核心竞争力的重要手段之一。

通过合作与共享，图书馆可以不断完善自身的馆藏结构和服务体系。各馆之间可以互通有无、资源共享，共同构建更加丰富、更加全面的馆藏资源体系。这样不仅可以满足读者日益多样化的需求，还可以提高馆藏资源的利用率和价值。同时，图书馆之间还可以相互学习、相互借鉴彼此的成功经验和管理模式，共同探索新的发展道路和创新方向。这种交流与合作不仅可以促进图书馆服务质量和效率的提升，还可以增强图书馆在信息服务市场中的竞争力和影响力。

此外，合作与共享还可以帮助图书馆应对数字化、网络化等新型技术挑战和发展机遇。通过与其他机构、企业等合作开展数字化项目合作、共建共享等活动，图书馆可以加快数字化进程和网络化建设步伐。这样不仅可以提高图书馆的信息化水平和服务能力，还可以为读者提供更加便捷、高效的信息服务体验。

（二）构建完善的信息服务体系

信息服务体系是指由各种信息服务机构、信息服务资源、信息服务技术等信息服务要素组成的有机整体。在这个体系中，图书馆作为传统的信息服务机构之一，发挥着举足轻重的作用。然而，在信息化、网络化的时代背景下，传统的图书馆服务模式已经难以满足读者日益多样化的需求。因此，图书馆需要与其他信息服务机构合作与共享，共同构建更加完善的信息服务体系。

通过合作与共享，图书馆可以与其他信息服务机构建立紧密的合作关系和资源共享机制。各机构之间可以共同开发和利用数字化、网络化等新型技术手段，提供更加便捷、高效的信息服务。例如，图书馆可以与档案馆、博物馆等机构合作开展联合目录建设、

数字资源共享等项目合作，还可以与高校、科研机构等合作开展科研数据共享、学术资源交流等活动。这些合作项目不仅可以提高信息服务的整体质量和效率，还可以推动信息服务体系的不断完善和发展。

同时，图书馆之间还可以开展联合编目、联合采购等项目合作，形成更加紧密的行业联系和合作网络。通过联合编目，各馆可以实现馆藏资源的统一分类和标引，方便读者检索和利用；通过联合采购，各馆可以共同采购优质的图书、期刊等文献资源，降低采购成本并提高资源利用率。这些合作项目不仅可以促进图书馆之间的资源共享和优势互补，还可以推动整个信息服务体系的协同发展和创新进步。

（三）拓展图书馆的社会功能与服务范围

在传统的观念中，图书馆往往被视为一个提供借阅服务的场所。然而，在现代社会中，图书馆的社会功能和服务范围已经远远超出了这个范畴。通过合作与共享，图书馆可以进一步拓展其社会功能和服务范围，为社会的经济发展和文化进步做出更大的贡献。

通过与其他机构、企业等合作开展信息服务项目合作、共建共享等活动，图书馆可以将服务范围延伸到更广泛的领域和群体中去。例如，图书馆可以与政府部门合作开展政务信息公开、政策解读等服务；与企业合作开展市场调研、竞争情报分析等服务；与社区合作开展文化普及、教育培训等服务。这些合作项目不仅可以提高图书馆的社会认可度和影响力，还可以为社会的经济发展和文化进步提供有力的信息支持和知识保障。

同时，通过合作与共享，图书馆还可以积极参与社会公益事业和文化活动。例如，图书馆可以与其他文化机构合作举办文化讲座、艺术展览等活动，还可以积极参与扶贫济困、环境保护等公益活动。这些活动不仅可以提升图书馆的社会形象和品牌价值，还可以促进社会的和谐稳定和文化繁荣发展。

（四）推动图书馆行业的整体进步与发展

最后，合作与共享也是推动图书馆行业整体进步与发展的重要力量之一。在信息化、网络化的时代背景下，图书馆行业面临着前所未有的挑战和机遇。为了应对这些挑战并抓住机遇，图书馆需要不断创新服务模式和管理理念，推动行业的整体进步和发展。

通过合作与共享，各馆可以相互学习、相互借鉴彼此的成功经验和管理模式。这种交流与合作不仅可以促进图书馆行业内部的联系和沟通，还可以共同探索新的发展道路和创新方向。同时，合作与共享也有助于提升图书馆行业在国际上的地位和影响力。通过与其他国家和地区的图书馆建立合作关系和交流机制，图书馆可以引进先进的理念和技术手段，推动我国图书馆事业的国际化进程，提升发展水平。

此外，合作与共享还可以促进图书馆行业的资源整合和共享利用。各馆之间可以通过资源共享、联合采购等方式实现资源的优化配置和高效利用，还可以通过共同开展课题研究、项目开发等活动推动知识的创新与发展。这种合作模式不仅可以提高资源的利用率和价值效益，还可以促进图书馆行业的协同发展和创新进步。最终推动整个行业的繁荣与发展，为我国的文化事业发展做出更大的贡献。

第二节　图书馆合作与共享的模式与实践

一、馆际互借与文献传递服务

（一）馆际互借服务的意义与流程

馆际互借服务是图书馆之间为满足读者对特定文献资源的需求，通过协议和标准化流程，实现文献资源的互通有无的一类服务。这种服务不仅拓宽了图书馆的文献资源获取渠道，也极大地提高了文献资源的利用率。馆际互借服务的流程通常包括读者申请、图书馆审核、馆际传递、读者取阅和归还等环节，整个流程需要图书馆之间的密切合作和高效沟通。

（二）文献传递服务的实现方式

文献传递服务是馆际互借服务的延伸和拓展，它通过多种方式实现文献资源的远距离传递。这些方式包括邮寄、传真、电子邮件、网络传输等。随着信息技术的发展，网络传输逐渐成为文献传递的主要方式，它具有速度快、成本低、方便灵活等优势。图书馆需要建立完善的文献传递服务体系，包括申请、处理、跟踪、反馈等环节，以确保文献传递的准确性和时效性。

（三）馆际互借与文献传递服务的优化策略

为提高馆际互借与文献传递服务的质量和效率，图书馆可以采取一系列优化策略，例如，建立统一的馆际互借与文献传递服务平台，实现服务的标准化和自动化；加强与国内外图书馆的合作关系，拓宽文献资源的获取渠道；建立完善的用户反馈机制，及时了解并解决服务过程中出现的问题；加强对馆员的培训和教育，提高他们的服务意识和能力。

（四）馆际互借与文献传递服务的实践案例

许多图书馆已经开展了馆际互借与文献传递服务，并取得了显著成效。例如，某高校图书馆通过与其他高校图书馆的合作，实现了文献资源的共享和互通有无，极大地满足了读者的需求。同时，该图书馆还建立了完善的文献传递服务体系，通过多种方式实现文献资源的远距离传递，为读者提供了更加便捷和高效的服务。

二、联合编目与资源共享平台

（一）联合编目的意义与流程

联合编目是图书馆之间为实现资源共享和降低编目成本而采取的一种合作方式。通过联合编目，图书馆可以共同建立和维护一个统一的文献资源数据库，实现文献资源的标准化和规范化。联合编目的流程通常包括数据准备、数据交换、数据审核、数据发布等环节，需要图书馆之间的密切合作和高效沟通。

（二）资源共享平台的构建与运营

资源共享平台是图书馆之间为实现资源共享和利用而建立的一个网络平台。该平台可以集成各种文献资源、服务功能和用户接口，为图书馆和读者提供一站式服务。资源共享平台的构建需要充分考虑平台的技术架构、功能模块、数据安全和用户体验等方面。运营过程中需要建立完善的维护机制、更新机制和用户反馈机制，确保平台的稳定性和可持续性。

（三）联合编目与资源共享平台的优化策略

为提高联合编目与资源共享平台的质量和效率，图书馆可以采取一系列优化策略。例如，建立统一的数据标准和规范，确保数据的准确性和一致性；加强平台的安全性和稳定性，防止数据泄露和系统崩溃；建立完善的用户培训和教育机制，提高用户的使用技能和满意度；加强与国内外图书馆的合作和交流，共同推动资源共享事业的发展。

（四）联合编目与资源共享平台的实践案例

许多图书馆已经开展了联合编目与资源共享平台的合作，并取得了显著成效。例如，某地区图书馆联盟通过共同建立和维护一个统一的文献资源数据库，实现了文献资源的共享和利用。同时，他们还建立了一个功能强大的资源共享平台，为读者提供了更加便捷和高效的服务。这些实践案例为其他图书馆开展合作提供了有益的借鉴和参考。

三、合作开展参考咨询与信息素养教育

（一）合作开展参考咨询服务的意义与方式

合作开展参考咨询服务是图书馆之间为满足读者对专业知识和信息的需求而采取的一种合作方式。通过合作，图书馆可以共享专业知识和人力资源，提高参考咨询服务的水平和质量。合作方式可以包括共同建立参考咨询团队、共享咨询问题和答案数据库、

开展联合培训和交流等。

（二）信息素养教育的合作内容与形式

信息素养教育是图书馆的重要职责之一，通过合作开展信息素养教育，图书馆可以共同设计和开发教育课程、共享教育资源和经验、提高教育质量和效果。合作形式可以包括共同举办讲座和培训、开发在线课程和教材、开展信息素养教育实践活动等。同时，图书馆还可以与教育机构、企业和社会组织等合作，共同推动信息素养教育的普及和发展。

（三）合作开展参考咨询与信息素养教育的实践案例

许多图书馆已经开展了合作开展参考咨询与信息素养教育的实践，并取得了显著成效。例如，某高校图书馆联盟通过共同建立参考咨询团队和共享咨询问题和答案数据库，为读者提供了更加专业和高效的参考咨询服务。同时，他们还共同设计和开发了信息素养教育课程和教材，为读者提供了更加系统和全面的信息素养教育服务。这些实践案例为其他图书馆开展合作提供了有益的借鉴和参考。

（四）合作开展参考咨询与信息素养教育的挑战与对策

合作开展参考咨询与信息素养教育也面临着一些挑战，如合作机制不完善、资源共享难度大、教育需求多样化等。为应对这些挑战，图书馆需要建立完善的合作机制和管理体系，明确各方的职责和权益；加强资源共享平台的建设和运营，提高资源共享的效率和准确性；关注教育需求的多样化和个性化，开发适合不同读者群体的教育课程和教材。同时，图书馆还需要加强与国内外图书馆和相关机构的合作和交流，共同推动参考咨询与信息素养教育事业的发展。

四、图书馆联盟与区域合作网络

（一）图书馆联盟的意义与类型

图书馆联盟是图书馆之间为实现资源共享、服务创新和协同发展而建立的一种组织形式。通过联盟，图书馆可以共同应对挑战、提高服务质量和效率、降低成本和风险。图书馆联盟的类型可以根据不同的划分标准进行分类，如地域性联盟、专业性联盟、综合性联盟等。不同类型的联盟具有不同的特点和优势，图书馆可以根据实际情况进行选择和发展。

（二）区域合作网络的构建与运营

区域合作网络是图书馆联盟在特定区域内的一种表现形式，它通过加强区域内图书馆之间的合作和交流，实现资源共享、服务创新和协同发展。区域合作网络的构建需要充分考虑区域内的实际情况和需求,包括图书馆的数量和分布、文献资源的类型和特点、读者群体的需求和偏好等。运营过程中需要建立完善的合作机制和管理体系,确保网络的稳定性和可持续性。

(三)图书馆联盟与区域合作网络的实践案例

许多地区已经建立了图书馆联盟和区域合作网络,并取得了显著成效。例如,某地区图书馆联盟通过共同建立和维护一个统一的文献资源数据库和资源共享平台,实现了文献资源的共享和利用。同时,他们还开展了多样化的信息素养教育活动和参考咨询服务,提高了服务质量和效率。这些实践案例为其他地区开展合作提供了有益的借鉴和参考。

(四)图书馆联盟与区域合作网络的挑战与对策

图书馆联盟与区域合作网络也面临着一些挑战,如合作机制不完善、资源共享难度大、服务创新不足等。为应对这些挑战,图书馆需要建立完善的合作机制和管理体系,明确各方的职责和权益;加强资源共享平台的建设和运营,提高资源共享的效率和准确性;关注服务创新的发展趋势和前沿技术,开发适合读者需求的新型服务模式和产品。同时,图书馆还需要加强与政府、企业和社会组织等的合作和交流,共同推动图书馆事业的发展和繁荣。

第三节　图书馆合作与共享的挑战与对策

一、知识产权与版权保护问题

(一)版权归属不明确

在图书馆合作与共享的大背景下,版权归属问题显得尤为突出。图书馆作为文献资源的集散地,收藏的文献资源来源广泛,包括购买、捐赠、交换等多种渠道。这些资源的版权归属往往不明确,有的可能属于原作者,有的可能属于出版社,还有的可能属于其他机构或个人。在资源共享的过程中,如果未经授权就擅自使用这些资源,很可能触犯版权法,给图书馆带来严重的法律风险。

要解决这一问题,图书馆必须建立版权审查机制,对共享资源进行严格的版权审核。首先,图书馆要确定资源的版权归属,明确资源的使用权限和使用范围。其次,图书馆要与版权所有者进行充分沟通,争取获得合法的使用授权。最后,图书馆要加强对资源共享的监管，确保资源的合法使用，避免侵权行为的发生。

（二）侵权风险加大

随着数字技术的飞速发展，图书馆资源共享的侵权风险也随之加大。数字资源具有易复制、易传播的特点，一旦未经授权的数字资源被非法复制和传播，就可能构成侵权行为，给图书馆带来严重的法律后果。此外，一些用户可能缺乏版权保护意识，在使用共享资源时忽视了版权问题，也可能导致侵权行为的发生。

为应对这一挑战，图书馆必须加强对共享资源的版权保护。一方面，图书馆要采取技术手段防止非法复制和传播，如使用数字水印、加密技术等措施保护数字资源的安全。另一方面，图书馆要积极与版权所有者沟通合作，争取获得合法的使用授权，确保资源共享的合法性。同时，图书馆还应加强对用户的版权教育，提高他们的版权保护意识，共同维护良好的版权保护环境。

（三）合理使用的界定困难

在图书馆合作与共享中，如何界定合理使用是一个复杂而棘手的问题。合理使用是指在特定情况下，可以不经版权所有者许可，不向其支付报酬而使用其作品的行为。然而，在实际操作中，合理使用的界定往往存在争议。不同的国家、地区甚至不同的法院对合理使用的判断标准都可能存在差异。

为解决这一问题，图书馆应制定明确的合理使用指南，为资源共享提供法律支持。这些指南应详细阐述合理使用的判断标准、适用范围和限制条件等内容，帮助图书馆员和用户正确理解和运用合理使用制度。同时，图书馆还应积极参与相关立法活动，推动合理使用制度的完善和发展。图书馆应根据立法明确合理使用的判断标准和适用范围等内容，为图书馆合作与共享提供更有力的法律保障。

（四）版权保护意识的提升

提高图书馆员和用户的版权保护意识是解决知识产权与版权保护问题的关键所在。图书馆作为文献资源的提供者和管理者，有责任和义务加强对馆员和用户的版权教育。通过开展定期的版权保护宣传教育活动、举办专题讲座、制作宣传资料等方式，普及版权法规知识，提高馆员和用户的法律意识。同时，图书馆还应建立完善的版权管理制度和监管机制，确保资源共享的合法性和规范性。对于发现的侵权行为要及时采取措施予以制止和处理。

二、合作机制与利益分配难题

（一）合作机制不完善

图书馆合作与共享需要建立完善的合作机制来保障各方的利益。然而，在实际操作中往往存在合作机制不完善的问题。由于缺乏统一的管理机构和明确的合作规则导致各方在合作过程中难以形成有效的沟通和协调，这不仅影响了合作的深入进行也增加了合作的风险和成本。同时由于缺乏有效的监管和评估机制合作的效果和质量也难以得到保障。

为解决这一问题图书馆应建立专门的合作管理机构负责制定合作规则、协调各方利益、监督合作实施等工作。这些规则应明确各方的权利和义务、合作的目标和原则、资源共享的方式和范围等内容为合作提供明确的指导和保障，同时，还应建立有效的监管和评估机制对合作的过程和结果进行全面的监督和评估确保合作的顺利进行和取得实效。

（二）利益分配不均

在图书馆合作与共享中，不同图书馆之间的资源投入和贡献往往存在差异，这导致利益分配不均的问题。一些大型图书馆或资源丰富的图书馆可能拥有更多的优质资源和更强的服务能力，因此在合作中占据主导地位获得更多的利益。而一些小型图书馆或资源匮乏的图书馆则可能面临资源不足、服务能力有限等问题，在合作中处于劣势地位难以获得应有的利益。

为平衡各方利益，图书馆应建立公平合理的利益分配机制。根据各馆的投入和贡献进行利益分配，确保每个参与方都能获得与其投入和贡献相匹配的利益。同时还应引入激励机制，鼓励各馆积极参与合作与共享，为合作贡献更多的资源和力量。合理的利益分配和激励机制可以激发各馆的合作动力和积极性，推动合作向更深层次发展。

（三）缺乏长期合作的动力

由于合作机制不完善和利益分配不均等问题，图书馆往往缺乏长期合作的动力。一些图书馆可能只关注眼前的利益而忽视了长期合作的重要性和必要性。同时，由于缺乏稳定的合作关系和有效的沟通机制，各方在合作中难以形成共同的目标和愿景，导致合作难以持续深入进行。

为增强合作的可持续性，图书馆应建立稳定的合作关系，加强沟通与信任，共同制订长期合作计划，推动合作向更深层次发展。通过加强沟通与信任可以增进各方之间的了解和互信，为长期合作奠定坚实的基础。同时，共同制订长期合作计划可以明确合作的目标和方向，为合作提供持续的动力和支持。长期稳定的合作关系和有效的沟通机制可以推动图书馆合作与共享事业的不断发展壮大。

三、技术标准与平台兼容性挑战

（一）技术标准不统一

在图书馆合作与共享领域，技术标准的不统一是一个长期存在的挑战。不同图书馆在数字化技术、数据存储格式、元数据标准等方面可能存在显著差异，这些差异不仅影响了资源共享的顺畅性，还增加了合作成本和时间成本。

具体来说，技术标准不统一会导致以下问题：首先，不同图书馆之间的数字资源难以直接交换和共享，需要进行烦琐的格式转换和数据迁移工作；其次，用户在访问不同图书馆的数字资源时，需要学习和适应不同的检索界面和使用方式，降低了用户体验；最后，技术标准的不统一也限制了图书馆合作与共享的深度和广度，影响了资源共享的效益和价值。

为解决这一问题，图书馆界需要采取以下措施：一是推动制定统一的技术标准，包括数字化技术、数据存储格式、元数据标准等，确保不同图书馆之间的数字资源能够直接交换和共享；二是加强技术标准的宣传和推广工作，提高图书馆员和用户的技术标准意识和应用能力；三是建立技术标准更新和维护机制，确保技术标准的先进性和稳定性。

（二）平台兼容性差

图书馆合作与共享需要依托统一的平台进行实施，然而在实际操作中，不同图书馆的平台可能存在兼容性问题。这些兼容性问题不仅涉及技术层面的数据交换和共享，还包括用户认证、权限管理、服务接口等方面的差异。

平台兼容性差会导致以下问题：首先，不同图书馆之间的平台难以直接对接和集成，需要进行烦琐的系统改造和定制开发工作；其次，用户在访问不同图书馆的平台时，需要重复进行用户认证和权限申请等操作，增加了使用难度和时间成本；最后，平台兼容性差也限制了图书馆合作与共享的范围和效果，降低了资源共享的效率和效益。

为提高平台的兼容性，图书馆界需要采取以下措施：一是采用开放的技术架构和标准接口设计，确保不同平台之间的无缝对接和数据交换；二是加强平台之间的互操作性和集成性测试工作，及时发现和解决兼容性问题；三是建立平台更新和维护机制，确保平台的稳定性和可持续性。

（三）技术更新和维护困难

随着技术的不断发展，图书馆合作与共享面临技术更新和维护的困难。新技术的不断涌现和应用使得图书馆需要不断跟进和学习新技术，同时，旧技术的淘汰和升级也增加了技术维护的难度和成本。

技术更新和维护困难会导致以下问题：首先，图书馆可能无法及时跟进和应用新技术，导致资源共享的技术水平落后；其次，旧技术的淘汰和升级可能带来数据迁移、系统改造等额外工作量和成本；最后，技术维护的困难和不足可能影响图书馆的正常运行和服务质量。

为保持技术的先进性和稳定性，图书馆界需要采取以下措施：一是建立专业的技术团队，负责技术的更新和维护工作；二是加强与外部技术机构的合作和交流，引进先进的技术和解决方案；三是建立技术更新和维护的长效机制，确保技术的持续发展和创新。

四、信息安全与数据保护要求

（一）信息安全风险加大

在图书馆合作与共享中，信息安全风险随之加大。随着数字资源的不断增加和网络环境的日益复杂，共享资源可能面临非法访问、篡改、删除等威胁。这些威胁不仅来自外部的黑客攻击和病毒入侵，还可能来自内部的误操作和管理漏洞。

信息安全风险加大会导致以下问题：首先，共享资源的安全性和完整性可能受到破坏，导致数据丢失或泄露；其次，用户的隐私和权益可能受到侵害，引发信任危机和法律纠纷；最后，图书馆的声誉和形象可能受到损害，影响合作与共享的持续发展。

为确保信息安全，图书馆界需要采取以下措施：一是加强网络防护和数据加密工作，确保共享资源的安全传输和存储；二是建立完善的访问控制和权限管理机制，防止非法访问和恶意攻击；三是定期开展信息安全风险评估和应急演练工作，提高信息安全事件的应对能力。

（二）数据保护要求提高

随着个人信息保护意识的提高和法律法规的完善，图书馆合作与共享中对数据保护要求也不断提高。图书馆在收集、存储、处理和共享用户数据时，需要严格遵守相关法律法规和行业标准，确保用户隐私和数据安全。

数据保护要求提高会导致以下问题：首先，图书馆需要投入更多的资源和精力来满足数据保护要求；其次，数据保护要求的提高可能限制图书馆对用户数据的收集和使用范围；最后，数据保护要求的提高也增加了图书馆合作与共享中的合规性挑战。

为满足数据保护要求，图书馆界需要采取以下措施：一是建立完善的数据保护制度和管理体系，确保用户数据的合法收集和使用；二是加强对用户数据的加密和脱敏处理工作，防止数据泄露和滥用；三是定期开展数据保护培训和教育工作，提高图书馆员的数据保护意识和技能水平。

（三）应对信息安全事件的能力有限

图书馆在应对信息安全事件时可能存在能力有限的问题。由于信息安全事件的复杂性和多样性，图书馆可能缺乏足够的技术手段和经验来及时发现和处置信息安全事件。此外，图书馆在信息安全方面的投入也可能不足，导致信息安全保障能力有限。

为提高应对信息安全事件的能力，图书馆界需要采取以下措施：一是建立专业的信息安全团队，负责信息安全事件的监测、预警和处置工作；二是加强与外部信息安全机构的合作和交流，引进先进的技术和解决方案；三是定期开展信息安全培训和教育工作，提高图书馆员的信息安全意识和技能水平。同时，图书馆还应建立完善的信息安全应急预案和演练机制，确保在发生信息安全事件时能够迅速响应和有效处置。

（四）合规性挑战

在图书馆合作与共享过程中，遵守相关法律法规和行业标准是至关重要的。然而，由于不同国家和地区的法律法规可能存在差异，这给图书馆的合规性带来了挑战。图书馆需要了解和遵守不同国家和地区的法律法规要求，确保资源共享行为的合法性和合规性。

合规性挑战会导致以下问题：首先，图书馆可能面临法律风险和合规性问题；其次，不同国家和地区的法律法规差异可能增加合作与共享的难度和成本；最后，合规性挑战也可能限制图书馆合作与共享的范围和深度。

为确保合规性，图书馆界需要采取以下措施：一是加强对相关法律法规和行业标准的学习和了解；二是建立完善的合规性管理制度和流程；三是积极参与相关法规的制定和修订工作；四是建立合规性风险评估和应对机制。通过这些措施，图书馆可以更好地应对合规性挑战，推动合作与共享的持续发展。同时，图书馆还应积极倡导行业自律和规范发展，共同营造良好的合作与共享环境。

五、提升合作意愿与参与积极性的策略

（一）建立激励机制

为有效提升图书馆在合作与共享方面的意愿和积极性，必须构建一套科学、合理的激励机制。这套机制应涵盖多个层面，确保能够全面、持续地激发图书馆的积极性。

首先，可以设立奖励制度，明确奖励标准和程序。对于在合作与共享中表现突出、贡献显著的图书馆和个人，应给予相应的表彰和奖励，如颁发荣誉证书、提供资金支持等。这种正向激励有助于增强图书馆的荣誉感和归属感，进而提升其参与合作与共享的

动力。

其次，实施优惠政策也是激励机制的重要组成部分。针对参与合作与共享的图书馆，可以提供诸如减免资源共享费用、优先获取稀缺资源、提供技术支持等优惠政策。这些措施有助于降低图书馆的参与成本，提高其参与意愿和积极性。

此外，加强宣传推广也是提升合作意愿与参与积极性的有效手段。举办成果展示、经验交流等活动，充分展示合作与共享的成果和效益，让更多图书馆了解并认可合作与共享的价值。同时，积极利用各类媒体平台进行宣传推广，扩大合作与共享的影响力，吸引更多图书馆加入其中。

（二）加强沟通与交流

沟通与交流是提升图书馆合作意愿与参与积极性的关键环节。为确保各馆之间能够顺畅沟通、有效交流，各馆应采取多种措施加强这一环节。

首先，定期组织召开合作会议、研讨会等活动是非常必要的。这些活动可以为各馆提供一个面对面交流的平台，有助于加深彼此的了解和信任。通过分享合作经验、探讨合作难题以及共商发展大计，各馆可以相互学习、借鉴和启发，共同推动合作与共享的深入发展。

其次，建立定期沟通机制也是非常重要的。各馆之间应设立固定的沟通渠道和频率，如定期发送工作简报、召开电话会议等，以便及时了解各馆的需求和意见。通过这种定期沟通机制，可以及时发现并解决合作与共享过程中出现的问题和困难，确保合作与共享的顺利进行。

此外，加强馆际互访和交流也是非常有益的。各馆可以派遣代表到其他图书馆进行参观访问，了解对方的工作流程和服务模式，学习借鉴先进经验。同时，也可以邀请其他图书馆的代表来本馆进行交流指导，共同探讨合作与共享的发展方向和策略。

（三）培养合作意识与文化

培养合作意识与文化是提升图书馆合作意愿与参与积极性的根本途径。各馆应积极倡导合作共赢的理念，营造开放包容的合作氛围。

首先，加强馆员培训和教育是非常必要的。通过组织专题讲座、培训班等，图书馆向馆员传授合作与共享的理念、方法和技巧，提高他们的合作意识和能力。同时，鼓励馆员积极参与合作与共享实践，从实践中不断学习和提升。

其次，注重合作文化的培育也是非常重要的。各馆应倡导开放、包容、协作的文化氛围，鼓励馆员之间积极互动、分享经验。举办团队建设活动、文化交流活动等增强馆员之间的凝聚力和归属感，形成共同推动合作与共享发展的强大合力。

（四）引入竞争机制

适当引入竞争机制可以激发图书馆的积极性和创造力，推动合作与共享的持续发展。

首先，设立竞争性的项目或任务是引入竞争机制的一种有效方式。各馆可以根据自身优势和特色申报项目或任务，通过评审后获得相应的资金支持或资源倾斜。这种竞争性的项目或任务可以激发各馆的积极性和创造力，促进资源共享的优化和创新。

其次，建立绩效评估体系也是引入竞争机制的重要手段。对各馆在合作与共享中的表现进行定期评估和排名，可以客观反映各馆的贡献和水平。评估结果可以作为奖励和惩罚的依据，可以激励先进、鞭策后进，推动各馆不断提升自身能力和水平。

六、面向未来的图书馆合作与共享发展趋势

（一）数字化与智能化融合

随着科技的飞速发展，数字化与智能化已成为未来图书馆合作与共享的重要趋势。数字化技术将推动图书馆资源共享的全面升级，实现文献资源的数字化存储、传输和利用。这将极大提高资源共享的效率和便捷性，使用户能够随时随地获取所需信息。

同时，智能化技术的应用将进一步提升资源共享的智能化水平。通过引入人工智能、大数据等技术手段，图书馆可以实现自动化管理、智能推荐等功能，为用户提供更加个性化、精准的服务。这种数字化与智能化的融合将极大地提升图书馆合作与共享的服务能力和用户体验。

（二）开放获取与知识共享

开放获取与知识共享是未来图书馆合作与共享的另一重要趋势。在信息化社会背景下，知识的自由传播和利用已成为推动社会进步的重要力量。图书馆作为知识的重要载体和传播机构，应积极推动资源共享的开放获取政策，打破信息壁垒，促进知识的自由传播和利用。此外，图书馆还应加强与各类知识机构的合作与交流，共同推动知识共享和创新发展。通过与其他科研机构、高校、企业等建立紧密的合作关系，图书馆可以共享彼此的资源优势和技术成果，推动知识的创新与应用。这种跨界合作与交流将有助于拓展图书馆合作与共享的领域和深度。

（三）跨界合作与多元化服务

跨界合作与多元化服务是未来图书馆合作与共享的新方向。随着社会的多元化发展和用户需求的多样化趋势，图书馆必须积极寻求与其他行业的跨界合作机会，拓展资源共享的领域和渠道。例如，图书馆可以与教育机构合作开展在线教育服务；与文化机构合作举办展览、讲座等活动；与企业合作开展技术研发和成果转化等。这些跨界合作将

为图书馆带来新的发展机遇和服务空间。

同时,图书馆应提供多元化的服务内容和服务方式以满足用户多样化的需求。除了传统的借阅服务外,图书馆还可以提供信息咨询、定题服务、知识产权服务等增值服务;开展线上线下相结合的读者活动;建立移动图书馆、微信图书馆等新型服务平台等。这些多元化的服务将提升资源共享的价值和影响力,使图书馆成为用户获取信息和知识的重要渠道。

第十三章　图书馆人力资源管理

第一节　图书馆人力资源管理的特点与要求

一、图书馆人力资源管理的特点

（一）知识密集性

图书馆被视为知识的殿堂，承载着无数求知者的梦想与追求。因此，其人力资源管理不可避免地具有显著的知识密集性特点。这种知识密集性主要体现在图书馆员的知识结构和专业技能上。为了满足现代图书馆的发展需求，图书馆员不仅需要具备扎实的图书馆学专业知识，还需要广泛涉猎信息科学、计算机科学等多学科知识。这种跨学科的知识体系使得图书馆员能够更好地应对信息时代的挑战，为读者提供更加高效、便捷的知识信息服务。

在知识密集性的影响下，图书馆人力资源管理必须注重员工的知识结构和专业技能的培养与提升。这要求图书馆在招聘和选拔员工时，不仅要关注应聘者的学历和专业背景，还要注重其实践经验和综合素质。同时，图书馆还需要定期为员工提供培训和学习机会，以帮助他们不断更新知识、提升技能，从而适应不断变化的工作环境和读者需求。

（二）服务导向性

图书馆的核心职能是为读者提供知识信息服务，满足他们的学习和研究需求。因此，图书馆人力资源管理应始终坚持服务导向，将员工的服务意识、服务能力和服务质量作为管理的重点。这要求图书馆员不仅要具备丰富的专业知识和技能，还要树立良好的服务理念，始终将读者的需求和满意度放在首位。

为了实现服务导向的人力资源管理，图书馆需要采取一系列措施。首先，通过定期的培训和教育，图书馆应引导员工树立"读者至上"的服务理念，提高他们的服务意识和能力。其次，图书馆应建立完善的读者反馈机制，及时了解读者的需求和意见，以便针对性地改进服务质量和提升员工服务水平。最后，通过激励和奖励机制，图书馆应表彰那些在服务工作中表现突出的员工，激发他们的工作热情和积极性。

（三）团队合作性

图书馆工作涉及多个环节和部门，从图书采购、分类、编目到借阅、归还、咨询等，每一个环节都需要员工之间的紧密合作与协调。因此，图书馆人力资源管理应注重团队合作性的培养。这要求图书馆在招聘和选拔员工时，不仅要关注他们的个人能力和素质，还要注重他们的团队协作精神和沟通能力。

为了增强员工的团队意识和协作能力，图书馆可以采取多种措施，例如，定期组织团队建设活动，让员工在轻松愉快的氛围中增进彼此的了解和信任；建立有效的沟通机制，鼓励员工之间及时分享信息、交流经验，共同解决问题；通过团队合作的绩效考核方式，激励员工更加注重团队协作和整体绩效的提升。

（四）创新与发展性

随着信息技术的飞速发展和读者需求的不断变化，图书馆面临着诸多新的挑战和发展机遇。因此，图书馆人力资源管理应具有创新与发展性。这要求图书馆在人力资源管理中不仅要关注现有的工作模式和服务方式，还要积极探索新的服务模式、技术手段和管理方法，以适应时代的发展和满足读者的需求。

为了激发员工的创新意识和发展潜力，图书馆可以采取多种措施，例如，鼓励员工参与学术研究和项目开发，为他们提供更多的学习和实践机会；建立创新奖励机制，表彰那些在创新工作中取得突出成绩的员工；加强与外部机构的合作与交流，引进先进的理念和技术手段，推动图书馆的创新与发展。同时，图书馆还要注重员工的职业发展和成长规划，为他们提供更多的发展机会和空间；通过制定个性化的职业规划指导、提供晋升机会和职业发展路径等方式,帮助员工实现自我价值的同时推动图书馆事业的发展。

二、图书馆人力资源管理的基本要求

（一）建立完善的招聘与选拔机制

为确保图书馆员工队伍的整体素质和专业水平，建立完善的招聘与选拔机制至关重要。这一机制应包括明确的招聘标准、选拔程序以及评估方法。在招聘过程中，图书馆应注重应聘者的知识结构、专业技能和综合素质的考察，以确保新员工具备胜任岗位所需的基本素质和能力。同时，选拔程序应遵循公开、公平、公正的原则，确保所有应聘者都有能在平等的竞争环境中展示自己的能力。评估方法的科学性也是保证招聘与选拔工作质量的关键因素之一。

在实际操作中，图书馆可以通过多种渠道发布招聘信息，如校园招聘、社会招聘以及专业招聘网站等，以吸引更多优秀人才应聘。在选拔过程中，除了传统的笔试和面试环节外，还可以考虑引入心理测试、实际操作演示等评估方法，以更全面地了解应聘者的能力和潜力。此外，建立招聘与选拔工作的监督机制也是必要的，以确保整个过程的透明度和公正性。

（二）实施全面的员工培训与发展计划

针对图书馆员工的不同需求和岗位特点，制定全面的员工培训与发展计划是提升员工队伍整体素质的有效途径。培训计划应涵盖新员工入职培训、在职员工业务提升培训以及管理岗位领导力培训等多个层面。培训内容不仅包括图书馆学专业知识、信息科学技能等核心内容，还应涉及沟通技巧、团队协作、服务意识等职业素养的培养。

在实施培训计划时，图书馆可以采用多种方式，如定期举办培训班、邀请专家学者进行讲座、组织员工参加学术交流会议等。同时，图书馆还应关注员工的职业发展需求，为员工提供个性化的职业规划指导和晋升机会。这可以通过制订明确的职业发展路径、设立内部晋升机制以及鼓励员工参与项目研究等方式实现。

（三）建立科学的绩效考核与激励机制

为激发员工的工作积极性和创造力，建立科学的绩效考核与激励机制至关重要。绩效考核体系应明确考核标准、考核方法和考核周期，确保考核结果的客观性和公正性。在考核过程中，图书馆应注重员工的工作态度、工作能力和工作绩效的综合评价，避免单一指标评价的片面性。同时，建立有效的激励机制也是提高员工工作积极性的重要手段。

激励机制可以包括物质激励和精神激励两个方面。在物质激励方面，图书馆可以根据员工的绩效考核结果给予相应的薪酬调整、奖金发放等奖励措施；在精神激励方面，则可以通过颁发荣誉证书、组织员工参加学术交流活动等方式激发员工的归属感和成就感。此外，图书馆还应关注员工的个人发展需求，为员工提供更多的晋升机会和职业发展空间。

（四）营造和谐的工作氛围与团队文化

图书馆作为知识分子的聚集地，应注重营造和谐的工作氛围和团队文化。这要求图书馆在人力资源管理中倡导尊重、包容、合作、创新的工作理念，加强员工之间的沟通与协作。为了实现这一目标，图书馆可以采取多种措施，例如，定期组织员工座谈会、团队建设活动等，增强员工之间的了解和信任；建立有效的沟通渠道，鼓励员工提出意见和建议，共同解决问题；关注员工的身心健康和工作满意度，及时解决员工面临的问题和困难。

在团队文化建设方面，图书馆可以通过制订明确的团队目标、培育共同的价值观和行为准则等方式来增强团队的凝聚力和向心力。同时，图书馆还应注重员工的个人成长和职业发展需求，为员工提供更多的学习机会和发展空间。通过营造和谐的工作氛围和打造富有特色的团队文化，图书馆可以吸引和留住更多优秀人才，为图书馆事业的持续发展提供有力保障。

（五）强化信息化技术在人力资源管理中的应用

随着信息化技术的不断发展，图书馆应强化信息化技术在人力资源管理中的应用。通过建立员工信息管理系统、在线培训平台等方式，实现人力资源管理的信息化、数字化和智能化。这不仅可以提高管理效率和质量，还能为员工提供更加便捷、高效的服务和支持。例如，员工信息管理系统可以实现员工信息的集中存储、查询和更新，方便管理者随时了解员工的基本情况和工作动态；在线培训平台则可以为员工提供灵活多样的学习方式和资源，满足他们个性化的学习需求。

同时，信息化技术的应用还可以帮助图书馆更好地进行人力资源规划和决策分析。通过对员工信息的大数据分析，管理者可以更准确地掌握员工队伍的结构特点、发展趋势以及存在的问题和挑战，从而制订出更加科学合理的人力资源管理策略。此外，信息化技术还可以支持图书馆建立更加完善的员工绩效考核和激励机制，提高员工的工作积极性和满意度。

三、图书馆人力资源管理的挑战与趋势

（一）面临的挑战

1.人才流失问题

随着市场竞争加剧和职业发展机会增多，图书馆行业面临着日益严峻的人才流失问题。这一挑战不仅关乎图书馆的日常运营和服务质量，更关乎其长远发展和创新能力。优秀人才的流失不仅意味着图书馆失去了宝贵的智力资源，还可能导致服务质量的下降和读者满意度的降低。为了应对这一挑战，图书馆需要深入分析人才流失的原因，并采取切实有效的措施来留住优秀人才。例如，提高员工的薪酬待遇、优化工作环境、提供更多的职业发展机会等。同时，图书馆还需要加强对外宣传，提升行业形象，吸引更多有志之士投身图书馆事业。只有这样，图书馆才能在激烈的市场竞争中立于不败之地，为读者提供更加优质的服务。

此外，为了应对人才流失问题，图书馆还需要建立完善的人才储备机制，通过招聘、选拔和培养具有潜力和才华的年轻人，为图书馆的长远发展提供源源不断的人才支持。同时，加强员工培训和继续教育，提升员工的综合素质和业务能力，使他们能够更好地

适应工作需求和市场变化。这样不仅可以减少人才流失的风险，还可以提高图书馆的整体竞争力和创新能力。

2.知识更新压力

在当今这个信息爆炸的时代，科技不断进步，知识快速更新。图书馆作为知识传播和交流的重要场所，其员工需要不断学习和掌握新知识、新技能以适应工作需求。然而，随着知识更新的速度不断加快，员工面临着巨大的学习压力和挑战。为了跟上时代的步伐，他们需要花费更多的时间和精力来学习和研究新的领域和技术。这对员工的自我学习能力和图书馆的培训机制提出了更高要求。

为了应对知识更新的压力，图书馆需要建立完善的培训机制和学习平台。通过定期组织内部培训、外部研讨会等活动，为员工提供学习交流的机会和资源。同时，鼓励员工自主学习和研究，为他们提供必要的学习材料和支持。此外，图书馆还可以与高校、科研机构等合作，共同开展研究项目和学术交流活动，拓宽员工的视野和知识面。通过这些措施，图书馆可以帮助员工不断提升自己的综合素质和业务能力，使他们更好地适应工作需求和市场变化。

3.服务创新需求

随着社会的不断发展和读者需求的日益多样化、个性化，图书馆需要在服务内容、方式、手段等方面进行创新以满足读者需求。然而，传统的服务模式和方法已经难以满足现代读者的需求。为了提供更好的服务体验，图书馆需要积极探索新的服务模式和方法，如智能化服务、个性化推荐、虚拟现实技术等。这对员工的创新意识和创新能力提出了更高要求。

为了满足服务创新的需求，图书馆需要营造良好的创新氛围和文化环境。鼓励员工积极参与创新活动和实践探索，为他们提供必要的支持和资源。同时，加强员工培训和继续教育，提高员工的创新意识和能力。此外，图书馆还需要加强与读者的沟通和交流，了解他们的需求和期望，为创新提供有力的市场支撑和反馈机制。通过这些措施，图书馆可以不断提升自己的服务质量和创新能力，为读者提供更加优质的服务体验。

（二）发展趋势

1.柔性管理趋势

未来图书馆人力资源管理将更加注重柔性管理理念和方法的运用。柔性管理强调以人为本、尊重个性差异、关注员工成长等理念，通过灵活多样的管理方式和手段激发员工的积极性和创造力。与传统的刚性管理相比，柔性管理更加注重员工的主体性和参与性，更加关注员工的心理需求和成长发展。在图书馆人力资源管理中引入柔性管理理念和方法，可以营造良好的工作氛围和团队文化，提高员工的归属感和忠诚度，进而提升图书馆的整体绩效和服务质量。

为了实现柔性管理，图书馆需要采取一系列切实有效的措施。首先，建立灵活多样的用工制度和激励机制，根据员工的实际情况和需求进行个性化管理和激励。其次，加强员工培训和继续教育，提高员工的综合素质和业务能力，使他们能够更好地适应工作需求和市场变化。最后，注重员工的心理健康和成长发展，为他们提供必要的心理支持和职业规划指导。通过这些措施的实施，图书馆可以建立起一支高素质、稳定的人才队伍，为图书馆的长远发展提供有力的人才保障。

2.智能化技术应用趋势

随着人工智能、大数据等技术的不断发展与应用，未来图书馆人力资源管理将更加注重智能化技术的应用。采用数据分析和挖掘等技术手段优化招聘选拔、培训发展、绩效考核等各个环节的工作流程和提高管理效率。智能化技术的应用不仅可以减少人力资源管理工作中的烦琐事务和重复性劳动，还可以提高管理的科学性和精准性。例如，图书馆利用大数据技术对员工的绩效进行全面分析，为员工的晋升和奖励提供更加客观、准确的依据；利用人工智能技术对招聘流程进行自动化处理，提高招聘效率和准确性等。

为了实现智能化技术应用趋势下的图书馆人力资源管理创新与发展，图书馆需要积极引进先进的技术和设备，并加强员工的技术培训和教育，同时，建立完善的数据采集、存储和分析体系，为智能化技术的应用提供有力的数据支撑和保障。通过这些措施的实施，图书馆可以不断提升自己的管理水平和创新能力，为读者提供更加优质的服务体验。

3.跨界融合趋势

未来图书馆人力资源管理将更加注重与其他领域的跨界融合与合作交流。随着社会的不断发展和行业之间的相互渗透与融合，图书馆已经不再是一个孤立的存在，而是与其他领域紧密相连、相互影响的。通过与教育、科研、文化等领域的合作与交流，图书馆可以拓宽员工的视野和知识面，提高员工的综合素质和创新能力。同时，也可以借鉴其他领域的先进管理经验和方法，不断完善和优化自身的人力资源管理工作。这种跨界融合的趋势不仅可以为图书馆带来新的发展机遇和创新点，还可以推动整个行业的进步与发展。

为了实现跨界融合趋势下的图书馆人力资源管理创新与发展，图书馆需要积极寻求与其他领域的合作与交流机会，例如，与教育机构合作开展阅读推广活动、与科研机构合作开展学术交流活动等。这些活动的开展不仅可以拓宽员工的视野和知识面，还可以为图书馆带来新的服务内容和方式。同时，加强与其他行业之间的人才交流与互动，吸引更多优秀人才投身图书馆事业当中来。通过这些措施的实施，图书馆可以不断提升自己在行业中的地位和影响力。

第二节　图书馆人力资源的招聘与选拔

一、图书馆人力资源的招聘策略

（一）明确招聘需求与目标

在图书馆运营过程中，人力资源的招聘是确保图书馆持续、高效运转的关键环节。为了有效地进行招聘，图书馆必须首先明确自身的招聘需求与目标。这不仅仅是一个数字游戏，更是对图书馆未来发展战略的深入理解和体现。

图书馆需要根据业务发展的规划、读者服务的需求以及现有人员的结构和流动情况，进行全面而细致的分析。这种分析不仅要考虑到当前的空缺，还要预测未来可能的人员需求变化。例如，随着数字化和信息化的发展，图书馆可能需要更多的信息技术专业人才来支持电子资源的管理和服务。此外，为了提升读者体验，图书馆可能还需要增加读者服务岗位，如参考咨询、阅读推广等岗位。

明确招聘需求后，图书馆应进一步细化招聘目标。这包括确定具体的招聘岗位、人数、岗位职责以及任职要求。招聘岗位的设置应基于图书馆的业务需求和人员配置情况，确保每个岗位都有其独特的价值和意义。人数的确定则需要考虑到图书馆的规模、服务量以及人员流动率等因素。岗位职责和任职要求的明确则是为了确保招聘到的人员能够胜任工作，并为图书馆的长远发展做出贡献。

通过明确招聘需求与目标，图书馆可以制订出更加符合实际需求的招聘计划。这样的计划不仅具有针对性和有效性，还能够确保图书馆在招聘过程中始终保持清晰的方向和标准。

（二）制订招聘方案与渠道

招聘方案是图书馆实现人力资源配置的重要手段，其制订需紧密结合图书馆的实际需求与目标。具体而言，一个完善的招聘方案应涵盖招聘流程、时间安排、考核方式以及预期效果等多个方面。在招聘流程设计上，图书馆应确保流程简洁高效，既能充分考察应聘者的能力与素质，又能避免不必要的烦琐环节。时间安排则需考虑到图书馆的业务节奏和应聘者的时间便利性，确保招聘工作能在合适的时间段内顺利完成。考核方式的选择应多样化，既能体现应聘者的专业技能，又能展现其综合素质和潜力。

在招聘渠道的选择上，图书馆同样需要谨慎考虑。校园招聘是获取新鲜血液的重要途径，通过与高校合作，图书馆可以直接接触到大量优秀的应届毕业生。社会招聘则更为广泛，可以吸引到更多具有工作经验和专业技能的人才。内部推荐则是一种高效的招聘方式，它不仅能节省招聘成本，还能提高招聘效率，因为内部员工通常更了解图书馆的文化和需求。

为了充分发挥各种招聘渠道的优势，图书馆应根据具体岗位的特点和要求，灵活选择合适的招聘渠道，例如，对于专业性较强的岗位，可以通过校园招聘或专业网站进行招聘；对于需要丰富工作经验的岗位，则可以通过社会招聘或猎头公司来寻找合适的人选。

（三）注重品牌形象与宣传

在激烈的人才竞争中，图书馆的品牌形象和宣传工作同样重要。一个具有良好品牌形象的图书馆，不仅能吸引到更多优秀的应聘者，还能在招聘过程中占据主导地位。因此，图书馆应注重自身品牌形象的塑造和宣传工作。

首先，图书馆应通过各种渠道展示自身的文化理念、发展历程和业务成果。这不仅可以增强应聘者对图书馆的认知和了解，还能提升图书馆的社会影响力和美誉度。例如，图书馆可以通过官方网站、社交媒体以及各类宣传活动来传播自身的文化和价值。

其次，图书馆还应加强与各类媒体和招聘平台的合作。通过与主流媒体和知名招聘网站建立合作关系，图书馆可以扩大招聘信息的覆盖面和影响力，从而吸引到更多符合条件的应聘者。这种合作不仅可以提高招聘效率和质量，还能为图书馆带来更多的曝光机会。

最后，图书馆在招聘过程中还应注重与应聘者的互动和沟通。通过及时回复应聘者的咨询、提供详细的招聘信息以及安排合理的面试流程等方式，图书馆可以展现出自身的专业性和亲和力，从而增强应聘者对图书馆的信任和好感。这种良好的互动关系不仅有助于提升图书馆的招聘效果，还能为图书馆的长远发展奠定坚实的人才基础。

二、图书馆人力资源的选拔标准与流程

（一）选拔标准制定

图书馆在选拔人力资源时，必须制定明确且科学的选拔标准。这些标准不仅应基于岗位职责和任职要求，还应涵盖知识、技能、素质等多个方面，以确保选拔出的人员能够全面胜任工作。

在知识方面，图书馆应注重应聘者的专业知识储备和更新能力。随着信息技术的快速发展和读者需求的不断变化，图书馆员必须具备扎实的专业基础和持续学习的能力，以适应不断变化的工作环境。

在技能方面，图书馆应关注应聘者的实际操作能力和问题解决能力。图书馆工作涉及大量的信息检索、参考咨询、读者服务等实际操作环节，因此，应聘者必须具备熟练的操作技能和灵活的问题解决能力。

在素质方面，图书馆应重视应聘者的职业道德、团队协作精神和创新意识。图书馆作为公共服务机构，要求员工具备良好的职业道德和敬业精神，能够真诚地为读者服务。同时，团队协作精神和创新意识也是图书馆工作中不可或缺的素质，有助于提升团队整体效能和推动图书馆的创新发展。

在制定选拔标准时，图书馆还应注重标准的科学性和可操作性。选拔标准应明确具体、可衡量，避免过于笼统或模糊的描述。同时，选拔标准应具有可操作性，便于在实际选拔过程中进行应用和执行。

（二）选拔流程设计

选拔流程是图书馆确保选拔工作顺利进行并选拔出优秀人才的关键。一个合理且高效的选拔流程应包括简历筛选、初试、复试等环节，并针对不同岗位和人群特点进行灵活调整。

首先，简历筛选是选拔流程的第一关。图书馆应根据招聘需求和选拔标准，对收到的简历进行仔细筛选，挑选出符合要求的应聘者进入下一环节。在筛选过程中，图书馆应注重应聘者的教育背景、工作经验、专业技能以及个人素质等方面的综合评估。

其次，初试环节旨在进一步了解应聘者的综合素质和适应能力。图书馆可以通过笔试、面试等方式进行初试，全面评估应聘者的专业知识、实际操作能力、沟通能力以及团队协作精神等方面。在初试过程中，图书馆还应注重对应聘者职业规划和发展意愿的了解，以确保选拔出的人员能够与图书馆的发展目标相契合。

最后，复试环节是对初试合格者进行深入考察和最终确认的过程。图书馆可以通过更加严格的面试、实际操作测试以及心理测试等方式进行复试，以确保选拔出的人员在各方面都符合图书馆的要求。在复试过程中，图书馆还应注重对应聘者潜在能力和发展空间的评估，为图书馆的长远发展储备优秀人才。

（三）考核方式与内容

在图书馆人力资源的选拔过程中，考核方式和内容的选择至关重要。它们不仅直接影响选拔结果的准确性和公正性，还是确保选拔出的人才能够适应图书馆工作需求的关键。

考核方式应多样化，以全面评估应聘者的综合素质和能力水平。除了传统的笔试和面试外，图书馆还可以采用实际操作测试、情景模拟、心理测试等多种考核方式。这些方式可以从不同角度对应聘者的知识、技能、态度等方面进行全面考察，提高选拔的准确性和有效性。

考核内容应紧扣岗位职责和任职要求，确保选拔出的人员能够胜任工作。考核内容在知识方面，应涵盖图书馆学基础理论、信息技术应用、文献资源建设等专业知识；在技能方面，应注重考核应聘者的信息检索能力、读者服务能力以及团队协作能力等；在素质方面，则应关注应聘者的职业道德、创新意识以及学习能力等综合素质。

同时，图书馆在选拔过程中还应注重考核应聘者的创新能力和团队协作精神。随着图书馆事业的不断发展，创新能力和团队协作精神已成为图书馆员必备的重要素质。因此，在选拔过程中，图书馆可以通过设置相关考核环节或问题，来考察应聘者是否具备这些关键素质。

（四）选拔结果反馈与录用

在选拔结束后，图书馆应及时向应聘者反馈选拔结果，这是对应聘者尊重的体现，也是图书馆专业性和负责任态度的展示。对于被录用的应聘者，图书馆应发出正式的录用通知，并告知入职时间、地点、薪资待遇等具体信息，协助其顺利完成入职手续。同时，对于未被录用的应聘者，图书馆也应给予礼貌的回复和解释，感谢其参与选拔过程，并鼓励其在未来继续关注图书馆的招聘信息。

入职培训和岗位安排是确保新员工能够快速融入工作环境、发挥自身价值的重要环节。图书馆应根据新员工的背景和岗位需求，制订个性化的培训计划，内容涵盖图书馆规章制度、业务流程、操作技能等方面。通过系统的培训，新员工可以更快地掌握所需知识和技能，为图书馆的读者提供更加优质的服务。同时，图书馆还应合理安排新员工的岗位和工作内容，使其能够充分发挥自身优势，为图书馆的发展贡献力量。

三、图书馆人力资源招聘与选拔的注意事项

（一）遵守法律法规与道德规范

在图书馆人力资源的招聘与选拔过程中，严格遵守国家法律法规和相关政策规定是至关重要的。这不仅是图书馆作为公共文化服务机构的职责所在，也是维护公平正义、保障求职者权益的必然要求。图书馆应遵循公开、公平、竞争、择优的原则，确保招聘与选拔工作的透明度和公正性。同时，图书馆还应注重道德规范的遵守，尊重求职者的

隐私权和人格尊严。在招聘与选拔过程中，图书馆应避免任何形式的歧视和偏见，如性别、年龄、种族等，为求职者提供一个平等、公正的竞争环境。

为了实现这一目标，图书馆可以采取以下措施：首先，建立完善的招聘与选拔制度，明确招聘流程、选拔标准和监督机制；其次，加强对招聘人员的培训和管理，提高他们的法律意识和道德素养；最后，设立投诉渠道和反馈机制，及时处理求职者的投诉和建议，不断改进招聘与选拔工作。

（二）关注人才匹配与职业发展

在图书馆人力资源的招聘与选拔中，关注人才匹配与职业发展同样重要。图书馆应注重人才匹配原则，即选拔出最适合岗位需求的人才而非最优秀的人才。这是因为不同岗位对人才的要求各不相同，只有找到与岗位要求相匹配的人才，才能充分发挥他们的潜能和优势，提高工作效率和质量。同时，图书馆还应关注员工的职业发展规划，为员工提供必要的培训和发展机会。这有助于员工实现个人价值，还能推动图书馆事业的发展。

为了实现人才匹配与职业发展的目标，图书馆可以采取以下策略：首先，对岗位需求进行深入分析，明确岗位职责、任职要求和发展方向；其次，制定针对性的招聘计划和选拔标准，吸引和选拔符合岗位要求的人才；最后，建立完善的员工培训体系和发展机制，为员工提供多样化的培训和发展机会，帮助他们不断提升专业技能和综合素质。

（三）保持招聘与选拔工作的连续性

图书馆应保持招聘与选拔工作的连续性，确保人力资源的稳定和持续发展。这要求图书馆定期评估人力资源状况，及时调整招聘计划和选拔标准，以适应业务发展和人员变化的需求。同时，图书馆要做好招聘与选拔工作的记录和总结，为后续工作提供借鉴和参考。通过保持工作的连续性，图书馆可以不断优化招聘与选拔流程，提高招聘效率和质量，降低招聘成本。

为了实现招聘与选拔工作的连续性，图书馆可以采取以下措施：首先，建立完善的人力资源评估机制，定期对图书馆的人力资源状况进行全面评估和分析；其次，根据评估结果制订针对性的招聘计划和选拔标准，确保人力资源的合理配置和优化；最后，加强招聘与选拔工作的记录和总结工作，及时整理归档相关信息和数据，为后续工作提供有力支持。

（四）注重选拔过程中的沟通与协作

在图书馆人力资源的选拔过程中，注重沟通与协作是至关重要的。良好的沟通与协作有助于图书馆更全面地了解求职者的真实情况和需求，提高选拔的准确性和有效性。

同时，加强内部部门之间的沟通与协作也是确保选拔工作顺利进行和结果准确性的关键。通过加强沟通与协作，图书馆可以及时发现和解决选拔过程中出现的问题和困难，确保选拔工作的顺利进行。

为了实现沟通与协作的目标，图书馆可以采取以下策略：首先，建立完善的沟通机制，明确沟通渠道和方式，确保信息畅通无阻；其次，加强对招聘人员和选拔人员的培训和管理，提高他们的沟通能力和协作意识；最后，定期组织内部会议和交流活动，加强部门之间的沟通和协作，共同推动选拔工作的顺利进行。

（五）关注招聘成本与效益

在图书馆人力资源的招聘与选拔过程中，关注招聘成本与效益的平衡也是至关重要的。图书馆应合理投入招聘资源，提高招聘效率和质量，降低招聘成本，同时，要对招聘效果进行评估和分析，不断改进招聘策略和选拔标准，实现招聘工作的最优化。通过关注成本与效益的平衡，图书馆可以在保障招聘质量的前提下，合理控制招聘成本，提高招聘工作的经济效益和社会效益。

为了实现招聘成本与效益的平衡，图书馆可以采取以下措施。首先，对招聘成本进行全面核算和分析，明确各项成本来源和构成。其次，制订合理的招聘预算和计划，确保招聘资源的合理分配和利用。最后，加强对招聘工作的监督和管理，及时发现和解决招聘过程中出现的问题和困难，降低招聘成本和风险。

四、图书馆人力资源招聘与选拔的创新实践

随着时代的发展和技术的进步，图书馆人力资源招聘与选拔也面临着新的挑战和机遇。为了适应这一变化，图书馆需要不断创新招聘与选拔实践，提高招聘效率和质量。以下是一些创新实践的建议。

（一）采用线上线下相结合的招聘方式

随着互联网技术的不断发展，线上招聘已经成为一种趋势。图书馆可以尝试采用线上线下相结合的招聘方式，扩大招聘渠道和范围。通过线上平台发布招聘信息，图书馆吸引更多求职者关注，同时线下组织校园宣讲会、招聘会等活动，与求职者面对面交流，增强互动性和实效性。这种相结合的招聘方式可以充分利用互联网的优势，提高招聘效率和覆盖面，同时，也能够保证与求职者的有效沟通。

在实施线上线下相结合的招聘方式时，图书馆需要注意以下几点：首先，确保线上招聘信息的真实性和准确性，避免虚假宣传和误导求职者；其次，加强线下活动的组织和管理，确保活动的顺利进行和安全有序；最后，做好线上线下的衔接工作，确保招聘

流程的顺畅和高效。

（二）引入人工智能辅助选拔工作

人工智能技术的发展为图书馆人力资源选拔工作提供了新的机遇。图书馆可以引入人工智能技术辅助选拔工作，提高选拔效率和准确性，例如，利用自然语言处理技术对求职者的简历进行自动筛选和分类；利用机器学习算法对求职者的面试表现进行评分和排序等。这些技术的应用可以帮助图书馆更快速、更准确地选拔出优秀人才，提高选拔工作的效率和质量。

在引入人工智能辅助选拔工作时，图书馆需要注意以下几点：首先，确保人工智能技术的可靠性和准确性，避免误判和漏判；其次，加强对人工智能技术的培训和管理，提高招聘人员的操作水平和应用能力；最后，关注人工智能技术的伦理和隐私问题，确保求职者的个人信息安全和合法权益。

（三）实施员工内部推荐制度

员工内部推荐制度是一种有效的招聘渠道之一。图书馆可以实施员工内部推荐制度，鼓励员工积极推荐身边的优秀人才加入图书馆。对于成功推荐的员工，图书馆可以给予一定的奖励和激励措施，提高员工的参与度和积极性。这种制度可以帮助图书馆拓宽招聘渠道，同时，也有利于增强员工的归属感和忠诚度。通过实施员工内部推荐制度图书馆可以更加精准地锁定目标人才，提高招聘效率和质量。

在实施员工内部推荐制度时，图书馆需要注意以下几点：首先，明确推荐标准和奖励机制，确保制度的公平性和透明度；其次，加强对推荐人才的审核和管理，确保人才的质量和适应性；最后，做好与推荐员工的沟通和反馈工作，增强员工的参与感和归属感。

（四）构建多元化的人才评价体系

传统的人才评价体系往往注重单一的评价指标如学历、经验等。然而这种评价体系已经难以适应现代图书馆的发展需求。图书馆应构建多元化的人才评价体系，从多个角度全面评估求职者的综合素质和能力水平，除了传统的笔试、面试等考核方式外，还可以引入心理测试、技能操作演示、案例分析等多种评价方式。这些评价方式可以帮助图书馆更全面地了解求职者的真实情况和需求，提高选拔的准确性和有效性。同时，多元化的人才评价体系也有助于图书馆选拔出更适合岗位需求的优秀人才，推动图书馆事业的持续发展。

在构建多元化的人才评价体系时，图书馆需要注意以下几点：首先，明确评价目标和标准确，保评价的针对性和有效性；其次，选择合适的评价方式和工具，确保评价的客观性和公正性；最后，加强对评价人员的培训和管理，提高他们的专业素养和评价能力。同时，图书馆还应关注评价结果的反馈和应用，及时调整和改进人才评价体系，为图书馆事业的发展提供有力支持。

第三节　图书馆人力资源的培训与发展

一、图书馆人力资源的培训需求分析

图书馆，作为知识传播与交流的重要场所，其人力资源的培训需求具有独特性和紧迫性。在信息技术日新月异的今天，图书馆员不仅需要具备扎实的岗位技能，还要不断提升自己的信息素养和团队协作能力，以适应图书馆事业的发展需求。以下是对图书馆人力资源培训需求的详细分析。

（一）岗位技能培训需求

岗位技能是图书馆员胜任工作的基础。无论是新员工还是在职员工，都需要接受系统的岗位技能培训。对于新员工而言，他们需要了解图书馆的基本知识、工作流程和服务规范，以便能够快速融入工作环境，为读者提供基本的服务。因此，新员工的培训应侧重于图书馆学基础理论、文献资源建设、读者服务技巧等方面。

在职员工则需要更深入的岗位技能培训。他们需要在掌握基本知识的基础上，进一步提升自己的专业技能和业务水平。例如，随着数字化技术的广泛应用，图书馆员需要掌握数字化资源的建设与管理、信息检索与利用等方面的技能。此外，他们还需要不断提升自己的读者服务技巧，以满足读者日益多样化的需求。因此，在职员工的培训应更加注重实践性和操作性，通过案例分析、模拟演练等方式，帮助他们更好地掌握相关技能。

（二）信息素养培训需求

信息素养是现代图书馆员必备的核心素养之一。随着信息技术的快速发展，图书馆的信息资源日益丰富多样，读者对信息的需求也呈现出个性化、多样化的趋势。这就要求图书馆员必须具备良好的信息素养，能够熟练运用各种信息技术工具，为读者提供高效、准确的信息服务。

信息素养培训应包括信息检索技巧、数据分析方法、网络安全意识等方面的内容。通过培训，图书馆员可以掌握各种信息检索工具的使用方法，提高信息检索的效率和准确性，同时，他们还可以学习数据分析方法，对图书馆的信息资源进行深入挖掘和利用，此外，网络安全意识的培训也是必不可少的，它可以帮助工作人员更好地保护图书馆的信息安全，防止信息泄露和非法访问。

（三）团队协作与沟通能力培训需求

图书馆工作是一个团队协作的过程，需要各部门之间紧密配合，共同完成工作任务。因此，团队协作与沟通能力是图书馆员必备的素质之一。在团队协作方面，图书馆员需要具备良好的团队合作精神和协作能力，能够与其他部门同事相互支持、相互配合，共同完成工作任务。在沟通能力方面，他们需要具备良好的口头表达能力和书面表达能力，能够清晰、准确地传递信息，避免误解和冲突。

团队协作与沟通能力的培训应注重实践性和互动性。组织团队建设活动、模拟工作场景等方式，可以帮助工作人员增强团队合作意识，提高跨部门沟通能力。同时，图书馆还应注重培养工作人员的多元化沟通能力和解决冲突的技巧，以应对各种复杂的工作场景和人际关系。

（四）创新意识与服务能力提升培训需求

创新是图书馆发展的动力源泉，而服务是图书馆的核心竞争力。因此，图书馆人力资源培训应关注创新意识和服务能力的提升。在创新意识方面，图书馆员需要具备敏锐的洞察力和创新思维，能够及时发现读者的新需求和新趋势，探索新的服务模式和方法。在服务能力方面，他们需要具备良好的服务意识和职业素养，能够主动、热情地为读者提供优质服务，满足读者的期望和需求。

创新意识和服务能力的提升培训应注重启发性和实践性。图书馆通过组织创新研讨会、服务案例分析等方式，激发工作人员的创新思维和服务意识，同时，还应注重培养工作人员的问题解决能力和应变能力，以应对各种复杂的服务场景和读者需求。

二、图书馆人力资源的培训计划与实施

根据以上对图书馆人力资源培训需求的分析，我们可以制订以下详细的培训计划并付诸实施。

（一）制订详细的培训计划

首先，图书馆应根据员工的实际情况和培训需求，制订详细的培训计划。培训计划应包括培训目标、培训内容、培训方式、培训时间等方面的具体安排。在制订培训计划时，图书馆应充分考虑员工的岗位特点和工作职责，确保培训内容与员工的实际需求相匹配。同时，还应结合图书馆的发展目标和战略规划，制订具有前瞻性和针对性的培训

计划。

（二）采用多种培训方式

为提高培训效果，图书馆应采用多种培训方式相结合的方式进行。传统的课堂讲授方式虽然可以系统地传授知识，但缺乏互动性和实践性。因此，图书馆可以采用案例分析、实践操作等更加灵活多样的培训方式，让员工在实践中学习和掌握相关知识。此外，还可以利用在线学习平台、远程视频教学等现代化教学手段，为员工提供更加便捷、灵活的学习途径。这些现代化的教学手段不仅可以打破时间和空间的限制，还可以根据员工的学习进度和需求进行个性化定制。

（三）实施分层级培训

由于员工的岗位级别和工作职责不同，他们对培训的需求和期望也不同。因此，图书馆应实施分层级的培训，以满足不同层级员工的成长需求。对于新员工和基层员工，图书馆可以侧重基础知识和技能的培训，帮助他们快速适应工作环境和岗位要求；对于中层管理人员，图书馆可以加强领导力和管理能力的培训，提升他们的组织协调和团队管理能力；对于高层管理人员，则应注重战略思维和决策能力的培训，帮助他们更好地把握图书馆的发展方向和战略规划。通过分层级培训，图书馆可以更好地实现因材施教和个性化发展。

（四）建立培训考核机制

为确保培训效果，图书馆应建立培训考核机制。通过定期对员工进行考核，图书馆可以了解他们的学习情况和掌握程度，及时发现问题并进行改进。考核可以采用笔试、实践操作、小组讨论等多种方式进行，以全面评估员工的学习成果和实际应用能力。同时，图书馆还可以将考核结果与员工的绩效和晋升挂钩，激励他们更加积极地参与培训和学习。通过建立完善的培训考核机制，我们可以确保培训工作的有效性和持续性。

三、图书馆人力资源的培训效果评估

图书馆作为知识和信息的集散地，其员工素质和能力的高低直接关系到图书馆服务的质量和效率。因此，图书馆人力资源的培训是提升员工素质、推动图书馆事业发展的重要手段。然而，培训的效果如何，是否达到了预期的目标，需要通过科学、全面的评估来确定。以下是对图书馆人力资源培训效果评估的详细阐述。

（一）评估培训目标的达成情况

在培训结束后，首要任务是对照培训前设定的目标，评估培训的实际效果。这可以通过对比员工在培训前后的知识掌握、技能提升、工作态度等方面的变化来进行。例如，可以通过测试、问卷调查等方式，了解员工对培训内容的理解和掌握程度；通过观察员工的工作表现，判断其技能是否得到了提升；通过员工自评和同事互评，了解员工的工作态度是否有所改进。如果发现培训效果未达到预期目标，就需要深入分析原因，可能是培训内容不够贴近员工实际需求，或者培训方式不够灵活多样，或者员工的学习积极性不高等。针对这些问题，图书馆应及时调整和改进培训计划，以确保培训的有效性。

（二）收集员工反馈意见

员工的反馈意见是评估培训效果的重要依据之一。因为员工是培训的直接参与者，他们对培训内容、方式、效果等方面的感受和评价最具发言权。图书馆可以通过问卷调查、座谈会、个别访谈等方式，收集员工对培训的满意度、收获、建议等方面的反馈意见。这些反馈意见可以为图书馆改进培训内容和方式提供有价值的参考，例如，如果员工普遍反映培训内容过于理论化、缺乏实践操作，那么图书馆就可以在后续的培训中增加实践环节，提高培训的实用性和针对性。

（三）考察员工的工作表现

培训的目的是提升员工的工作能力，因此，员工的工作表现是评估培训效果的直接体现。图书馆可以通过观察员工的工作行为、服务态度、工作效率等方面的表现，了解培训对员工工作能力的提升程度，例如，可以对比员工在培训前后的工作效率和服务质量，判断其是否有所改进；可以观察员工在工作中是否能够运用所学的知识和技能解决实际问题；可以了解员工在工作中是否能够主动创新和改进工作方法等。同时，结合员工的绩效考核结果，可以对员工的整体表现进行综合评价，从而更全面地了解培训的效果。

（四）分析培训成本效益

培训作为一项投资行为，其成本效益也是评估培训效果的重要指标之一。图书馆应将培训投入的成本与带来的收益进行比较分析，以判断培训是否具有经济性和可行性。具体来说，需要核算培训的直接成本（如讲师费用、场地费用、教材费用等）和间接成本（如员工的时间成本、机会成本等），并评估培训带来的收益（如员工工作效率的提升、服务质量的改进、创新能力的增强等）。如果发现培训成本过高而收益不明显，就需要重新考虑培训内容和方式的选择，以确保培训的经济效益和社会效益。

（五）持续跟踪与改进

培训效果评估不是一次性的工作，而是一个持续跟踪与改进的过程。因为员工的成长和发展是一个持续的过程，培训对他们的影响也是长期的。因此，图书馆应定期对培训效果进行评估，并根据评估结果及时调整和改进培训计划，同时，还应关注员工在培训后的持续发展情况，为他们提供持续的学习和支持。例如，图书馆可以建立员工培训档案，记录员工的培训经历和成长轨迹；可以定期组织员工分享交流会议，让员工分享彼此的学习心得和工作经验；可以提供在线学习平台和资源，方便员工进行自主学习和提升等。通过这些措施，图书馆可以构建一个持续学习、不断进步的组织氛围，推动员工的个人成长和图书馆事业的发展。

四、图书馆人力资源的职业发展规划与激励机制

在图书馆人力资源管理中，职业发展规划和激励机制是两个至关重要的方面。它们不仅关系到员工的个人成长和职业发展，也直接影响到图书馆的服务质量和整体绩效。以下是对这两个方面的详细阐述。

（一）制定职业发展规划

为了帮助员工明确职业发展方向和目标，图书馆应为员工制订个性化的职业发展规划。这要求图书馆首先了解员工的个人情况、兴趣爱好、职业倾向等，然后结合图书馆的实际情况和发展需求，为员工量身定制合适的职业发展规划。职业发展规划应包括短期目标和长期目标，明确员工在不同阶段需要掌握的知识和技能，以及为实现这些目标所需采取的措施和行动计划。同时，图书馆还应提供多元化的职业发展路径和晋升机会，让员工看到自己在图书馆中的未来和希望。通过制订和实施职业发展规划，图书馆可以帮助员工认清自己的优势和不足，明确职业发展方向和目标，激发他们的工作热情和积极性。

（二）建立激励机制

为激发员工的积极性和创造力，图书馆应建立有效的激励机制。激励机制应遵循公平、公正、公开的原则，根据员工的工作表现、贡献大小等因素进行奖励和惩罚。在物质激励方面，图书馆可以通过设立奖金、津贴等方式对员工进行奖励；在精神激励方面，则可以通过表彰、晋升等方式提升员工的荣誉感和归属感，同时，还应注重激励的及时性和公平性，确保激励措施能够真正起到激励作用。此外，图书馆还可以根据员工的个人需求和职业发展目标，提供个性化的激励措施，如提供培训机会、晋升机会、参与决策等，以满足员工的多元化需求。通过建立和实施有效的激励机制，图书馆可以激发员工的工作动力和创造力，提高他们的工作满意度和忠诚度。

（三）提供持续学习机会

持续学习是员工职业发展的重要保障。随着科技的不断进步和知识的不断更新，员工需要不断学习新的知识和技能才能适应工作的要求。因此，图书馆应为员工提供持续

学习的机会和资源，帮助他们不断提升自己的知识和技能水平。具体来说，图书馆可以定期组织内部培训、外部研讨会等活动，为员工提供学习交流的平台；购买相关领域的专业书籍和数据库资源，方便员工进行自主学习和研究；鼓励员工参加学历教育、职业资格认证等考试，提高他们的学历和专业技能水平。通过这些措施，图书馆可以营造一个良好的学习氛围和文化环境，推动员工的个人成长和职业发展。

（四）关注员工心理健康

员工的心理健康对于其职业发展同样重要。一个心理健康、情绪稳定的员工才能更好地投入工作和学习中。因此，图书馆应关注员工的心理健康状况，及时发现和解决员工在工作和生活中遇到的问题和困难。具体来说，图书馆可以设立心理咨询热线或定期组织心理健康讲座等，为员工提供心理支持和帮助；建立员工援助计划（EAP），为员工提供专业的心理咨询和治疗服务；加强员工之间的沟通与交流，营造和谐的工作氛围和团队文化等。通过这些措施，图书馆可以帮助员工缓解工作压力和负面情绪，提高他们的心理健康水平和幸福感。同时，一个心理健康、积极向上的员工队伍也能为图书馆带来更好的服务质量和整体绩效。

第十四章　图书馆管理创新

第一节　图书馆管理创新的内涵与意义

一、图书馆管理创新的定义与核心要素

（一）图书馆管理创新的定义

在信息化、网络化日益发展的今天，图书馆作为知识传播、信息交流的重要场所，其管理模式也需与时俱进，不断创新。图书馆管理创新，是在图书馆的日常运营与服务提供过程中，通过引入新的管理理念、技术手段和服务方法，对传统的管理模式进行的深度改进或全面重塑，旨在提升图书馆的服务效率，更好地满足用户日益多样化的信息需求，进而推动图书馆事业的持续、健康发展。

这种创新具有全面性、深入性和持续性的特点。它不仅涉及图书馆内部的组织结构优化、人力资源配置、业务流程再造等内部管理层面，还包括对外部环境变化的敏锐洞察和快速适应，以及与利益相关者（如读者、出版机构、研究机构等）之间合作模式的创新和优化。通过管理创新，图书馆可以打破传统束缚，实现自我超越，更好地服务于知识社会和学习型社会的建设。

（二）图书馆管理创新的核心要素

理念创新：理念是行动的先导，也是创新的灵魂。图书馆管理创新首先要从理念上入手，打破固有的思维定式和传统观念，树立以人为本、服务至上的新理念。这意味着图书馆的一切工作都要以用户为中心，关注用户需求的变化，以用户满意为最高标准。同时，还要引入开放、共享、协作等现代管理理念，推动图书馆由封闭向开放、由单一向多元的转变。具体而言，就是要打破传统的藏书楼思维，将图书馆建设成为一个开放的知识平台，实现资源共享、知识交流和服务创新。通过与其他机构、社区和个人的广泛合作，共同构建一个充满活力、互利共赢的知识生态系统。

技术创新：在信息技术飞速发展的背景下，图书馆管理面临着前所未有的挑战和机遇。技术创新成为图书馆管理创新的重要支撑和驱动力。通过引入新技术、新设备、新系统，图书馆可以改进传统的业务流程，提高服务效率，拓展服务范围。例如，利用大

数据技术对用户的借阅记录、搜索历史等进行分析，可以深入了解用户的阅读偏好和需求特点，为用户提供更加个性化、精准的服务；利用人工智能技术构建智能问答系统或虚拟参考咨询员，可以实时解答用户的疑问，提供 24 小时不间断的服务；利用物联网技术实现图书的自助借还、智能盘点等功能，可以大大减轻馆员的工作负担，提高图书馆的运营效率。这些技术创新不仅提升了图书馆的服务水平，也改变了用户的使用习惯和期望，推动了图书馆事业的持续发展。

组织创新：组织创新是图书馆管理创新的重要保障。一个灵活、高效的组织结构和管理机制，能够激发馆员的积极性和创造力，形成有利于创新的文化氛围。因此，图书馆要不断优化组织结构，建立扁平化、网络化的管理体系，减少管理层级和决策环节，提高组织的反应速度和执行力，同时，要加强团队建设，提高馆员的综合素质和创新能力，通过定期的培训、交流和学习活动，让馆员掌握最新的知识和技能，增强他们的职业认同感和归属感。此外，还要建立一套科学合理的激励机制和评价体系，对馆员的创新成果给予充分的认可和奖励，激发他们的创新热情和动力。

服务创新：服务创新是图书馆管理创新的最终落脚点。无论理念如何先进、技术如何高超、组织如何优化，如果不能为用户提供优质、高效、便捷的服务，那么一切创新都是徒劳无功的。因此，图书馆要根据用户需求的变化和社会发展的趋势，不断创新服务内容、服务方式和服务手段。具体做法就是要从用户的实际需求出发，设计开发出符合他们使用习惯和期望的服务项目和产品；要利用现代信息技术手段提高服务的便捷性和可达性，让用户能够随时随地享受到图书馆的服务；要关注用户的反馈和评价，及时调整和改进服务策略和方法，确保服务质量和用户满意度的持续提升。通过服务创新，图书馆可以不断增强自身的吸引力和竞争力，赢得用户的信赖和支持。

二、图书馆管理创新的时代背景与必要性

（一）时代背景

当前，人们正处于一个信息化、网络化、智能化的崭新时代。信息技术的迅猛发展及其在各领域的广泛应用，正以前所未有的速度和力度重塑着社会的面貌，深刻改变着人们的学习、工作乃至日常生活的方方面面。在这一波澜壮阔的时代背景下，图书馆作为传统的信息资源收藏和提供服务的机构，也面临着前所未有的挑战和机遇。

过去，图书馆主要是作为书籍和文献的收藏地，供人们借阅和阅读。然而，随着信息技术和网络技术的飞速发展，人们获取信息的渠道和方式发生了翻天覆地的变化。互联网、移动设备、社交媒体等新兴技术的普及，使得人们可以随时随地获取各种类型的

信息资源，图书馆的传统功能和服务模式已经难以满足现代用户的需求。

因此，图书馆必须紧跟时代的步伐，积极拥抱信息技术和网络技术，将自身打造成为一个集信息资源的收藏、加工、传递、利用于一体的综合性信息服务中心。这意味着图书馆不仅要继续承担起收藏和保存人类文化遗产的重要使命，还要积极利用现代技术手段，对信息资源进行深度加工和整合，提供更加丰富、便捷、高效的信息服务。

同时，随着社会的多元化发展和用户需求的多样化趋势日益明显，图书馆也必须不断创新管理模式和服务方式，以适应时代的变化和用户的需求。无论是服务内容的拓展、服务方式的创新，还是服务质量的提升，都需要图书馆以更加开放、包容、创新的态度来面对和应对。

（二）必要性

提升服务效率：在快节奏的现代社会中，时间就是金钱，效率就是生命。传统的图书馆管理模式由于流程烦琐、技术落后等原因，往往存在着效率低下的问题。这不仅影响了用户的使用体验，也制约了图书馆自身的发展。因此，管理创新，引入新技术、新方法，改进业务流程，提高服务效率成为当务之急。例如，通过引入自动化、智能化的管理系统和设备，图书馆可以实现借阅、归还、查询等业务的自助化办理，大大减少用户等待时间和工作人员的工作量；通过优化馆藏布局和借阅流程，图书馆可以使用户更加便捷地找到所需书籍和资料；通过利用大数据、人工智能等技术对用户行为进行分析和预测，图书馆可以为用户提供更加精准、个性化的推荐和服务。这些创新举措不仅可以提升图书馆的服务效率，还可以为用户带来更加便捷、高效的使用体验。

满足用户多样化需求：随着社会的多元化发展和用户需求的多样化趋势日益明显，用户对图书馆的需求已经不再局限于简单的借阅服务。他们希望得到更加个性化、精准的服务，满足他们在学习、工作、生活中的多样化需求。例如，一些用户可能希望图书馆能够提供更加专业的学术支持和研究服务；一些用户可能希望图书馆能够提供更加丰富、多样的阅读材料和活动；还有一些用户可能希望图书馆能够提供更加便捷、高效的数字资源和服务等。因此，图书馆管理创新必须紧密围绕用户的多样化需求展开，通过深入了解用户需求、挖掘用户潜在需求、分析用户行为等方式，推动服务内容的拓展和服务方式的创新。只有这样，图书馆才能真正满足用户的多样化需求，赢得用户的信任和支持。

推动图书馆事业发展：图书馆作为社会文化事业的重要组成部分，承担着传播知识、传承文明的重要使命。然而，在信息技术和网络技术的冲击下，图书馆的传统功能和服务模式已经难以适应现代社会的需求和发展。因此，采用管理创新推动图书馆事业的持续发展显得尤为重要。具体来说，管理创新可以为图书馆带来新的发展理念和思路，可以为图书馆引入新的技术手段和服务模式，可以为图书馆培养一支高素质、创新型的人才队伍，还可以为图书馆拓展新的合作领域和市场空间等。这些创新举措不仅可以提升图书馆在社会文化事业中的地位和影响力，还可以为图书馆的未来发展提供有力保障。

适应信息化发展趋势：信息化是当前社会发展的重要趋势之一，也是推动各行各业转型升级的重要力量。图书馆作为信息资源的集散地和信息服务的提供者，必须紧跟信息化发展的步伐，利用信息技术改进和创新管理模式和服务方式。具体来说，图书馆可以利用信息技术对馆藏资源进行数字化处理和存储，可以利用信息技术对用户行为进行分析和预测，可以利用信息技术推动服务内容的拓展和服务方式的创新等。通过管理创新，图书馆可以更好地适应信息化发展的趋势，为用户提供更加优质、高效的信息服务。同时，信息化还可以帮助图书馆实现资源共享、协同工作等目标，提升图书馆的整体运营效率和服务水平。

第二节　图书馆管理创新的策略与方法

一、创新管理理念，优化管理结构

（一）树立以人为本的管理理念

图书馆，作为知识与信息的交汇之地，其管理理念的核心应当始终围绕"人"这一要素。以人为本的管理理念，不仅仅是一种管理策略，更是一种人文关怀的体现。它强调尊重每一位员工的主体地位，关心他们的需求与发展，通过激发员工的积极性和创造力，为图书馆的持续发展注入源源不断的动力。

在实践中，以人为本的管理理念要求图书馆建立一种民主、开放的管理机制。这种机制鼓励员工积极参与决策和管理过程，让他们的声音被听到，让他们的建议被重视。员工的参与不仅可以提高决策的准确性和有效性，还能增强员工对图书馆的认同感和归属感。同时，图书馆还应致力于营造一个和谐、进取的工作氛围。在这样的氛围中，员工之间互相尊重、互相支持，共同为图书馆的发展贡献力量。

为了真正实现以人为本的管理理念，图书馆还需要关注员工的成长与发展。这包括提供必要的培训和学习机会，帮助员工提升专业技能和综合素质；建立公平、公正的激励机制，激发员工的积极性和创造力；关注员工的心理健康和工作满意度，及时解决他们面临的问题和困难。通过这些措施，图书馆可以打造一支高素质、有凝聚力的员工队伍，为图书馆的持续发展提供有力保障。

（二）构建扁平化的管理结构

在传统的图书馆管理结构中，层次繁多、等级森严的问题往往导致信息传递不畅、决策执行不力。为了解决这些问题，图书馆应创新管理结构，构建扁平化的组织体系。

扁平化的管理结构强调减少管理层次、拓宽管理幅度，以实现信息的快速共享和资源的优化配置。通过打破传统的等级制度，减少中间环节，图书馆可以更加高效地进行信息传递和决策执行。同时，扁平化的管理结构有助于增强员工的自主性和责任感。在这种结构下，员工被赋予更多的权力和责任，他们可以更加主动地开展工作、解决问题，从而提高团队的协作能力和应变能力。

为了构建扁平化的管理结构，图书馆需要采取一系列措施。首先，图书馆应对现有的管理层次进行梳理和精简，去除不必要的中间环节和冗余职位。其次，图书馆应建立一种横向的沟通机制，鼓励不同部门、不同职位之间的员工进行交流与合作。这种横向沟通可以打破部门壁垒，促进信息共享和资源互补。最后，图书馆还应建立一种灵活、高效的决策机制。在这种机制下，决策过程更加透明、开放，员工的意见和建议可以得到充分尊重和考虑。

通过构建扁平化的管理结构，图书馆可以打造一个更加高效、灵活、创新的组织体系。这个体系不仅可以更好地适应外部环境的变化和内部需求的变化，还能激发员工的潜力和创造力，推动图书馆事业的持续发展。

（三）实施柔性化的管理方式

柔性化管理是一种注重员工个性差异、强调灵活性和适应性的管理方式。在图书馆管理中，引入柔性化理念可以更加人性化地满足员工的需求，激发他们的工作热情和创新能力。

柔性化管理要求图书馆管理者根据员工的兴趣、特长和发展需求，制订个性化的管理方案。这种管理方式应明确每位员工都是独特的个体，他们有着不同的职业目标、学习需求和工作方式。因此，通过提供灵活的工作时间、多样化的工作内容和宽松的工作环境，图书馆可以更好地满足员工的个性化需求，让他们在工作中感受到尊重和认可。

同时，柔性化管理还强调图书馆管理者应关注员工的心理健康和工作满意度。员工在工作中难免会遇到各种问题和困难，如果这些问题得不到及时有效的解决，就会对员工的心理健康和工作积极性产生负面影响。因此，图书馆应建立一种及时反馈和解决问题的机制，关注员工的心理状态和工作感受，帮助他们排解压力、解决问题，增强他们的归属感和忠诚度。

此外，柔性化管理还要求图书馆管理者在管理过程中保持灵活性和适应性。图书馆作为一个不断发展和变化的组织，需要不断调整管理策略和管理方式来适应新的环境和需求。因此，图书馆管理者应具备敏锐的观察力和判断力，及时发现和解决管理中的问题和不足，推动图书馆管理向更加人性化、科学化的方向发展。

（四）建立开放性的管理体系

在当今这个信息技术迅速发展、读者需求日益多样化的时代，图书馆必须建立开放性的管理体系，以适应外部环境的变化和内部需求的变化。开放性管理体系强调图书馆应打破固有的管理边界和思维模式，积极与外部环境进行交流和合作。

首先，图书馆应加强与教育、科研、文化等领域的机构的合作与交流。通过与这些机构建立合作关系，图书馆可以共享资源和信息，拓宽服务领域和提高服务质量。例如，图书馆可以与高校合作，共同开展学术研究和交流活动；可以与博物馆、艺术馆等文化机构合作，共同举办文化展览和教育活动；还可以与企业合作，共同开展技术研发和成果转化等活动。这些合作不仅可以为图书馆带来更多的资源和机会，还可以提高图书馆的社会影响力和地位。

其次，图书馆内部各部门之间也应加强沟通与协作。在传统的图书馆管理中，各部门往往各自为政、缺乏沟通与合作。这种管理模式不仅导致资源浪费和效率低下，还不利于图书馆的整体发展。因此，建立开放性的管理体系要求图书馆内部各部门之间打破壁垒、加强沟通与协作。通过定期召开部门会议、建立信息共享平台、开展联合项目等方式，各部门可以更加紧密地联系在一起，形成合力，推动图书馆事业的全面发展。

最后，建立开放性的管理体系还要求图书馆保持对新技术和新理念的敏感度。随着信息技术的不断发展和读者需求的不断变化，图书馆必须不断更新自己的技术和服务手段，以满足读者的需求。因此，图书馆应积极关注新技术和新理念的发展趋势，及时引入和应用这些新技术和新理念来提升自己的服务能力和管理水平。

（五）强化制度建设和规范化管理

创新管理理念的同时，图书馆不能忽视制度建设和规范化管理的重要性。制度是组织运行的基础和保障，规范化管理是确保制度得以有效执行的关键。

首先，图书馆应建立完善的规章制度和工作流程。这些规章制度应涵盖图书馆运营的各个方面和环节，包括人事管理、财务管理、资源管理、服务管理等。通过明确各部门和员工的职责、权限以及工作标准、要求等，规章制度可以为图书馆的各项工作提供明确的指导和依据。同时，工作流程的制定可以确保各项工作按照既定的程序和步骤进行，提高工作效率和质量。

其次，加强对制度执行情况的监督和检查。有了完善的规章制度和工作流程并不意味着就能自动实现规范化管理。为了确保制度的有效执行和规范化管理的实现，图书馆应建立相应的监督机制和检查制度。通过定期或不定期的检查、评估和反馈等方式，及时发现和纠正存在的问题和不足，推动图书馆管理向更加规范化、科学化的方向发展。

最后，强化制度建设和规范化管理还需要注重员工的参与和培训。员工是图书馆管理的主体和执行者，他们的参与和培训对于制度建设和规范化管理的成功至关重要。因此，图书馆应鼓励员工积极参与规章制度的制订和执行过程，提高他们的制度意识和执行力；加强对员工的培训和教育，提高他们的专业素养和管理能力，为图书馆的持续发展提供有力保障。

二、应用现代科技，提升管理效率

（一）利用信息技术优化业务流程

随着信息技术的飞速发展，信息技术在图书馆管理中的应用已经变得日益重要和普及。通过充分利用信息技术，图书馆可以实现业务流程的自动化和智能化，从而大大提高工作效率和服务质量。

首先，图书馆自动化管理系统（LAMS）是实现业务流程自动化的关键工具。该系统能够整合图书馆的采访、编目、流通等各个业务流程，实现数据的统一管理和自动化处理。通过自动化管理，图书馆可以减少人工操作的错误和疏漏，提高工作效率，同时也能够为读者提供更加便捷、高效的服务。

其次，RFID技术的应用也为图书馆的业务流程优化带来了革命性的变化。RFID技术可以实现图书的自助借还、智能盘点等功能，大大减轻了图书馆员的工作负担，提高了图书管理的效率和准确性。此外，RFID技术还可以与图书馆自动化管理系统相结合，实现图书信息的实时更新和共享，为读者提供更加个性化、精准的服务。

最后，大数据分析技术在图书馆业务流程优化中也发挥着越来越重要的作用。通过收集和分析读者的借阅记录、阅读偏好等信息，图书馆可以更加深入地了解读者的需求和习惯，为个性化服务提供有力的数据支持。同时，大数据分析还可以帮助图书馆预测未来的借阅趋势和热点，为图书采购和布局提供科学依据。

（二）建立数字化资源管理平台

在数字化时代，图书馆面临着数字资源快速增长和读者对数字化服务需求不断增加的挑战。为了应对这些挑战，图书馆应建立数字化资源管理平台，实现数字资源的统一管理和高效利用。

数字化资源管理平台应具备资源整合、检索查询、权限管理、数据统计等功能模块。首先，资源整合模块可以对图书馆内的各种数字资源进行统一整合和分类管理，包括电子图书、电子期刊、学位论文、会议论文等。通过整合这些资源，图书馆可以为读者提供更加全面、丰富的数字资源服务。

其次，检索查询模块是数字化资源管理平台的核心功能之一。该模块应支持多种检索方式，如关键词检索、全文检索、组合检索等，以满足读者不同的检索需求。同时，检索结果应按照相关性、时间等因素进行排序和展示，方便读者快速找到所需资源。

此外，权限管理模块也是数字化资源管理平台不可或缺的一部分。该模块可以对不同的读者设置不同的访问权限和下载权限，确保数字资源的安全性和合理使用。通过权限管理，图书馆可以有效防止非法访问和恶意下载等行为的发生。

最后，数据统计模块可以帮助图书馆对数字资源的使用情况进行实时监控和统计分析。通过收集和分析读者的访问量、下载量、阅读时长等数据，图书馆可以更加准确地了解读者的需求和偏好，为优化数字资源建设和服务提供科学依据。

除了以上功能模块外，数字化资源管理平台还应与图书馆其他业务系统进行无缝对接，实现资源共享和信息互通。通过与其他业务系统的集成和交互，图书馆可以打破信息孤岛和数据壁垒，为读者提供更加便捷、高效的一站式服务。

（三）推广移动图书馆服务

随着移动互联网的普及和发展，建立移动图书馆服务已经成为图书馆创新服务方式、拓展服务领域的重要途径之一。通过开发移动图书馆 APP 或微信小程序等，读者可以随时随地访问图书馆的资源和服务，享受更加便捷、高效的学习体验。

移动图书馆服务应包含多个功能模块以满足读者的不同需求。首先，馆藏查询功能可以帮助读者快速查找各种文献资源和借阅信息，包括图书是否在馆、借阅状态、归还日期等。通过馆藏查询，读者可以更加便捷地获取所需资源的信息和借阅状态。

其次，借阅管理功能可以让读者随时随地进行图书的借阅、续借和归还等操作。通过移动应用程序，读者可以随时随地访问自己的借阅账户，查看借阅历史和当前借阅状态，并进行相关操作。这大大方便了读者的借阅流程，提高了借阅效率。

此外，在线阅读功能也是移动图书馆服务的重要组成部分。通过移动应用程序，读者可以直接在线阅读电子图书、电子期刊等数字资源，无需下载或安装其他阅读软件。这为读者提供了更加便捷、高效的阅读方式，满足了他们在移动设备上获取知识和信息的需求。

最后，参考咨询功能可以帮助读者随时随地获取图书馆员的帮助和支持。通过移动应用程序中的在线咨询、留言反馈等方式，读者可以向图书馆员咨询问题、寻求帮助或提出建议。图书馆员也可以及时回复读者的咨询和反馈，为他们提供更加个性化、专业的服务。

为了推广移动图书馆服务，图书馆还应加强对该服务的宣传和推广工作。图书馆可以通过在图书馆网站、社交媒体等渠道发布相关信息和教程，引导读者下载和使用移动应用程序，同时，还可以开展线上线下的培训活动，帮助读者更好地了解和使用移动图书馆服务。这些措施可以提高读者的使用率和满意度，进一步推动移动图书馆服务的发展。

（四）构建智慧图书馆服务体系

智慧图书馆是图书馆未来发展的必然趋势之一，它综合运用了物联网、云计算、大数据等现代信息技术手段，旨在实现更加智能化、个性化的服务目标。通过构建智慧图书馆服务体系，图书馆可以进一步提升服务质量、满足读者需求并推动自身的创新发展。

首先，智慧图书馆应具备智能感知能力。通过物联网技术的应用，图书馆可以实现对馆内环境、设备、资源等的实时监测和感知，例如，利用温度传感器和湿度传感器监测馆内的温度和湿度变化；利用 RFID 标签和读写器追踪图书的位置和借阅状态等。这些感知数据可以为图书馆提供更加精准、实时的管理依据，确保馆内环境的舒适性和资源的安全性。

其次，智慧图书馆应具备智能推荐功能。通过大数据分析和挖掘技术，图书馆可以深入了解读者的借阅习惯、阅读偏好以及学术需求等信息。基于这些数据，图书馆可以利用推荐算法为读者提供更加个性化、精准的知识服务和信息推荐，例如，根据读者的历史借阅记录和阅读偏好，为其推荐相似或相关的图书、期刊或论文等资源；或者根据读者的学术背景和研究方向，为其定制专属的学术资源推荐列表等。这些智能推荐服务可以帮助读者更加高效地获取所需知识和信息，提升他们的学习和研究效率。

此外，智慧图书馆还应支持智能问答和互动交流方式。通过自然语言处理技术和人工智能算法的应用，图书馆可以实现与读者的智能对话和问答交互。读者可以通过语音、文字等方式向图书馆提问或寻求帮助；图书馆则可以自动回复读者的问题并提供相关解答或建议。这种智能问答和互动交流方式可以更加便捷地满足读者的咨询需求，提高图书馆的互动性和服务效率。

最后，为了构建完善的智慧图书馆服务体系，图书馆还需要加强与其他机构或平台的合作与共享。通过与学术机构、出版社、在线数据库等合作伙伴的紧密合作与资源共

享，图书馆可以进一步拓展其资源来源和服务渠道，也可以借鉴其他行业的成功经验和
创新模式来推动自身的创新发展。通过这些合作与共享举措，图书馆可以不断完善其智
慧服务体系并提升其在数字化时代中的竞争力和影响力。

三、强化人才培养，激发管理活力

（一）制订完善的人才培养计划

在知识经济和信息化时代，图书馆作为知识传播和信息交流的重要场所，其功能和
作用日益突显。图书馆的发展，离不开一支高素质、专业化的人才队伍。因此，制订完
善的人才培养计划，成为图书馆事业持续发展的关键。

首先，图书馆应明确培养目标。这包括培养具有扎实专业知识、良好职业素养和创
新能力的高素质人才。为实现这一目标，图书馆需要制定详细的培养内容和方式。通过
定期的培训、研讨会、学术交流等方式，提高员工在图书馆学、信息科学以及相关领域
的专业技能和知识水平。培训内容可以涵盖图书馆管理理论、信息检索技术、数字化资
源建设等方面，使员工能够紧跟行业发展趋势，不断提升自身能力。

其次，图书馆应关注员工的职业发展需求。每个员工都有自己的职业规划和发展目
标，图书馆应尊重并支持员工的个性化发展，为员工提供个性化的职业规划指导，帮助
员工明确自己的职业方向和发展路径。同时，图书馆还应建立公平、公正的晋升机制，
为员工提供晋升机会和空间，激发员工的职业发展动力。

此外，图书馆还应鼓励员工积极参与各种学术研究和实践活动，为员工提供参与课
题研究、学术交流、实地考察等方式，拓宽员工的视野和知识面，增强员工的实践能力
和创新意识。图书馆可以为员工提供必要的资源和支持，如研究经费、学术交流机会等，
促进员工的学术成长和职业发展。

最后，图书馆应建立完善的人才培养评估机制。定期对员工进行评估和反馈，了解
员工的学习进度和成果，及时调整培养计划和方法。同时，图书馆还应关注员工的反馈
意见和建议，不断完善和优化人才培养计划，确保培养效果和质量。

（二）建立科学的激励机制

激励机制是图书馆管理中不可或缺的一部分，它能够有效激发员工的工作积极性和
创造力，提升图书馆的整体服务质量和效率。为了建立科学的激励机制，图书馆需要从
多个方面入手。

首先，图书馆应制定明确的考核标准和考核方法。这些标准和方法应该具有客观性
和公正性，能够真实反映员工的工作绩效和贡献。通过定期对员工的工作质量、工作效

率、服务态度等方面进行考核，图书馆可以对员工的工作表现有一个全面、准确的了解。同时，考核结果应该作为员工晋升、奖励等方面的重要依据，以此来激励员工不断提高自己的工作水平。

其次，图书馆应根据考核结果给予员工相应的奖励和惩罚，对于表现优秀的员工，可以通过物质奖励、精神激励等方式来表达对他们的认可和鼓励；对于表现不佳的员工，则需要通过适当的惩罚来提醒他们改进自己的工作。需要注意的是，奖励和惩罚都应该做到公平公正，避免出现偏袒或歧视的情况。

除了基本的奖惩制度外，图书馆还应关注员工的精神需求和心理状态。员工在工作中不仅需要物质上的满足，更需要得到尊重和认可。因此，图书馆应该营造一个积极向上、和谐友好的工作氛围，让员工感受到集体的温暖和力量。同时，图书馆还可以定期组织一些团建活动或心理健康讲座等，帮助员工释放压力、增强自信心和归属感。

最后，图书馆应建立有效的反馈机制。员工在工作中难免会遇到各种问题和困难，如果这些问题得不到及时解决和反馈，就会影响到员工的工作积极性和工作效率。因此，图书馆应该建立畅通的沟通渠道和反馈机制，及时了解员工的需求和意见，并积极采取措施加以解决。这样可以增强员工对图书馆的信任感和忠诚度，进一步激发他们的工作热情和创造力。

（三）加强团队建设与协作能力培养

图书馆工作是一个复杂的系统工程，涉及多个环节和部门之间的紧密合作与协调。因此，加强团队建设与协作能力培养对于提升图书馆整体服务水平具有重要意义。

首先，图书馆应注重增强员工之间的信任感和默契度。信任是团队协作的基础，只有建立了充分的信任关系，员工之间才能坦诚相待、互相支持。图书馆可以通过定期的团队建设活动、沟通技巧培训等方式来促进员工之间的交流和沟通，增强彼此之间的了解和信任。同时，图书馆还应鼓励员工在工作中积极沟通、主动协作，共同解决问题和推动工作进展。

其次，图书馆应提高团队协作能力和应变能力。团队协作能力是指团队成员在共同目标下相互配合、相互支持的能力；应变能力则是指团队在面对突发事件或变化时能够迅速做出反应和调整的能力。为了提升这两种能力，图书馆可以组织一些针对性的培训和演练活动，如团队协作游戏、模拟应急演练等。通过这些活动，员工可以更加深入地了解团队协作的重要性和技巧，提高自己在团队中的协作能力和应变能力。

此外，图书馆还应建立有效的团队沟通机制。沟通是团队协作的桥梁和纽带，只有建立了良好的沟通机制，才能确保信息在团队内部畅通无阻。图书馆可以定期召开团队会议、工作研讨会等活动，为员工提供交流思想和分享经验的机会。同时，图书馆还可以利用现代信息技术手段建立线上沟通平台，方便员工随时随地进行交流和协作。

最后，图书馆应营造积极向上的工作氛围和团队文化。工作氛围和团队文化对于员工的工作态度和团队协作能力有着深远的影响。图书馆应积极倡导正面、积极的工作态度和价值观，鼓励员工相互学习、相互帮助、共同进步。同时，图书馆还应注重培养员工的创新意识和实践能力，为员工提供充分的发挥空间和发展机会。

（四）引进优秀人才，优化人才结构

在知识经济时代，人才是推动事业发展的核心力量。对于图书馆而言，引进优秀人才、优化人才结构是提升服务质量和竞争力的关键举措。

首先，图书馆应积极拓宽人才引进渠道。除了传统的公开招聘方式外，还可以利用校园招聘、社会招聘、人才交流市场等多种渠道来发现和吸引优秀人才。同时，图书馆还可以与高校、科研机构等建立合作关系，共同培养和引进高素质人才。通过这些渠道，图书馆可以更加广泛地接触到各类优秀人才，为自身的发展注入新的活力和动力。

其次，图书馆应注重选拔具有专业知识和实践经验的高素质人才。在招聘过程中，图书馆应根据岗位需求和发展目标制定明确的选拔标准和方法，确保选拔出的人才能够胜任工作并具有发展潜力。同时，图书馆还应关注人才的综合素质和创新能力等方面，选拔出具有全面素质和创新精神的人才，使他们加入到图书馆事业中来。

此外，图书馆还应注重人才的梯队建设。人才梯队建设是指根据不同层次、不同领域的人才需求进行有针对性的培养和发展规划。通过制定完善的人才梯队建设计划，图书馆可以建立起一支结构合理、素质优良的人才队伍。这不仅有助于提升图书馆的整体服务水平，还为图书馆的长期发展提供了有力的人才保障。

最后，图书馆应建立完善的人才引进和管理机制。这包括制订详细的人才引进计划、建立规范的人才管理流程、完善人才激励机制等。通过这些措施，图书馆可以更加科学、规范地进行人才引进和管理工作，确保引进的人才能够得到充分的发挥和利用，为图书馆事业的发展贡献自己的力量。

四、深化服务创新，拓展管理功能

（一）开展个性化服务创新

随着社会的不断发展和读者需求的日益多样化、个性化，图书馆作为知识的宝库和文化的殿堂，必须紧跟时代步伐，深化服务创新，以满足广大读者不断增长的精神文化需求。开展个性化服务正是图书馆服务创新的重要方向之一。

个性化服务是指根据读者的个人特征、兴趣爱好、信息需求等，为其提供量身定制的知识推荐和信息定制服务。这种服务模式强调以读者为中心，尊重读者的个体差异和独特需求，旨在为读者提供更加精准、高效的信息服务体验。

要实现个性化服务，图书馆首先需要建立读者信息数据库，通过挖掘读者的借阅历史、阅读偏好、搜索记录等信息，分析读者的知识需求和兴趣爱好，然后，利用大数据、人工智能等技术手段，对读者信息进行深度挖掘和智能分析，为读者提供精准的知识推荐和信息定制服务。例如，图书馆根据读者的阅读历史和偏好，为其推荐相似主题的图书或文章；根据读者的学术背景和研究方向，为其定制专业领域的学术动态和研究成果等。

此外，图书馆还应关注特殊群体的阅读需求，如残障人士、老年人等。对于这些群体，图书馆应提供无障碍阅读设施和服务，如盲文图书、有声读物、大字本等，以方便他们获取信息和享受阅读的乐趣。同时，图书馆还应建立读者反馈机制，及时了解读者的意见和建议，不断改进和优化服务内容和方式，通过定期的调查问卷、读者座谈会等方式，收集读者的反馈意见，针对问题制定改进措施，以提升服务质量。

（二）拓展多元化服务领域

图书馆作为公共文化服务机构，除了传统的借阅服务外，还应积极拓展多元化服务领域，以满足社会大众多样化的文化需求。这不仅是图书馆自身发展的需要，也是提升公众文化素养、推动社会文化进步的重要途径。

首先，图书馆可以开展丰富多彩的阅读推广活动，如读书会、讲座、展览等。这些活动旨在激发读者的阅读兴趣，培养良好的阅读习惯，提高阅读能力。图书馆应通过邀请知名作家、学者等嘉宾来馆举办讲座或签售活动，吸引更多读者走进图书馆；通过举办主题展览或特色书展等方式，展示图书馆的丰富馆藏和文化内涵；通过开展亲子阅读、青少年阅读等活动培养年轻一代的阅读兴趣和习惯。

其次，图书馆应加强信息素养教育。在信息爆炸的时代背景下，如何有效获取、评价和利用信息已成为人们必备的技能之一。图书馆应发挥自身优势资源，开展信息素养培训课程或讲座等活动，提高公众的信息素养水平，同时，与学校等教育机构合作将信息素养教育纳入课程体系，共同培养学生的综合素质。

此外，图书馆还可以利用自身优势资源开展特色化服务。例如，地方图书馆可以整理地方文献、编纂地方志等书籍资料为地方经济文化建设提供支持；高校图书馆可以与企业合作开展科研支持、技术转移等服务，推动产学研结合和创新发展；公共图书馆可以利用自身场地资源，开展文化交流活动，促进不同文化之间的了解与融合。

最后，图书馆应积极拓展合作领域与其他机构建立合作关系共同开展服务，例如，与博物馆、档案馆等机构合作共同举办展览或讲座等活动；与新闻媒体合作开展阅读推广和公益宣传活动；与企业合作开展员工培训和知识共享等项目等。这些合作不仅可以丰富图书馆的服务内容，还可以提高图书馆社会影响力和服务效能。

（三）推动图书馆之间的合作与共享

在信息化时代背景下，图书馆应积极推动与其他图书馆之间的合作与共享。这不仅可以实现资源共享和优势互补，提高资源的利用率和效益，还可以促进图书馆之间的交流与合作，共同推动图书馆事业的发展和创新。

首先，图书馆可以通过馆际互借、文献传递等方式实现资源共享。这种方式可以使得各个图书馆的馆藏资源得到更加充分的利用，避免资源的浪费和重复建设。同时，通过馆际互借和文献传递，读者可以更加便捷地获取所需的文献资源，满足其学习和研究的需求。

其次，图书馆可以共同开展联合编目、合作采购等项目，降低成本和提高效率。联合编目可以实现各个图书馆之间的编目数据共享，避免重复劳动和资源浪费。合作采购则可以使得各个图书馆在采购图书、期刊等文献资源时更加经济合理，节约采购成本。这些项目的开展不仅可以降低成本，还可以提高工作效率和服务质量。

此外，图书馆还应建立区域性或全国性的图书馆联盟或协作组织，以加强合作与交流。这种联盟或协作组织可以为各个图书馆提供一个共同的平台，促进彼此之间的交流与合作。通过定期举办学术会议、研讨会等活动，各图书馆分享各自的经验和成果，共同探讨图书馆事业的发展和创新方向。同时，联盟或协作组织还可以协调各个图书馆之间的资源共享和合作项目，推动整个区域或全国图书馆事业的共同发展。

（四）加强国际交流与合作

随着全球化进程的加快和国际文化交流的日益频繁，图书馆作为知识和文化的传播者，应积极加强国际交流与合作。这不仅可以引进国外优秀的图书资源和先进的技术设备，以提高自身的服务水平和管理能力，还可以推动中国图书馆事业走向世界舞台并发挥积极作用。

首先，图书馆应通过参加国际学术会议、访问考察等方式了解国际图书馆界的最新动态和先进经验。这些国际会议和访问考察可以为图书馆提供一个学习和交流的平台，了解国际图书馆界的最新发展趋势和前沿技术。通过与国际同行的交流与合作，可以借鉴其成功经验和先进理念，推动自身服务创新和管理水平的提升。

其次，图书馆应积极引进国外优秀的图书资源和先进的技术设备。引进国外优秀的图书资源可以丰富图书馆的馆藏结构，满足读者多样化的阅读需求。同时，引进先进的技术设备可以提高图书馆的服务效率和管理水平。例如，智能化的图书管理系统、自动化的借阅设备等，可以提升读者的借阅体验和图书馆的工作效率。

此外，图书馆还应与国际知名图书馆建立合作关系，共同开展学术研究和服务项目。这种合作关系可以为双方提供一个共同研究和发展的平台，促进学术交流和资源共享。通过合作开展学术研究项目，可以深入探讨图书馆领域的热点问题和难点问题；通过合作开展服务项目，可以为读者提供更加优质、高效的信息服务体验。这种合作模式不仅可以提升图书馆在国际舞台上的影响力，还可以推动中国图书馆事业的创新与发展。

第十五章　图书馆未来发展趋势展望

第一节　图书馆在未来社会中的角色定位

一、图书馆作为信息中心的角色演变

（一）传统信息中心的转型

从历史角度看，图书馆一直被视为知识的宝库和信息的中心，承担着收藏、整理和提供文献资源的神圣职责。它们是人类智慧的结晶，是历代文化传承的重要载体。然而，随着信息技术的迅猛发展和互联网的普及，人们获取信息的途径和方式发生了翻天覆地的变化。图书馆作为信息中心的角色也面临着前所未有的转型挑战。

为了适应这种变化，图书馆需要积极拥抱新技术，加强数字化建设。这意味着图书馆需要将馆藏资源数字化、网络化，以便更加便捷、高效地提供给读者。数字化技术可以将纸质文献转化为电子文献，实现资源的长期保存和无限复制，从而打破传统图书馆的物理限制。网络化技术则可以打破时间和空间的限制，使读者可以在任何时间、任何地点访问图书馆的资源，享受全天候、无边界的信息服务。

除了数字化和网络化，图书馆还需要注重个性化服务。通过利用大数据、人工智能等先进技术，图书馆可以对读者的信息需求进行深度挖掘和智能推荐，提高信息服务的精准度和个性化水平。这样，图书馆就能更好地满足读者的多样化需求，提升服务质量和读者满意度。

（二）数字化、网络化的发展趋势

数字化、网络化是图书馆作为信息中心转型的必然趋势。随着科技的进步，数字化技术已经广泛应用于各个领域，图书馆也不例外。通过数字化技术，图书馆可以将珍贵的纸质文献转化为电子文献，实现资源的长期保存和共享。这不仅有助于保护文化遗产，还可以方便读者随时随地访问和阅读。

网络化技术则为图书馆的信息服务提供了更广阔的空间。通过互联网，图书馆可以连接全球的信息资源，为读者提供更加丰富、多样的信息选择。同时，网络化技术还可以促进图书馆之间的交流与合作，实现资源共享和优势互补，提高整个图书馆系统的服

务效能。

在数字化、网络化的基础上，图书馆还可以进一步探索智能化服务。利用大数据、人工智能等技术手段，图书馆可以对读者的借阅历史、阅读习惯等信息进行深入分析，为读者提供更加精准、个性化的信息推荐和定制服务。这将使图书馆的信息服务更加高效、便捷，提升读者的阅读体验和满意度。

（三）信息素养教育的新使命

在信息时代，信息素养已经成为人们必备的基本素养之一。它是指人们有效获取、评价、利用信息的能力，以及遵守信息伦理道德和规范的行为习惯。图书馆作为信息中心，不仅需要提供信息资源和信息服务，还需要承担信息素养教育的新使命。

图书馆可以通过开设信息素养课程、举办信息素养讲座、开展信息素养培训等方式，提高读者的信息意识和信息能力。这些课程和培训可以涵盖信息检索技巧、信息分析方法、信息安全与隐私保护等内容，帮助读者更好地掌握信息技能和应用能力。同时，图书馆还可以针对不同年龄段的读者开展分级信息素养教育，以满足不同群体的需求。

此外，图书馆还可以通过日常的信息服务工作来培养读者的信息素养。例如，在读者借阅图书时，图书馆员可以向读者介绍图书的分类方法、检索技巧等；在读者使用电子资源时，图书馆员可以引导读者了解电子资源的获取方式、使用方法等。通过这些细致入微的服务工作，图书馆可以在潜移默化中提升读者的信息素养水平。

二、图书馆在终身学习体系中的作用

（一）提供学习资源和空间

终身学习已经成为当今社会的重要理念之一。它强调人们在一生中都要不断地学习、进步和发展，以适应不断变化的社会环境和生活需求。图书馆作为公共文化服务机构，拥有丰富的学习资源和舒适的学习环境，可以为广大读者提供多样化的学习支持。

图书馆收藏着各类图书、报刊、音像制品等学习资源，涵盖了文学、艺术、科学、技术、历史、哲学等多个领域。这些资源不仅可以满足读者的阅读需求，还可以为读者的学习提供有力的支撑。同时，图书馆还提供学习空间、设施和设备等硬件支持，如阅览室、自习室、多媒体教室等，为读者提供一个安静、舒适、便捷的学习环境。

此外，图书馆还可以通过与其他机构的合作来丰富学习资源，例如，与学校合作开设特色课程或讲座；与博物馆、科技馆等机构合作举办展览或活动；与企业合作开展技能培训或项目研发等。这些合作不仅可以拓宽图书馆的服务领域，还可以为读者提供更加广泛、深入的学习体验。

（二）推广阅读文化和书香社会理念

阅读是终身学习的重要途径之一。它可以帮助人们获取知识、开阔视野、提升素养、陶冶情操。图书馆作为阅读推广的重要阵地，可以通过举办阅读活动、推荐优秀读物、开展阅读指导等方式，推广阅读文化和书香社会理念。

图书馆可以定期举办各类阅读活动，如读书会、朗诵比赛、作家讲座等，吸引读者积极参与。这些活动不仅可以激发读者的阅读兴趣，还可以为读者提供一个交流、分享的平台。同时，图书馆还可以根据读者的年龄、兴趣、需求等推荐优秀的图书、报刊等读物，引导读者形成良好的阅读习惯和品味。此外，图书馆还可以提供专业的阅读指导服务，帮助读者掌握有效的阅读方法和技巧，提高阅读效率和质量。

通过推广阅读文化和书香社会理念，图书馆可以为社会的文化建设和精神文明建设做出积极贡献。它不仅可以提升国民的整体素质和文化水平，还可以促进社会的和谐与进步。

（三）开展信息素养教育和技能培训

在终身学习体系中，信息素养教育和技能培训是必不可少的环节。随着信息化社会的深入发展，人们越来越需要掌握一定的信息技能和应用能力来适应工作和生活的需求。图书馆可以利用自身的资源和优势，开展信息素养教育和技能培训活动。

这些活动可以包括计算机基础操作培训、网络检索技巧培训、多媒体制作培训等。通过这些培训，读者可以掌握基本的计算机操作技能和网络使用技巧；了解各种搜索引擎和数据库的使用方法；学习多媒体制作软件的应用等。这些技能对于读者在信息化社会中的生存和发展具有重要意义。

同时，图书馆还可以针对特定群体开展专门的技能培训，例如，针对老年人开展智能手机使用培训；针对青少年开展编程教育或创客教育等。这些培训可以帮助特定群体更好地适应信息化社会的发展需求，提升他们的竞争力和生活质量。

（四）建立学习共同体和合作网络

终身学习需要广泛的社会支持和参与。图书馆可以通过建立学习共同体和合作网络的方式汇聚各方力量和资源，共同推动终身学习事业的发展。学习共同体是指由具有共同学习目标和兴趣爱好的人们组成的学习团体。在这个团体中，成员们可以相互学习、交流、分享经验和成果，共同促进个人和团体的成长与发展。

图书馆可以积极倡导和建立各类学习共同体，如读书俱乐部、科技爱好者协会、文化沙龙等。这些共同体可以为读者提供一个更加亲密、互动的学习环境，增强学习的趣味性和实效性。同时，图书馆还可以为这些共同体提供必要的场地、设施和资源支持，促进它们的健康发展和壮大。

除了建立学习共同体外，图书馆还可以积极寻求与其他机构的合作来共同推动终身学习事业的发展，例如，与学校合作开展课后辅导或暑期学校项目，与企业合作开展在职员工继续教育培训，与社区合作开展居民文化教育活动等。通过这些合作项目，图书馆可以拓宽服务领域、丰富服务内容、提高服务质量，为更多的人提供终身学习的机会和支持。

三、图书馆作为社区文化中心的潜力

（一）传承和弘扬地方文化特色

图书馆作为社区文化中心，肩负着传承和弘扬地方文化特色的重任。每个社区都有其独特的历史、传统和风土人情，这些都是构成地方文化的重要组成部分。图书馆可以通过收藏和整理地方文献资源，将这些宝贵的文化遗产保存下来，供后人研究和传承。同时，图书馆还可以通过举办地方文化讲座、展览等活动，将地方文化的知识和艺术成果展示给社区居民，让他们更加深入地了解和热爱自己的文化。

为了更好地传承和弘扬地方文化特色，图书馆可以积极与地方政府、文化机构等合作，共同开展地方文化保护和传承工作。图书馆可以组织专家学者对地方文化进行深入研究和挖掘，整理出版相关研究成果，为地方文化的传承和发展提供有力支持。此外，图书馆还可以利用现代信息技术手段，将地方文化资源数字化，建立地方文化数据库和在线展示平台，让更多的人能够便捷地了解和欣赏地方文化。

（二）提供文化交流和互动平台

作为公共文化空间，图书馆具有提供文化交流和互动平台的天然优势。图书馆可以举办各类文化活动，如读书会、讲座、展览、演出等，吸引社区居民积极参与和交流。这些活动不仅可以丰富社区居民的文化生活，还可以促进他们之间的沟通和理解，增强社区的凝聚力和归属感。

除了举办文化活动外，图书馆还可以提供多功能的文化交流场所，如会议室、报告厅等，满足社区居民的文化交流和合作需求。这些场所可以用于举办各类社区会议、研讨会、培训班等，为社区居民提供一个共同学习和进步的平台。图书馆还可以积极与其他文化机构合作，共同策划和组织大型文化活动或项目，提升社区的文化品位和影响力。

（三）培养社区居民的文化素养和审美能力

图书馆作为社区文化中心，还承担着培养社区居民文化素养和审美能力的重要任务。文化素养是人们在社会生活中所具备的文化知识、文化修养和文化品位的综合体现，审美能力则是人们欣赏、鉴别和创造美的能力。这些能力的培养需要长期的积累和实践，图书馆正是培养这些能力的理想场所。

图书馆可以通过开展各类文化活动和教育项目，如书画培训、音乐鉴赏、文学创作等，提高社区居民的文化素养和审美能力。这些活动可以邀请专业人士进行授课和指导，让社区居民在轻松愉悦的氛围中学习到更多的文化知识和技能。同时，图书馆还可以引导社区居民积极参与文化活动的策划和组织工作，培养他们的文化自觉和文化创造力。通过亲身参与和实践，社区居民可以更加深入地了解和感受文化的魅力，提升自己的文化素养和审美能力。

四、图书馆在知识创新体系中的定位

（一）知识资源的整合与共享

在知识创新体系中，图书馆扮演着知识资源整合与共享的重要角色。图书馆拥有丰富的文献资源和专业的信息检索技能，可以对各类知识资源进行有效的收集、整理、加工和存储。通过系统化的分类和编目工作，图书馆将海量的知识资源组织成有序的信息体系，为读者提供全面、准确的知识服务。

同时，图书馆积极推动资源共享，通过馆际互借、文献传递等方式实现知识资源在不同机构之间的流通与利用。这种共享机制不仅可以避免资源的重复建设和浪费，还可以促进知识的广泛传播与应用。图书馆还可以利用现代信息技术手段建立数字化知识库和在线检索系统，为读者提供更加便捷、高效的知识服务。通过与其他信息机构的合作与共享，图书馆可以构建更加完善的知识创新支持体系。

（二）知识创新环境的营造与维护

知识创新需要一个良好的环境和氛围，图书馆正是这样一个理想的场所。图书馆拥有宽敞舒适的阅读空间、先进的信息技术设施以及丰富的学术交流平台，为读者提供了一个理想的知识创新场所。在这里，读者可以自由地获取所需的知识资源，与同行进行深入的交流和讨论，激发创新思维和灵感。

为了营造和维护良好的知识创新环境，图书馆需要注重学术道德和知识产权的保护。图书馆应该建立严格的学术规范和管理制度，保障知识创新的合法权益不受侵犯。同时，图书馆还可以积极推广开放获取等新型出版模式，促进学术成果的广泛传播与共享。通过这些举措，图书馆可以为知识创新者提供一个公平、公正、开放的创新环境。

（三）知识创新人才的培养与支持

知识创新人才是推动知识创新体系发展的关键力量。图书馆在知识创新体系中承担着培养和支持知识创新人才的重要使命。图书馆可以通过提供丰富的文献资源、专业的参考咨询以及个性化的学习支持服务来帮助读者提升知识素养和创新能力。这些服务可以包括学科导航、定题服务、科技查新等，为读者在科研和学习过程中提供有力的支持。

同时，图书馆还可以举办各类学术讲座、研讨会等活动，为读者提供展示和交流创新成果的平台。这些活动可以邀请国内外知名专家学者进行授课和指导，让读者接触到最新的学术动态和研究成果。通过参与这些活动，读者可以拓展自己的学术视野和交际圈子，激发创新热情和创造力。此外，图书馆还可以设立创新基金或奖项来支持和鼓励优秀的创新项目和成果。

（四）跨学科合作与交流的桥梁作用

在知识创新体系中，跨学科合作与交流对于推动知识创新具有重要意义。不同学科领域之间的交叉融合往往能够产生新的思想和方法，为知识创新注入新的活力和灵感。图书馆作为跨学科合作与交流的桥梁和纽带，可以积极促进不同学科领域之间的交流与融合。

图书馆可以通过组织跨学科研讨会、建立跨学科合作团队等方式为不同领域的专家学者提供一个共同探讨和交流的平台。这些平台可以围绕某一主题或问题展开深入的讨论和研究，推动他们之间的思想碰撞与知识融合。同时，图书馆还可以利用自身的资源优势为跨学科合作提供必要的信息支持和文献保障。通过这些举措，图书馆可以推动跨学科合作与交流，使自己在知识创新体系中发挥更大的作用。

第二节　图书馆技术发展的前沿动态与趋势

一、人工智能与图书馆服务的深度融合

（一）智能咨询与导览服务

随着人工智能技术的日新月异，图书馆已不再是传统意义上的藏书楼，而是向数字化、智能化的信息服务中心转型的平台。在这一转型过程中，智能咨询与导览服务扮演了举足轻重的角色。通过自然语言处理、深度学习等尖端 AI 技术，图书馆能够搭建起一套高效、便捷的智能咨询系统。这套系统能够实时、准确地解答读者的各类问题，无论是关于借阅流程、资源查找路径，还是学术研究方向的咨询，都能得到迅速且专业的回应。

智能导览系统则是图书馆智能化的另一大亮点。它不仅能够根据读者的需求和偏好，为其推荐合适的图书、期刊或数字资源，还能通过数据分析，为每位读者描绘出独特的阅读画像，实现真正意义上的个性化阅读引导。这一系统的实现，极大地提升了读者的阅读体验，使图书馆的服务更加人性化、智能化。

（二）自动化管理与智能分类

在图书馆的日常管理中，资源的分类、编目和归档是一项繁重且复杂的工作。然而，随着人工智能技术的深入应用，这一难题得到了有效的解决。自动化管理系统通过集成先进的 AI 算法，能够实现对图书、期刊等资源的自动分类、编目和归档。这不仅大大提高了管理效率，还减少了人为错误的出现。

智能分类技术则是自动化管理的有力补充。它能够根据资源的内容、主题等特征进行自动标签化，使得读者在查找资源时能够更加便捷、准确。这一技术的应用，不仅减轻了图书馆员的工作负担，更为读者提供了前所未有的便捷体验。

（三）个性化推荐与学习辅导

人工智能与图书馆服务的深度融合还体现在个性化推荐与学习辅导方面。传统的图书馆服务往往只能满足读者的一般需求，而难以实现个性化的服务。然而，随着 AI 技术的发展，这一切已经成为了可能。

通过收集和分析读者的阅读历史、借阅记录等信息，AI 算法能够精准地预测其未来的阅读需求和兴趣偏好。基于这些预测结果，图书馆可以为每位读者推荐合适的图书、期刊或数字资源，实现真正的个性化服务。这种服务模式不仅提升了读者的阅读满意度，还增强了图书馆与读者之间的互动性。

此外，智能学习辅导系统也是图书馆智能化服务的一大亮点。它能够根据读者的学习进度和反馈，为其提供定制化的学习计划和辅导建议。这种辅导模式不仅能够帮助读者更加高效地掌握知识和提升技能，还能让图书馆的教育功能得到更大的发挥。

二、大数据在图书馆管理中的应用前景

（一）读者行为分析与优化服务

在大数据时代，图书馆所积累的读者数据已经成为了一座宝贵的富矿。通过对这些数据进行深入的分析和挖掘，图书馆可以更加深入地了解读者的阅读行为和习惯，从而为优化资源配置和服务流程提供有力的数据支持。

例如，通过分析读者的借阅记录、阅读时长和访问路径等数据，图书馆可以发现哪些资源是最受读者欢迎的，哪些资源则鲜有人问津。基于这些分析结果，图书馆可以调

整资源的摆放位置、增加热门资源的采购量或优化借阅流程等，以更好地满足读者的需求。

此外，大数据还可以帮助图书馆预测未来的借阅趋势和读者的阅读偏好。通过构建预测模型，图书馆可以提前做好资源采购和配置计划，确保在读者需要时能够提供充足的资源支持。这种数据驱动的管理模式不仅提高了图书馆的运营效率，还使得图书馆的服务更加精准、高效。

（二）资源利用率提升与精准采购

在传统的图书馆管理模式中，资源的利用率和采购决策往往依赖于图书馆员的经验和直觉。然而，在大数据时代，这种管理模式已经难以适应复杂多变的市场环境和读者需求。

通过大数据分析技术，图书馆可以实时监控各类资源的借阅率、流通率等数据。这些数据不仅反映了资源的受欢迎程度和使用情况，还为图书馆的采购决策提供了重要的参考依据。基于这些数据，图书馆可以及时发现那些利用率较低的资源，并采取相应措施进行改进或替换。这种以数据为依据的管理模式使得图书馆的资源利用更加高效、合理。

同时，大数据分析技术还可以帮助图书馆实现精准采购。通过对历史借阅数据、读者反馈以及市场动态等因素进行综合分析，图书馆可以更加准确地预测未来的借阅需求和资源需求趋势。基于这些预测结果，图书馆可以制订出更加科学、合理的采购计划，确保所采购的图书、期刊等资源能够最大限度地满足读者的需求和市场的变化。这种精准采购模式不仅提高了图书馆的采购效率和质量，还为读者提供了更加丰富、多样的阅读选择。

（三）风险预测与防范机制建设

在图书馆的日常运营中，各种风险事件时有发生，如图书丢失、损坏、读者纠纷等。这些事件不仅给图书馆带来了一定的经济损失和声誉影响，还对读者的阅读体验造成了不良影响。因此，如何有效地预测和防范这些风险事件成为了图书馆管理的重要课题。

大数据技术在风险预测与防范机制建设中发挥着重要作用。通过对读者行为、资源状态等数据的实时监测和分析，图书馆可以及时发现那些潜在的安全隐患和风险苗头。例如，通过监测读者的异常借阅行为或资源丢失情况，图书馆可以提前预警并采取相应措施，进行预防或应对；通过实时监测馆内环境数据和设备运行状态，图书馆可以确保读者的人身安全和健康不受影响。这种以数据为依据的风险管理模式使得图书馆的风险防范更加科学、有效。

　　同时，大数据技术还可以帮助图书馆建立起完善的风险应对机制。通过对历史风险事件的数据进行分析和挖掘，图书馆可以总结出风险事件的发生规律和影响因素。基于这些分析结果，图书馆可以制订出更加有针对性、可操作性的风险防范措施和应急预案。这种以数据为驱动的风险管理模式不仅提高了图书馆的风险管理水平，还为读者提供了更加安全、稳定的阅读环境。

三、云计算对图书馆资源共享的影响

（一）跨地域资源共享平台建设

　　云计算技术的发展，为图书馆资源共享领域带来了革命性的变革。通过搭建基于云计算的跨地域资源共享平台，图书馆之间的资源壁垒被打破，实现了真正意义上的资源互通有无和优势互补。这种平台以云计算为核心技术支撑，将分散在不同地区的图书馆资源进行有效整合，形成了一个庞大而统一的虚拟资源库。读者只需通过统一的检索入口和访问界面，即可轻松获取所需信息，无须再受地域限制。

　　云计算的高可扩展性和弹性伸缩特性为跨地域资源共享平台提供了强大的技术保障。无论是馆藏资源的增加、数字资源的扩充还是并发访问量的激增，平台都能轻松应对，确保资源的稳定提供和高效利用。此外，云计算的按需付费模式也使得图书馆能够根据实际需求灵活调整资源投入和服务规模，避免了资源浪费和成本过高的问题。

　　跨地域资源共享平台的建设不仅提升了图书馆的服务能力和水平，也为读者带来了极大的便利。无论身处何地，读者都能享受到丰富多样的信息资源和服务，这对于推动全民阅读和知识普及具有重要意义。

（二）降低运营成本与提高服务效率

　　云计算技术的应用为图书馆降低运营成本和提高服务效率提供了有力支持。首先，在硬件设备投入方面，通过将部分业务或数据存储迁移到云端，图书馆可以减少大量硬件设备的购置和维护成本。云服务商提供的专业级硬件设备和高效运维服务，确保了图书馆业务的稳定运行和数据安全。

　　其次，在人力资源方面，云计算的自动化管理和智能化运维功能大大减轻了图书馆员的工作负担。他们可以将更多精力投入到提升服务质量和开展创新项目上，从而提高图书馆的整体运营效率和服务水平。

　　此外，云计算的按需付费模式使得图书馆能够根据实际需求灵活调整资源投入和服务规模。在业务需求高峰期，图书馆可以通过增加云端资源投入来满足大规模并发访问和数据存储需求，而在业务需求低谷期，则可以减少资源投入以节约成本。这种灵活的

资源配置方式不仅避免了资源浪费和成本过高的问题，还有助于图书馆更好地应对市场变化和用户需求的波动。

（三）促进馆际合作与交流

云计算技术的发展还促进了图书馆之间的馆际合作与交流。通过共享云平台资源和服务经验，各馆可以相互学习、取长补短，共同提升服务水平和竞争力。例如，在联合编目方面，各馆可以利用云平台进行实时数据共享和协同编辑，确保编目数据的准确性和一致性，提高编目工作效率和质量。在合作采购方面，各馆可以通过云平台进行联合采购和资源共享，降低采购成本并扩大资源覆盖范围，为读者提供更加全面、优质的信息资源和服务体验。

此外，云计算技术还为图书馆开展深度合作项目提供了有力支持。例如，在数字资源建设方面，各馆可以利用云平台进行数字资源的共同开发和利用，形成具有地方特色的数字资源库群，为读者提供更加多元化、个性化的信息资源和服务。在读者服务方面，各馆可以通过云平台实现读者信息的共享和互通，为读者提供更加便捷、高效的服务体验，如通借通还、异地借阅等。

四、物联网在图书馆智能化建设中的作用

（一）智能感知与监控系统建设

物联网技术在图书馆智能化建设中发挥着举足轻重的作用。通过部署各种传感器和设备，图书馆可以构建一个全面覆盖的智能感知与监控系统，实时监测馆内环境参数、设备状态以及读者行为等信息。这些数据不仅为图书馆提供了精细化管理的基础，还为优化环境控制和设备管理策略提供了有力依据。

例如，在环境控制方面，通过实时监测温度、湿度、光照等环境参数，图书馆可以自动调节空调系统和照明系统，为读者提供更加舒适、健康的阅读环境。在设备管理方面，通过实时监测设备状态和运行数据，图书馆可以及时发现故障隐患并进行维修处理，确保设备的正常运行、延长使用寿命。

此外，智能感知与监控系统还为图书馆提供了实时安全监控和预警功能。通过安装在重要区域的摄像头和传感器，图书馆可以实时监控馆内的安全状况，并在发生异常情况时及时发出预警信息，确保读者的人身安全和财产安全。

（二）智能图书管理与借阅流程优化

物联网技术的应用为智能图书管理和借阅流程优化带来了革命性的变革。通过给每本图书贴上 RFID 标签或嵌入智能芯片，图书馆可以实现对图书的精准定位和追踪管理。

无论是馆内查找还是远程查询，读者都可以通过手机 APP 或自助借还机轻松获取图书的位置信息和借阅状态，这大大提高了找书的效率和准确性。

同时，物联网技术还简化了借阅流程并提高了借阅效率。传统的借阅流程需要读者排队等待人工办理手续，耗时耗力且容易出错。而借助物联网技术，读者只需通过自助借还机或手机 APP 扫描图书标签即可完成借阅操作，无需排队等待，大大提升了借阅体验和满意度。此外，物联网技术还可以实现自动盘点和错架提醒等功能，进一步减轻了工作人员的工作负担并提高了管理效率。

（三）个性化推荐与智能导航服务实现

物联网技术还有助于实现个性化推荐和智能导航服务。通过收集和分析读者的借阅记录、阅读偏好以及位置信息等数据，图书馆可以为每位读者提供定制化的阅读推荐和导航服务。例如，根据读者的历史借阅记录和阅读偏好，图书馆可以向其推荐相似的图书或相关主题的资源，引导其深入阅读和研究。同时，结合读者的位置信息，图书馆还可以为其提供智能导航服务，帮助其快速找到感兴趣的图书或区域，提高阅读效率和满意度。

这种个性化推荐和智能导航服务的实现不仅提升了图书馆的智能化水平，也增强了读者对图书馆的黏性和忠诚度。读者在享受便捷、高效的服务体验的同时，也能感受到图书馆对他们的关注和尊重，从而更加愿意与图书馆建立长期稳定的合作关系。

（四）促进图书馆创新发展

最后，物联网技术的应用为图书馆的创新发展注入了新的活力和动力。通过将物联网技术与人工智能、大数据等先进技术相结合，图书馆可以开发出更多具有创新性和实用性的服务模式和功能，如智能书架、虚拟现实阅读体验等，为读者提供更加多元化和个性化的服务体验。这些创新性的服务模式和功能不仅提升了图书馆的吸引力和竞争力，也推动了图书馆从传统管理模式向数字化转型的进程，为图书馆行业的可持续发展奠定了坚实基础。

同时，物联网技术的引入还促进了图书馆与其他行业的跨界融合与合作。通过与教育、科研、文化等行业的深度合作，图书馆可以共同开发更加丰富多样的信息资源和服务项目，满足读者日益增长的信息需求和文化需求。这种跨界融合与合作不仅拓展了图书馆的发展空间和市场前景，也为推动全民阅读和知识普及做出了积极贡献。

第三节　图书馆服务模式与理念的未来变革

一、用户驱动的服务模式创新

（一）用户需求导向的服务设计

随着时代的进步和科技的发展，未来的图书馆服务模式将更加注重用户需求，实现从传统的"图书馆为中心"向"用户为中心"的转变。这种转变意味着图书馆不再仅仅是藏书和借阅的场所，而是可以满足用户多元化、个性化需求的信息服务中心。

为了实现这一转变，图书馆需要深入了解用户的阅读需求、信息获取习惯以及学术研究趋势。这可以通过数据分析、用户调研等方式来实现。例如，图书馆通过对借阅记录、搜索记录等数据的分析，可以了解用户的阅读偏好和需求变化；通过用户调研，可以直接获取用户对图书馆服务的评价和期望。

在精准把握用户需求的基础上，图书馆应设计更加人性化、便捷化的服务流程。这包括优化馆藏布局，使得用户能够更快速地找到所需的图书或资源；改进借阅系统，提供自助借还、在线预约等便捷功能；加强参考咨询服务，为用户提供及时、专业的解答和帮助。通过这些措施，图书馆可以提高用户满意度，增强用户黏性。

（二）用户参与式的服务创新

随着用户主体地位的提升，图书馆应鼓励用户积极参与服务创新过程。这不仅可以激发用户的参与热情和创新智慧，还可以帮助图书馆更好地了解用户需求，提高服务的针对性和实效性。

具体而言，图书馆可以通过举办用户沙龙、征集用户意见、开展用户评价等方式，促进用户参与服务创新，例如，定期举办用户沙龙活动，邀请用户分享阅读体验、提出改进建议等；通过在线平台征集用户对图书馆服务的意见和建议，开展用户满意度调查，了解用户对图书馆服务的整体评价和改进期望。

同时，图书馆还可以建立用户反馈机制，及时收集和处理用户的反馈信息。对于用户提出的问题和建议，图书馆应认真对待并及时回应，针对问题进行改进和优化。这种互动式的服务模式不仅可以提高用户的满意度和忠诚度，还可以促进图书馆服务的持续改进和创新发展。

（三）用户体验优先的服务评价

为了确保服务模式的创新符合用户期望并持续提升服务质量，图书馆需要建立用户体验优先的服务评价体系。这一体系应以用户的真实感受和需求为出发点，全面、客观地评价图书馆的服务质量和水平。

具体来说，图书馆可以通过定期的用户满意度调查来了解用户对各项服务的满意度和期望；通过服务质量评估来发现服务过程中存在的问题和不足；通过与其他行业的优秀服务进行对比和学习来不断提升自身的服务水平。这些评价活动应贯穿图书馆服务的始终，确保及时发现问题并进行改进。

在评价过程中，图书馆应关注用户体验的各个环节，包括物理环境、数字资源、服务流程等。例如，物理环境的舒适度、设施的完善度等都会影响用户的阅读体验；数字资源的丰富度、易用性等则是用户获取信息的关键；服务流程的简洁性、高效性等则是提高用户满意度的重要因素。针对这些方面存在的问题，图书馆应及时进行改进和优化。

二、个性化与精准化服务的需求增长

（一）个性化信息推送服务

在信息技术迅猛发展的背景下，用户对个性化信息推送服务的需求日益增长。图书馆作为信息服务的重要提供者，应积极利用大数据、人工智能等技术手段来满足用户的这一需求。

通过对用户的阅读习惯、兴趣偏好和学术需求等进行分析和挖掘，图书馆可以为用户推送更加精准、个性化的信息资源。例如，根据用户的借阅记录和搜索历史，图书馆可以向用户推荐相关的图书、论文等学术资源；根据用户的兴趣偏好，图书馆可以向用户推送感兴趣的新闻、活动等信息。这种定制化的信息推送服务不仅可以帮助用户更高效地获取所需信息，还可以提升用户的信息素养和科研效率。

为了实现个性化信息推送服务，图书馆需要建立完善的数据收集和分析系统。这包括对用户的借阅记录、搜索历史、浏览行为等数据进行收集和处理；利用大数据分析和挖掘技术对这些数据进行深入分析和挖掘；根据分析结果为用户定制个性化的信息推送方案。同时，图书馆还需要不断优化推送算法和模型，提高推送的精准度和用户满意度。

（二）精准化学科服务支持

为了满足不同学科领域用户的个性化需求并提高服务质量，图书馆需要提供精准化的学科服务支持。这包括建立学科馆员制度、建设学科导航平台以及开展学科咨询服务等措施。

首先，建立学科馆员制度是实现精准化学科服务的重要基础。通过选拔具有专业背景和学科知识的馆员担任学科馆员，为用户提供针对性的服务。这些学科馆员可以深入了解用户的需求和问题，为用户提供专业的解答和指导，同时，他们还可以与相关学科领域的专家学者保持联系，及时获取最新的学术动态和资源信息。

其次，建设学科导航平台是实现精准化学科服务的重要手段。图书馆可以通过整合相关学科的资源信息和服务功能，为用户提供一站式的学科服务。这个平台可以包括相关学科的图书、论文、数据库等资源信息，还可以提供学科动态、学术会议、专家学者等资讯信息，同时，还可以集成参考咨询、文献传递等服务功能，方便用户获取所需的信息和帮助。

最后，开展学科咨询服务是实现精准化学科服务的重要途径。图书馆可以通过设置专门的学科咨询岗位或开通在线咨询服务等方式，解答用户在学术研究过程中遇到的问题并提供专业化的建议和指导。这些咨询服务可以帮助用户更好地理解和应用相关知识，还可以为用户提供个性化的学术支持和解决方案。

（三）用户画像与智能推荐系统

为了更好地理解用户需求并提供更加精准化的个性服务，图书馆可以引入用户画像技术和智能推荐系统。用户画像技术可以通过对用户的多维信息进行分析和挖掘来构建出用户的兴趣模型和行为特征，智能推荐系统则可以利用这些模型和特征为用户推荐相关的资源和服务。

具体来说，图书馆可以通过收集用户的借阅记录、搜索历史、浏览行为等多维度信息来构建用户画像。这些信息可以反映出用户的阅读偏好、兴趣点以及学术需求等特征。通过对这些特征进行深入分析和挖掘，图书馆可以更加准确地理解用户需求并提供相应的服务。同时，通过结合智能推荐算法和模型，图书馆可以根据用户画像为用户定订个性化的资源推荐和服务方案。这种定制化的服务方案不仅可以提高用户的满意度和黏性，还可以促进图书馆资源的有效利用和传播。

（四）隐私保护与个性化服务的平衡

在提供个性化服务的过程中，图书馆需要关注用户隐私保护的问题。用户的个人信息和阅读行为等敏感数据需要得到妥善保管和处理，否则可能会导致用户隐私泄露和信息安全风险。

因此，图书馆在收集和使用用户数据时，应严格遵守相关法律法规和伦理规范，确保用户数据的安全性和保密性。具体来说，图书馆需要建立完善的数据保护机制和安全措施；对用户数据进行加密存储和传输，限制对数据的访问和使用权限，并建立数据泄露应急响应机制等措施来保障用户数据的安全。

同时，图书馆还应建立透明的数据处理流程和用户权益保障机制，让用户对个性化服务更加放心和满意。这包括向用户明确说明数据收集的目的、范围和使用方式，尊重用户的知情权和选择权，为用户提供数据查询、更正和删除等权益保障措施，以及建立用户投诉和申诉渠道等措施来维护用户的合法权益。通过这些措施，图书馆可以在保障用户隐私的前提下提供更加优质的个性化服务。

三、开放获取与知识共享理念的深化

（一）开放获取政策的推广与实施

随着开放科学运动的兴起和发展，开放获取政策在学术界的影响力逐渐增强。这一政策的核心目标是促进学术资源的无障碍传播和广泛利用，打破传统出版模式的限制，使更多人能够便捷地获取和使用学术成果。图书馆作为学术资源的重要集散地和服务提供者，应积极推广和实施开放获取政策。

具体而言，图书馆可以通过制订明确的开放获取策略来指导相关工作的开展。这些策略应包括资源采集、整理、保存和提供服务等方面的规定，确保图书馆的资源建设和服务工作符合开放获取的要求。同时，图书馆还应建立开放获取资源平台，将各类开放获取的学术资源整合在一起，为用户提供一站式的检索和服务。此外，图书馆还可以通过开展开放获取宣传教育活动来提高用户对开放获取的认知度和接受度。这些活动可以包括讲座、研讨会、培训班等形式，帮助用户了解开放获取的概念、意义和实践方法。

推广和实施开放获取政策对于图书馆来说具有重要意义。首先，这有助于提升图书馆的学术影响力和社会形象，使其成为推动学术交流和知识传播的重要力量。其次，开放获取政策可以促进学术资源的共享和利用效率的提高，避免资源的重复建设和浪费。最后，通过开放获取政策的实施，图书馆还可以与其他学术机构和研究人员建立更加紧密的合作关系，共同推动学术进步和知识创新。

（二）机构知识库的构建与发展

机构知识库是图书馆实现知识共享和长期保存的重要途径之一。机构知识库是指一个机构内部建立的用于收集、整理、保存和提供本机构学术成果和特色资源的数字化仓储系统。通过构建机构知识库，图书馆可以将本机构的学术资源进行统一管理和保存，确保这些资源的长期可访问性和可持续性。

为了构建和发展机构知识库，图书馆应充分利用自身的资源优势和技术条件。首先，图书馆应建立专业的团队来负责机构知识库的规划、建设和维护工作。这个团队应具备丰富的信息资源和技术背景知识，能够熟练掌握数字化技术、信息检索技术等关键技能。其次，图书馆应建立详细的建设方案和管理制度来规范机构知识库的建设和管理过程。这些方案应包括资源采集标准、元数据规范、存储策略等方面的内容。最后，图书馆还应加强与其他学术资源库之间的互联互通工作，实现更大范围内的资源共享和合作。通过与其他资源库建立合作关系或加入相关联盟组织等方式，图书馆可以共享其他机构的优质资源和服务，也可以将自己的特色资源和服务推广给更广泛的用户群体。

机构知识库的构建与发展对于图书馆来说具有重要意义。首先，这有助于提升图书馆的数字化水平和信息服务能力，使其能够更好地满足用户的多样化需求。其次，机构知识库可以为机构内部的学术研究和教学工作提供有力的支持保障。通过机构知识库，研究人员可以方便地获取本机构的学术成果和相关数据资料，从而提高研究效率和质量。最后，机构知识库还可以促进机构之间的学术交流与合作活动。通过共享各自的特色资源和研究成果，不同机构之间可以相互借鉴和学习彼此的经验做法和技术成果。

（三）版权管理与知识共享的平衡

在推动知识共享的过程中，图书馆需要关注版权管理的问题。版权是保护作者对其创作的作品享有的专有权利的一种法律制度。在提供开放获取服务和构建机构知识库时，图书馆应严格遵守版权法律法规和相关协议要求，尊重原作者的合法权益。未经授权擅自使用他人的作品可能构成侵权行为并承担相应的法律责任。

为了平衡版权管理与知识共享之间的关系，图书馆可以采取一系列措施。首先，图书馆应建立完善的版权管理制度和流程来规范相关工作的开展。这些制度应包括版权审查机制、授权协议签订程序、侵权行为处理办法等方面的内容。其次，图书馆可以积极寻求与版权所有者的合作机会，争取更多的授权资源。通过与版权所有者进行协商谈判或加入相关版权集体管理组织等方式，图书馆可以获得更多的合法授权资源并提供给用户使用。此外，图书馆还可以采用技术手段来防止非法复制和传播行为的发生。例如，采用数字水印技术、加密技术等方法来保护数字资源的版权信息和使用权限。

平衡版权管理与知识共享之间的关系对于图书馆来说具有重要意义。首先，这有助于维护图书馆的声誉、信誉度并避免法律纠纷的发生；其次，也可以促进图书馆与其他机构之间的合作关系并共同推动学术交流活动；最后，还可以提高用户对图书馆的信任度、满意度并吸引更多用户来使用图书馆的资源和服务。

（四）知识共享文化的培育与传播

为了深化知识共享理念在图书馆的实践应用并推动其持续发展下去，图书馆需要积极培育和传播知识共享文化。知识共享文化是指一种倡导开放、协作、创新的学术氛围和价值观念的文化形态。通过培育和传播知识共享文化，图书馆可以加强用户对知识共享的认识，提升参与度并形成良好的互动机制。

具体而言，图书馆可以通过举办知识共享讲座来普及相关理念和方法，开展知识共享实践活动如线上线下交流会、研讨会等来促进用户之间的交流与合作，建立知识共享社区或平台来为用户提供更加便捷化的信息交流渠道等。此外，图书馆还应倡导开放、协作、创新的学术氛围和价值观念，并鼓励用户积极参与其中。这些措施可以帮助用户了解并认同知识共享的理念和价值所在，从而使用户更加积极地参与到知识共享活动中来，同时也有助于形成良好的互动机制和社区氛围并推动知识共享文化的持续发展下去。

四、跨界融合与合作的新服务模式探索

（一）图书馆与博物馆、档案馆等文化机构的合作

为了拓展服务领域和丰富服务内容，图书馆可以积极寻求与博物馆、档案馆等文化机构的合作机会。这些文化机构都拥有丰富的文化资源和独特的专业优势，通过合作可以实现资源互补和优势互鉴。具体而言，图书馆可以与博物馆共同举办展览活动来展示各自收藏的珍贵文物和艺术品；与档案馆合作开展联合研究项目来挖掘历史档案中的珍贵信息，共享数字资源来提供更加全面便捷的信息服务等。这种跨界合作模式不仅可以提升图书馆的服务水平和影响力，还可以促进不同文化机构之间的交流与合作，共同推动文化事业的发展。

（二）图书馆与商业机构的合作模式创新

由于市场经济的不断发展和社会需求的多样化趋势，图书馆也需要不断探索新的服务模式来满足用户的需求。其中，与商业机构的合作模式创新是一种值得尝试的途径。通过与商业机构合作，图书馆可以引入市场机制和创新服务模式，提高自身的发展活力和竞争力。具体而言，图书馆可以与出版社合作推出定制化的图书产品或服务，以满足特定用户群体的需求；与科技企业合作开发智能化的阅读设备或应用以提高用户的阅读体验和效率；与教育机构合作开展在线教育项目，以拓宽教育服务的渠道等。这些合作模式创新不仅可以为图书馆带来新的发展机遇和收入来源，还可以提升图书馆的服务质量和用户满意度。

（三）图书馆在智慧城市建设中的作用发挥

随着智慧城市建设的不断推进和发展理念的深入人心，图书馆作为城市文化的重要组成部分和信息服务的重要提供者，也应积极参与其中并发挥重要作用。具体而言，图书馆可以利用自身的信息资源和技术优势，为政府决策提供支持保障；为市民提供便捷

化的信息查询和阅读服务，以提高市民的文化素养和信息素养；开展普及科技知识、提高信息素养等公益活动，来推动社会的进步和发展等。通过融入智慧城市建设大局并发挥自身优势作用，图书馆可以为城市的可持续发展做出积极贡献，并提升自身的社会地位和影响力。

（四）国际合作与交流平台的搭建与利用

为了拓展国际视野，借鉴先进经验做法，并推动自身的发展进步，图书馆还应积极搭建国际合作与交流平台，来加强与世界各国图书馆之间的交流与合作。图书馆通过参加国际学术会议、加入国际图书馆组织、开展国际合作项目等方式，来增进彼此之间的了解和信任，并共同推动学术交流活动的发展进步。同时，图书馆还应充分利用现代信息技术手段，建立线上交流平台或虚拟社区等新型合作方式，以促进国际间学术资源的共享与利用效率的提高，并为用户提供更加便捷化的信息服务体验。通过这些措施的实施，图书馆可以进一步提升图书馆在国际舞台上的地位和影响力，并为其未来的发展奠定坚实的基础。

参考文献

[1]郑真. 高校图书馆数字化资源建设及管理措施 [J]. 造纸装备及材料, 2023, 52 (04): 202-204.

[2]杨晴. 我国省级公共图书馆红色文化资源建设与服务研究[D]. 太原：山西财经大学, 2023.

[3]胡中卫,裴珑,杨君祎. "互联网+"背景下图书馆联盟资源建设路径 [J]. 传媒论坛, 2023, 6 (07): 118-120.

[4]赵慧. 体育院校智慧图书馆的构建研究 [J]. 哈尔滨体育学院学报, 2023, 41 (03): 51-56.

[5]李文文,王慧,王云峰. 均等化视域下公共图书馆有声阅读服务模式研究 [J]. 图书馆研究, 2023, 53 (03): 75-81.

[6]张洺源. 现代图书馆信息资源建设与服务创新研究 [J]. 办公室业务, 2023, (13): 164-166.

[7]杨健龙. 公共图书馆智慧资源建设与服务模式研究 [J]. 参花(上), 2023, (08): 92-94.

[8]崔廷馨. 公共图书馆地方文献资源建设与服务 [J]. 文化月刊, 2023, (04): 117-119.

[9]李博. 智慧图书馆建设背景下的资源推广服务模式 [J]. 时代报告(奔流), 2023, (07): 95-97.

[10]曹力. 数字化背景下高校图书馆教育服务提升策略 [J]. 知识窗(教师版), 2023, (09): 72-74.

[11]刘原. 山东省图书馆公共文化服务均等化问题研究[D]. 济南：山东大学, 2023.

[12]蔡鑫. 基于人工智能的图书馆信息资源建设与服务的版权问题研究[D]. 郑州:河南大学, 2023.

[13]彭云. 青岛市图书馆红色资源建设与文化服务研究 [J]. 河南图书馆学刊, 2023, 43 (04): 118-119，127.

[14]顾晓芬,刘鎏. 总分馆模式下的公共图书馆馆藏资源建设研究——以上海浦东图书馆为例 [J]. 图书馆界, 2023, (02): 74-77.

[15]陈艳明. 数字资源建设在公共图书馆中的应用实践研究——以潮州市图书馆为例 [J]. 河南图书馆学刊, 2023, 43 (05): 24-26, 39.

[16]马春花. 新形势下, 高校图书馆的学科资源建设与学科服务探讨 [J]. 兰台内外, 2023, (14): 67-69.

[17]綦晓鹏. 图书馆馆藏数字资源建设的用户"自助"模式新体验 [J]. 文化产业, 2023, (19): 136-138.

[18]陈阳. 图书馆特色影像资源建设的跨界合作实践探析 [J]. 图书馆研究与工作, 2023, (08): 55-61.

[19]沈思阳. 高校图书馆数字资源建设策略研究与实现 [J]. 科技资讯, 2023, 21 (11): 224-227.

[20]冯志会. 公共图书馆智慧资源建设与服务模式研究 [J]. 科技资讯, 2023, 21 (13): 223-226.

[21]胡中卫,裴珑,杨君祎. "互联网+"背景下图书馆联盟资源建设路径 [J]. 传媒论坛, 2023, 6 (07): 118-120.

[22]赵慧. 体育院校智慧图书馆的构建研究 [J]. 哈尔滨体育学院学报, 2023, 41 (03): 51-56.

[23]李文文,王慧,王云峰. 均等化视域下公共图书馆有声阅读服务模式研究 [J]. 图书馆研究, 2023, 53 (03): 75-81.

[24]郑真. 高校图书馆数字化资源建设及管理措施 [J]. 造纸装备及材料, 2023, 52 (04): 202-204.